数字经济
系列教材

大数据
运营技术

主　编◎花均南

上海交通大学出版社
SHANGHAI JIAO TONG UNIVERSITY PRESS

内容提要

本书作为"数字经济"系列教材之一,从大数据运营的角度出发,详细介绍了与大数据技术相关的知识体系,全书由易而难、循序渐进地讲述了大数据运营的基础概念及相关的技术实现,并系统地阐述大数据运营的基本方式和方法。全书共分为 6 章,内容包括大数据运营概述,大数据运营技术体系,数据采集、存储及处理技术,基于 Python 的数据处理技术,基于 Python 的数据统计与可视化,大数据运营综合应用等方面。

本书适合作为高等院校数字经济、计算机应用、云计算、信息安全、大数据技术及相关专业的教材,也可供大数据运营工程师、数据处理工程师,以及其他对大数据运营、大数据技术、数据处理技术、数据可视化技术等感兴趣的人员参考。

图书在版编目(CIP)数据

大数据运营技术/花均南主编.—上海:上海交
通大学出版社,2023.4
ISBN 978 - 7 - 313 - 28212 - 5

Ⅰ.①大… Ⅱ.①花… Ⅲ.①企业管理-数据管理-
研究 Ⅳ.①F272.7

中国版本图书馆 CIP 数据核字(2022)第 258030 号

大数据运营技术
DASHUJU YUNYING JISHU

主 编:花均南
出版发行:上海交通大学出版社 地 址:上海市番禺路 951 号
邮政编码:200030 电 话:021 - 64071208
印 制:常熟市文化印刷有限公司 经 销:全国新华书店
开 本:787mm×1092mm 1/16 印 张:14.25
字 数:326 千字
版 次:2023 年 4 月第 1 版 印 次:2023 年 4 月第 1 次印刷
书 号:ISBN 978 - 7 - 313 - 28212 - 5 电子书号:ISBN 978 - 7 - 89424 - 316 - 4
定 价:58.00 元

总　序

随着信息数字技术的快速发展与普及应用,数字经济浪潮势不可当。2017年《政府工作报告》首次提出"数字经济",提出推动"互联网＋"计划深入发展,促进数字经济加快增长,从而将发展数字经济上升到国家战略的高度。2021年中国数字经济规模达到45.5万亿元,占国内生产总值(GDP)比重超过三分之一,达到39.8％,成为推动经济增长的主要引擎之一。数字经济在国民经济中的地位更加稳固,支撑作用更加明显。

在国家数字经济战略背景下,外部环境的数字化转变决定了数字化转型将会是未来传统企业的必经之路和战略重点,这使得未来市场可能出现巨大的数字人才需求。波士顿咨询公司发布的《迈向2035:4亿数字经济就业的未来》报告认为,当前中国数字人才缺口巨大,拥有"特定专业技能(尤其是数字技能)"对获取中高端就业机会至关重要,并预测到2035年中国整体数字经济就业容量将达4.15亿人。可以预见,应用型数字经济人才将成为未来市场上最为短缺的专业人才。

为了对接国家数字经济发展战略和未来市场的数字经济人才需求,我们策划、组织编写了这套"数字经济"系列教材,其目的在于:

(1) 系统总结近年来我国数字经济领域涌现的新理论、新技术、新成果,为我国数字经济从业人员提供智力参考;

(2) 提供数字经济专业教材,为高水平数字经济人才的培养提供一套系统、全面的教科书或教学参考书;

(3) 构建一个适应数字经济理论和数字技术发展趋势的科研交流平台。

这套数字经济系列教材面向应用型数字经济专业人才的培养目标,即培养兼具现代经济管理思维与数字化思维,又熟练掌握数字化技能的高素质应用型产业数字化人才。这套教材全面反映了数字经济理论、信息经济学理论及其最新进展,注重数字经济理论、数字技术与应用实践的有机融合,体现包括区块链、Python、云计算、人工智能等高新技术的最新进展和在各类商业环境下的应用,这其中着重强调Python作为大数据分析工具在财务和经济两大领域的应用。这套教材可以为数字经济相关专业背景的学生或从业人员提供研究数字经济现象问题的理论基础、建模方法、分析工具和应用案例。

希望这套教材的出版能够有益于我国数字经济专业人才的培养,有益于数字经济领域的理论普及与技术创新,为我国数字经济领域的科研成果提供一个展示的平台,引领国内外数字经济学术交流和创新并推动平台的国际化发展。

袁胜军

2022 年 1 月

Foreword

前　言

随着数字经济加速发展,数据已成为全新的资产和新的关键生产要素。企业加强数据治理,保障数据安全,为数字经济持续健康发展筑牢安全屏障,这是时代发展的客观需要。越来越多的企业已将数据视为重要资产,开展数字化转型的系列举措,以期全面提升客户体验,推动经济增长,并将大数据视为企业发展和转型的重要科技依据。因此在大数据时代,数据资产已成为一个企业的核心竞争力。

在当代,大数据与我们的生活息息相关,大数据时代正在引发人们深刻的思维转变,大数据不仅改变每个人的日常生活和工作方式,也改变了商业组织和社会组织的运行方式。大数据在助力企业提质增效、降本增收、优化资源配置、实现社会多方收益共赢等方面发挥了重要的作用。

本书有如下几个特点。

(1) 图文并茂、循序渐进。本书内容翔实,语言流畅,图文并茂,突出实用性,并提供了大量的操作示例和相应代码,较好地将学习与应用结合在一起。内容由浅入深,循序渐进,适合各层级读者学习。

(2) 实例典型、轻松易学。本书所引用的实例均与生活密切相关,这样使读者在学习的时候不会觉得陌生,更容易接受,从而提高学习效率。

(3) 理实一体、提高兴趣。本书采用"理论＋实践"的方式,对数据库的相关技术进行详细的讲解介绍。由于纯粹理论的知识学习难度比较大,也比较枯燥,有些读者不易接受,因此将理论和实践紧密结合的教材更加能吸引读者,也从一定程度上降低了读者学习数据库知识的难度。

(4) 应用实践、随时练习。本书在每章都提供了课后习题,读者能够通过练习重新回顾所学的知识,从而熟悉内容并达到举一反三的目的,同时也为进一步深入学习做好准备。

(5) 紧跟时代、与日俱进。本书着重于当前主流新技术的讲解,与行业联系密切,紧跟行业技术的发展。

本书符合高校学生的认知规律,有助于实现有效教学,提高教学的效率、效益、效果。本书打破传统的学科体系结构,将各知识点与操作技能恰当地融入各个项目/任务中,突出了现代职业产教融合的特征。本书采用章节化结构,由 6 章构成,第 1 章主要介绍大数据运营概述;第 2 章主要介绍了大数据运营的技术体系、主流的数据可视化技术等;第 3 章主要讲解了大数据运营工作中 HDFS 数据存储技术、Flume 数据采集技术、Hive 数据仓库等技术;第 4 章主要讲解了基于 Python 的数据处理技术;第 5 章讲解了基于 Python 的数据统计与可视化的应用场景;第 6 章通过分析大数据运营的综合案例,阐述了数据运营思维、大数据运营的指标体系以及大数据运营的分类、数据清洗、分析和可视化的应用等。通过本书的学习,学生不仅可以掌握大数据运营处理技术,还能为将来从事大数据运营相关的工作奠定扎实的理论基础。

本书由多年从事大数据行业、大数据架构的分析师和任课老师共同参与编写,桂林电子科技大学商学院花均南老师负责统筹全书的构架及内容的审定,并负责第 1～2 章内容的编写;南宁师范大学物流管理与工程学院的陈婷老师和软通动力信息技术(集团)股份有限公司的刘静、张瑞元编写第 3～4 章;苏尚停、侯文杰、胡敏参与编写第 5～6 章的内容,同时也非常感谢参与内容修订的编委会成员范雪梅、梁程等人员的支持。

由于编者水平所限,书中若有不当之处,恳请广大读者批评指正。

编 者

2022 年 11 月

Contents

目　　录

第 1 章

大数据运营概述

本章知识点

（1）理解大数据的概念。

（2）了解数据化运营的概念。

（3）掌握数据化运营的主要内容。

（4）掌握大数据运营的应用场景以及在企业中的运用案例。

大数据时代正在引发人们深刻的思维转变，大数据改变着每个人的日常生活和工作方式，同时也将改变商业组织和社会组织的运行方式。数据是新时代重要的生产要素，是国家基础性战略资源，也是数字化企业拥有的一种数字化的战略资产，其战略性价值源于大数据运营，所以大数据运营已成为数字化企业实现智能化发展亟须加强的重要议题。

1.1　大数据及其特点

随着大数据的出现，数据化运营逐步贯穿企业的整个生命周期，成为一种不可缺少的运营方式。本节从大数据的概念、特征、发展历程等维度进行讲解。

1.1.1　大数据的概念

数据是指对客观事件进行记录并可以鉴别的符号，是对客观事物的性质、状态以及相互关系等进行记载的物理符号或这些物理符号的组合。它是可识别的、抽象的符号。信息主要采用数据形式来表示。

信息与数据既有联系，又有区别。数据是信息的载体，可以是符号、文字、数字、语音、图像、视频等。而信息是数据的内涵，信息是加载于数据之上，对数据做具有含义的解释。数据和信息是不可分离的，信息依赖数据来表达，数据则生动具体地表达出信息。数据是符号，是物理性的，信息是对数据进行加工处理之后所得到的并对决策产生影响的数据，是逻辑性和观念性的；数据是信息的表现形式，信息是数据有意义的表示。数据本身没有意义，只有对实体行为产生影响时数据才成为信息。

大数据是指在获取、存储、管理、分析等方面大大超出传统数据库软件工具能力范围的数据集合,并具有海量的数据规模、快速的数据流转、多样的数据类型和价值密度低等四大特征。在数据行业,要实现数字产业化、产业数字化,前提是要有海量数据。

大数据作为当今社会最先进的技术之一,已经深刻地影响和改变着当今人类社会。数据在我们的生活中无处不在,如清晨起床我们用手机打开新闻资讯,此时就产生了数据;早高峰乘坐地铁,刷二维码进站又产生了数据;打开购物网站,下单购买商品,还是会产生数据……生活在当今这个高度信息化的社会,一切行为几乎都可以用数据来描述,这种情况几乎发生在每个人的身上(见图 1-1)。每时每刻都有上亿条数据产生,这些海量数据流入那些提供互联网服务的公司,存储在他们的系统中。如果不对其加以利用,这些数据只会给系统造成沉重的负担,但如果善于挖掘,这些数据就可以产生巨大的商业价值。

图 1-1 数据的产生

1.1.2 大数据的特征

业界通常用体量(volume)、种类(variety)、价值(value)、速度(velocity),即 4V 特征来概括大数据的特征,如图 1-2 所示。

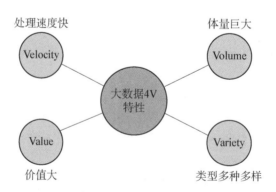

图 1-2 大数据 4V 特性

1. 数据体量巨大

大数据的起始计量单位至少是 P(1000 个 T)、E(100 万个 T)或 Z(10 亿个 T)。截至目前,人类生产的所有印刷材料的数据量是 200 PB(1 PB=2 10 TB),当前,典型个人计算机硬盘的容量为 TB 量级,而一些大企业的数据量已经接近 EB 量级。根据国际数据资讯 (IDC)公司监测,全球数据量大约每两年就翻一番,预计到 2025 年,全球数据使用量将达到 163 EB,并且 85％以上的数据是以非结构化或半结构化的形式存在的。

2. 数据类型繁多

数据类型的多样性也让数据被分为结构化、半结构化和非结构化数据。相对于以往便于存储的以文本为主的结构化数据,非结构化数据越来越多,包括网络日志、音频、视频、图片、地理位置信息等,这些多类型的数据对数据的处理能力提出了更高的要求。

3. 数据价值密度低

数据价值密度的高低与数据总量的大小成反比。在大数据时代,越来越多的数据都是半结构化和非结构化数据,比如网站访问日志,里面大量的内容都是没有价值的,真正有价值的数据比较少,虽然数据量比以前大了 N 倍,但价值密度确实低了很多。所以如何通过强大的机器算法更迅速地完成数据的价值"提纯"成为目前大数据背景下亟待解决的难题。

4. 数据处理速度快

随着互联网、计算机技术的发展,数据生成、存储、分析、处理的速度远远超出人们的想象,这是大数据区别于传统数据的显著特征。随着新数据的不断出现,人们对数据处理的速度提出了越来越高的要求,所以处理数据的效率就是企业的生命线。

1.1.3　大数据的发展历程

数据是通过观察、实验或计算得出的结果。数据和信息是两个不同的概念。信息是较为宏观的概念,它由数据的有序排列组合而成,传达给读者某个概念方法等;而数据则是构成信息的基本单位,离散的数据没有任何实用价值。

随着人类社会信息化进程的加快,我们在日常生产和生活中每天都会产生大量的数据,比如商业网站、政务系统、零售系统、办公系统、自动化生产系统等。数据已经渗透到当今每一个行业和业务职能领域,成为重要的生产因素,从创新到所有决策,数据推动着企业的发展,并使得各级组织的运营更为高效,可以这样说,数据已成为每个企业获取核心竞争力的关键要素。数据资源已经和物质资源、人力资源一样成为国家的重要战略资源,影响着国家和社会的安全、稳定与发展,因此,数据也可称为"未来的石油"。

数据产生方式的变革是促成大数据时代来临的重要因素。总体而言,人类社会的数据产生方式大致经历了 3 个阶段:运营式系统阶段、用户原创内容阶段和感知式系统阶段。

1. 运营式系统阶段

人类社会最早进行大规模管理和使用数据,是从数据库的诞生开始的。大型零售超市销售系统、银行交易系统、股市交易系统、医院医疗系统、企业客户管理系统等大量的运营系统,都是建立在数据库基础之上的,数据库中保存了大量结构化的企业关键信息,用来满足企业对各种业务的需求。在这个阶段,数据的产生方式是被动的,只有当企业的实际业务发生时,才会产生新的记录并存入数据库。比如,对于股市交易系统而言,只有当发生一笔股票交易时,才会有相关的记录生成。

2. 用户原创内容阶段

互联网的出现使得数据传播更加快捷,不需要借助磁盘、磁带等物理存储介质传播数据,网页的出现进一步加速了大量网络内容的产生,从而使得人类社会的数据量开始呈现"井喷式"增长。但是,互联网真正的数据爆发产生于以"用户原创内容"为特征的 Web 2.0 时代。Web 1.0 时代主要以门户网站为代表,强调内容的组织与提供,大量上网用户本身并不参与内容的产生。而 Web 2.0 技术以维基(Wiki)、博客、微博、微信等自服务模式为主,强调自服务,大量上网用户本身就是内容的生成者,尤其是随着移动互联网和智能手机终端的普及,人们更是可以随时随地使用手机发微博、传照片,数据量便开始急剧增长。

3. 感知式系统阶段

物联网的发展最终导致了人类社会数据量的第三次跃升,使得数据产生方式进入了感知式系统阶段。物联网中包含大量传感器,如温度传感器、湿度传感器、压力传感器、位移传感器、光电传感器等,此外,视频监控摄像头也是物联网的重要组成部分。物联网中的这些设备每时每刻都在自动产生大量的数据,与 Web 2.0 时代的人工数据产生方式相比,物联网的自动数据产生方式将在短时间内生成更密集、更大量的数据,使得人类社会迅速步入大数据时代。

大数据的发展历程总体上可以划分为 3 个重要阶段:萌芽期、成熟期和大规模应用期,各阶段的特点如表 1-1 所示。

表 1-1　大数据 3 个发展阶段的特点

阶　段	时　间	特　点
第一阶段 萌芽期	20 世纪 90 年代至 21 世纪初	随着数据挖掘理论和数据库技术的逐步成熟,一批商业智能工具和知识管理技术开始被应用,如数据仓库、专家系统、知识管理系统等
第二阶段 成熟期	2000—2010 年	Web 2.0 应用迅速发展,非结构化数据大量产生,传统处理方法难以应对,带动了大数据技术的快速突破,大数据解决方案逐渐走向成熟,并形成了并行计算与分布式系统两大核心技术。谷歌的 GFS 和 MapReduce 等大数据技术受到追捧,Hadoop 平台开始大行其道
第三阶段 大规模应用期	2010 年以后	大数据应用渗透各行各业,数据驱动决策,信息社会智能化程度得到大幅度的提高

这里简要回顾一下大数据的发展历程。

1980 年,著名未来学家阿尔文·托夫勒在《第三次浪潮》一书中,将大数据热情地赞颂为"第三次浪潮的华彩乐章"。

1997 年 10 月,迈克尔·考克斯和大卫·埃尔斯沃思在第八届美国电气和电子工程师协会(IEEE)关于可视化的会议论文集中,发表了《为外存模型可视化而应用控制程序请求页面调度》的文章,这是在美国计算机学会的数字图书馆中第一篇使用"大数据"这一术语的文章。

2001 年 2 月,梅塔集团分析师道格·莱尼发布题为《3D 数据管理:控制数据容量、处理速度及数据种类》的研究报告。10 年后,"3V"(volume、variety 和 velocity)作为定义大数据的三个维度而被广泛接受。

2005 年 9 月,蒂姆·奥莱利发表了《什么是 Web 2.0》一文,并在文中指出"数据将是下一项技术核心"。

2008 年,《自然》杂志推出大数据专刊;计算社区联盟(computing community consortium)发表了报告《大数据计算:在商业、科学和社会领域的革命性突破》,阐述了大数据技术及其面临的一些挑战。

2010 年 2 月,肯尼斯·库克尔在《经济学人》上发表了一份关于管理信息的特别报告《数据,无所不在的数据》。

2011 年 2 月,《科学》杂志推出专刊《处理数据》,讨论了科学研究中的大数据问题。

2011 年 5 月,麦肯锡全球研究院发布《大数据:下一个具有创新力、竞争力与生产力的前沿领域》,提出"大数据"时代到来。

2012 年 3 月,美国奥巴马政府发布了《大数据研究和发展倡议》,正式启动"大数据发展计划",大数据上升为美国国家发展战略,被视为美国政府继信息高速公路计划之后在信息科学领域的又一重大举措。

2013 年 12 月,中国计算机学会发布《中国大数据技术与产业发展白皮书》,系统总结了大数据的核心科学与技术问题,推动了我国大数据学科的建设与发展,并为政府部门提供了战略性的意见与建议。

2014 年 5 月,美国政府发布 2014 年全球"大数据"白皮书《大数据:抓住机遇、守护价值》,报告鼓励使用数据来推动社会进步。

2015 年 8 月,国务院印发《促进大数据发展行动纲要》,全面推进我国大数据发展和应用,加快建设数据强国。

2016 年 5 月,在"2016 大数据产业峰会"上工信部透露,我国将制定出台大数据产业"十三五"发展规划,有力推进我国大数据技术创新和产业发展。

2017 年 9 月,公安部第三研究所授予贵阳大数据交易所"eID 网络身份服务机构"资质证书,成立国内首个数据交易合规化研究实验项目。2018 年 2 月,中国人民银行正式下发银征信许准予字〔2018〕第 1 号许可文件,设立首张经营个人征信业务的机构许可信息表。3 月,我国数据管理领域首个国家标准《数据管理能力成熟度评估模型》正式发布。

2019 年 10 月,在第六届世界互联网大会期间组织召开了"国家数字经济创新发展试验区启动会",并发布了《国家数字经济创新发展试验区实施方案》,正式启动河北省(雄安新区)、浙江省、福建省、广东省、重庆市、四川省等 6 个国家数字经济创新发展试验区建设工作。

2020 年,突如其来的新冠肺炎疫情,为各行各业带来了前所未有的挑战。然而,在危机中,以大数据等为代表的新一代信息技术在疫情监测分析、人员管控、医疗救治、复工复产等方面提供了强大支撑,各种新业态、新模式不断涌现。数字化驱动的技术和产业变革加速发展,大数据技术、产业和应用逆势而上,数据的作用在各行各业中大放异彩,"数据驱动"的价值深入人心。2021 年 3 月,北京市经济和信息化局会同北京市金融局、北京市商务局、北京市委网信办等部门,组织北京金控集团牵头发起成立北京国际大数据交易有限公司,这是国内首家基于"数据可用不可见,用途可控可计量"新型交易范式的数据交易所。2021 年 11 月,工信部印发《"十四五"大数据产业发展规划》,在响应国家"十四五"规划的基础上,围绕"价值引领、基础先行、系统推进、融合创新、安全发展、开放合作"六大基本原则,针对"十四五"期间大数据产业的发展制定了5个发展目标,6大主要任务,6项具体行动以及6个方面的保障措施,同时指出在当前我国迈入数字经济的关键时期,大数据产业将步入"集成创新、快速发展、深度应用、结构优化"的高质量发展新阶段。

1.2 大数据的应用

随着互联网和智能设备的应用和普及,大量数据正在不断产生,并呈爆发式增长趋势。大数据对物理学、生物学、环境生态学等领域以及军事、农业、金融、通信等行业已造成深刻影响,据调查,企业内部的运营交易信息、互联网技术中的产品货运物流信息、人和人之间互动信息、位置信息等数据,每2~3年时间便会成倍增加。

信息是当代企业的关键资源,是企业应用创新管理、决策分析的基本。这种数据有着极大的经济收益,可是企业所关心的数据一般只占总数据量的2%~4%,使企业无法最大化地运用已有的数据资源,以至于消耗了大量的时间和资产,也丧失制订重要商业服务管理决策的最好时机,针对一般的企业来讲,大数据的功效具体表现在两个层面。

1.2.1 协助企业搜集信息

大数据可以根据相关分析,将顾客和商品、服务项目进行串联,对用户的喜好开展精准定位,进而提供更精确、更有主导性的商品和服务项目,从而提高销售额。

典型性的案例如电子商务。像阿里巴巴淘宝网那样的电商服务平台,累积了很多的用户选购数据。在初期,这些数据基本上是负累和压力,因为存储数据必须支付很高的硬件配置成本费。但是,如今这些数据全是阿里巴巴最珍贵的财富。

大数据还可以对业绩产生直接影响,它的高效率转化和精确性,远远地超出传统式的用户调查。除了电子商务,还包含能源、影视、证券、金融、农业、工业、交通运输、公共事业等行业都是大数据的用武之地。

1.2.2 协助企业分析决策

除帮助企业掌握用户数据以外,大数据还能让企业更加精准地认识自己。企业运营需要很多的资源,大数据能够剖析和锁住资源的详细情况,比如储藏量遍布和要求的发展趋势。这种资源的数据可视化能够协助企业管理人员更形象化地掌握企业的运行情况,迅速地发现问题,并立即调整运营策略,减少财务风险。总的来说,"知彼知己,百战不殆",大数据是为管理者提供决策服务最有力的依据。对于企业来说,大数据服务的目标可以归结为"降本增效"四个字。企业可以借助大数据服务做精准化营销,将企业的产品有效地传递给有此需求的用户,在为客户创造价值的同时增加企业收入。

企业还可以借助大数据了解客户的偏好,从而更好地为客户提供服务,提升客户感知水平。虽然提升客户服务体验并没有直接为企业带来收入,但是通过这种方式提升了企业在客户心中的形象,使得客户获取企业服务更加便捷、高效,客户也因此更喜欢购买企业的产品,从而增加了企业的收入。

企业可以借助大数据服务降低成本。从费用支出的类型角度看,成本消耗主要分为属于投资建设的CAPAX(资本性支出)投资和业务运营的OPEX(运营资出)投资两部分,因此企业可以借助大数据服务降低这两部分投资。比如在降低CAPAX投资方面,可以以用户价值为中心进行资源的建设,避免因为靠"假设""猜想"而造成投资浪费。在降低OPEX投资方面,企业可以借助大数据服务来发现企业流程中存在的问题,通过流程优化来提高运营效率,从而降低企业的整体运营成本。

大数据在行业中的运用越来越普遍,具体如下。

(1)大数据助力政府部门完成市场经济体制管控、公共卫生服务安全防护、灾祸预警信息、社会发展舆论导向;协助城市犯罪预防,实现智慧交通,提高应急能力;电力企业会根据大数据实时做数据的检测和预测分析,使我们更强、更便捷地做这类电力工程的生产调度。

(2)大数据在医疗中也有比较广泛的应用。例如,基因工程技术及其病症的预测分析剖析、手术治疗计划方案等都会用到大数据。大数据协助定点医疗机构创建患者的病症风险性追踪体制,协助医药企业提高药物临床医学的实际效果,协助科学研究组织为病人提供定制化的药品。

(3)大数据帮助电商公司向用户推荐商品和服务,旅行网站为游客提供心爱的旅游线路,二手市场的买卖方寻找最好的买卖总体目标,用户可以更快寻找到最好的产品选购阶段、店家及最优惠价。

(4)大数据助力企业提高营销推广的针对性,减少物流和库存量的成本,降低项目投资的风险性,及其协助企业提高广告营销精确度。例如,云鲸大数据助力各行业直接获得相关App/网站用户的访客信息,这在很大程度上减少了企业推广或引流的成本,就可以直达意向用户。

1.3　数据化运营

数据化运营是通过信息化的方式,将原本臃肿复杂的程序数字化,减少不必要的过程,以此加速企业的发展。例如,2020年突如其来的新冠疫情让各行各业举步维艰,企业传统的经营模式受到巨大冲击,而数字化所蕴含的业务潜力却给企业带来了新的机会,其中,传统餐饮业线下业务几乎停滞,但还是有部分餐饮行业及时进行了策略调整,通过门店微信号引流、小程序转化、社群运营留存的方式,获取宝贵的现金流从而存活下来。疫情成为全行业加速拥抱数字化的助推器,那到底什么是数据化运营呢?我们如何借助它去加速企业的运营和发展呢?

1.3.1　数据化运营概况

1. 数据化运营基本概念

数据化运营是指通过数据化的工具、技术和方法,对运营过程中的各个环节进行科学的分析,为数据使用者提供专业、准确的行业数据解决方案,从而达到优化运营效果和效率、降低运营成本、提高效益的目的。

数据化运营的本质还是运营,"数据化"仅仅是方法和手段,"运营"才是核心和目的,用数据指导业务运营的决策,提升业务运营的效率,实现业务增长的目标。

数据化运营不等于数据分析,数据分析仅仅是数据化运营的一个关键环节和重要手段。数据化运营是基于数据去发现问题、分析问题,然后通过运营的手段找到问题的解决办法并付诸实践的闭环工作。

企业中的数据从产生到应用,需要经过数据源层、数据仓库层、数据建模层、数据应用层,经过层层的加工,将原始数据经过数据清洗、数据建模再到数据挖掘,最终在应用层产生价值,实现面向用户的智能营销和个性化内容的推荐,从而实现降本增效的运营目的。

随着信息化时代的来临及全球数字化浪潮的推进,企业在运营中都产生海量的数据,这些数据是实现商业智能的基础。例如,沃尔玛"啤酒与尿布"的经典案例就是数据实现商业智能的一个体现。1987年,沃尔玛完成了公司内部的卫星系统的安装,该系统使得总部,分销中心和各个商场之间可以实现实时、双向的数据和声音传输,并从运营数据中发现了"啤酒与尿布"之间的关联。如今,沃尔玛的数据仓库中存储着沃尔玛数千家连锁店在65周内每一笔销售的详细记录,通过这些数据,业务员可以分析顾客的购买行为,从而为顾客提供最佳的销售服务。

2. 企业大数据运营的不同阶段

根据企业的数据量、数据更新速度、数据应用程度、数据平台建设及应用能力进行如下划分。

1)无平台阶段

在该阶段,企业的数据量较少,且数据脚本零散地存储在不同的地方。信息处理主要靠人工进行,管理者和运营人员不会过多关注数据,有时阶段性地观察一下宏观的数据,而且企业也没有数据平台。

2)小型数据平台阶段

处于小型数据平台阶段的企业,拥有一些数据储备,且各部门定期有数据需求,需要搭建小型数据平台,用以获取核心数据指标。小型数据平台的开发周期较短,工作量也较少。

3)中型数据平台阶段

处于中型数据平台阶段的企业,数据量大且数据更新速度较快,管理者做出决策需要依靠数据,这个阶段就需要一个中型数据平台来支撑各部门的数据需求,同时建立起相应的信息处理系统,且需要专业的团队对系统进行维护。

4)大型数据平台阶段

随着企业规模逐步增大,数据呈现爆发式增长、秒级更新、应用需求高的特点。处于这个阶段的企业,需要搭建大型数据平台,投入足够的人力、物力及资源去保障平台的运作,数据仓库也需要不定期地做升级和变迁。企业在这个阶段需要有非常丰富的数据产品来支持业务的发展和运营。

1.3.2 数据化运营流程

数据化运营让数据产生价值,首先要让企业的管理者、运营人员、销售人员等具备数据意识,通过分析数据来进行决策。如何让数据驱动业务发展呢?通常数据从业人员会按照如图1-3所示的步骤进行数据化运营。

图1-3 数据化运营的步骤

1. 明确目标

数据化运营第一步要搞清楚业务的核心目标是什么,用户运营和产品运营有着不同的场景和目标,可以通过围绕业务的关键绩效指标(key performance indicator,KPI)展开。

2. 指标体系

在业务目标确定后,基于目标进行数据指标的拆解,构建相应的用户运营、产品运营业务的监控和结果评价的指标体系。

3. 数据获取

根据指标体系确定数据的采集点。对于流量、行为类的数据必须要先进行埋点,埋点是指在应用的特定流程中,收集用户行为信息、还原用户场景来指导产品功能改进,验证客户服务质量。在数据团队经常遇到业务产品找项目管理(project manager,PM)要数据,最后却发现都没有埋点。

4. 数据分析

利用相应的数学模型对收集的数据进行分析,并根据运营要求采用数据可视化方法对采集到的数据进行处理,形成分析报告。

5. 策略建议

基于数据分析报告,通过数理思维来推导、发现运营业务存在的问题或寻找潜在增长点,企业以此支撑业务决策,驱动产品流程改进优化。

6. 评估优化

分析结论或策略建议在产品或运营端实施之后,可通过AB测试对比、效果分析、持续优化迭代等方法进行评估优化。

1.3.3 数据化运营的职业发展趋势

起初从事数据运营的人是企业IT部门兼任的,随着数据在业务运营上占据越来越重要的地位,从事数据运营的专职岗位也应运而生。目前市面上数据人才是比较稀缺的,因为数据人才需要横跨三个专业：数学、商科、计算机，且该岗位培养周期长，需要既懂业务，又能掌握计算机相关技能的人才。

1. 数字技术人才现状

目前，中国高校正在开设数据科学与技术、数字经济等新兴专业，培养社会上急需的大数据运营的人才。但高校人才培养往往受到培养周期长、产教融合脱节等诸多原因，而滞后于产业的人才需求，目前企业的数据技术人才依然处于稀缺状态，专家认为数字技术人才具有要求高、供给少、需求大的特点，且未来10～20年都将处于稀缺状态。

2. 数据化运营的岗位职责

大型企业将数据运营部门设置为一级部门，设置数据运营部门负责人（总经理级）、数据运营高级总监、数据运营总监、数据运营高级经理、数据运营经理、数据运营主管及数据运营专员等7个职级。

1）数据运营部门的整体职责

（1）搭建全链路数据架构。梳理及重构供应链，基于供应链和业务需求节点进行数据需求架构；沉淀业务方法论，通过协同模式快速复制，对外赋能，提升行业效率。

（2）建立品类标准与商业规则。调研商品，并完成非标品的标准化工作，同时承担新商品开发研究工作；制定自动化运营商业规则，承担制定平台商业制度的职责；统筹行业、品类、商品研究，建立标准化商品数据库，进行商品管理和商品策略研究。

（3）提升内外部效率。打通销售效率、物流效率、渠道商绩效、需求预测数据等指标，建立关联，量化各个环节的效率提升点，并制定提升方案；研究、提供并推进B端和C端体验和品质提升的方案。

（4）行业研究与市场洞察。数据运营部门通过市场调查、情报收集及时掌握市场和行业的动态。

（5）数据赋能业务合作伙伴（business partner，BP）。数据运营部承担各个事业部或子公司（business unit，BU）、城市数据赋能BP的职责；清晰传递集团战略和执行信息，建立各级数据看板，推动自动化决策分析，并及时收集各城市的问题向总部反馈。

2）部门负责人的岗位职责

（1）部门负责人全面负责公司的数据运营管理，完成业务规划、平台优化、资源整合，确定核心产品和服务及对应的商业模式和盈利模式。

（2）研究运营数据和用户反馈，挖掘用户需求，发现运营中的问题并给出解决方案。

（3）构建全面、准确、能反映业务特征的监控指标体系，并基于业务指标体系，及时发现和定位问题。

（4）通过专业分析，对业务问题进行深入分析，为公司的运营决策、产品方向、商业策略提供数据支持。

（5）对产品、运营、市场及客户关系管理等领域提供业务支持。

（6）与内外部相关团队协作，推动业务部门的数据化运作，技术产品开发、工具培训等。

（7）对产品发展方向进行预测，及时调整业务和产品策略，合理制定业务和产品规划；负责收集并研究行业及竞争对手的信息，了解和分析客户需求，对市场及产品方向进行预测。

（8）制定业务规则并对其进行管理，承担制定平台商业制度的职责，提升平台业务品质。

3）部门负责人的任职要求

（1）数据挖掘、机器学习、计算机、统计、数学等相关领域本科或以上学历，至少拥有8年以上丰富的互联网行业背景，3年以上运营经理/总监岗位的经验。

（2）能熟练地独立建立商业数据分析框架，具有数据敏感度，能从海量数据中分析挖掘问题，并具备敏锐的商业洞察力。

（3）熟练运用数据分析工具（SQL、Excel、Access），以及数据可视化工具（Tableau、MicroStrategy、Think-cell、PPT），对外演讲能力优秀。

（4）优秀的分析问题和解决问题的能力，能够把合理的思路成功应用于实践中。

（5）有客户关系管理分析或运营经验、数据化运营经验、数据型产品规划经验，有互联网新零售相关领域经验的优先。

1.4　数据化运营的意义

在数字经济时代，人们在生产、生活、工作、消费、娱乐等方式上都发生了巨大变化，企业更需要采用数字化技术实现数字化转型。在产品升级、价值重塑、业务变革、商业模式创新、市场策略调整等方面，都提供了新的增长空间和发展机遇。

数据化运营可以从四个维度具体帮助企业进行优化和发展，如图1-4所示。

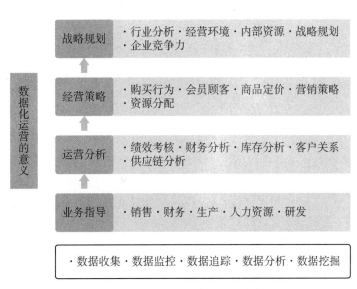

图1-4　数据化运营的四个维度

1. 业务指导

通过对数据的收集、统计、追踪和监控搭建业务的管理模型来指导业务。例如，销售业务中日销售额、月销售额、年销售额的完成情况；电商营销业务过程中的流量、新增用户数、每日的成交量等。

2. 运营分析

运营分析更多注重对收集来的数据进行分析和管理,可归纳为人、货、场、财的分析管理。例如客户关系管理、财务分析管理、供应链分析管理等。

3. 经营策略

经营策略管理拥有一手的管理决断,对各经营环节进行对应的数据分析来修改和制定策略,比如消费者购买行为的分析,会员顾客策略是采用积分制还是打折制等。

4. 战略规划

战略规划需要通过企业内部和外部的市场数据制定长远的规划过程,如企业竞争力分析、行业环境分析、战略目标规划等。

习 题

1. 请描述数据化运营的概念,并举例说明企业数据化运营的应用。

2. 数据化运营的关键步骤有哪些?

3. 什么是大数据?请描述云计算、物联网、大数据、人工智能之间的关系。

第2章

大数据运营技术体系

本章知识点

(1) 掌握 Hadoop、Spark、Flink 3 种主流技术的基本原理。

(2) 掌握数据处理的基本流程。

(3) 了解数据挖掘概论与数据挖掘的常用方法。

(4) 掌握数据可视化库及可视化软件的概念。

在数据运营工作中,大数据的核心框架功能和应用场景是运营人员必须了解的知识,数据挖掘与数据可视化也是不可或缺的知识点。本章主要介绍大数据主流技术(Hadoop 生态圈、Spark 生态圈与 Flink 生态圈)的基本原理、功能与架构。运营人员掌握数据处理流程与数据挖掘的方法可以更深入地理解大数据的相关业务,为大数据产品提出合理化的建设需求。这些知识对于后续业务的开展,会有很大的帮助。

2.1 大数据技术概述

大数据技术的体系庞大且复杂,基础的技术主要包含数据采集、数据预处理、分布式存储、NoSQL 数据库、数据仓库、机器学习、并行计算、可视化等方面。

2.1.1 Hadoop 核心技术

Hadoop 是 Apache 软件基金会下用 Java 语言开发的一个开源分布式计算平台,在大量计算机组成的集群中对海量数据进行分布式计算。它是一个适合大数据的分布式存储和计算平台。

Hadoop 最早起源于 Nutch 搜索引擎,Nutch 是一个开源 Java 实现的搜索引擎。Nutch 的设计目标是构建一个大型的全网搜索引擎,包括网页抓取、索引、查询等功能,但随着抓取网页数量的增加,遇到了严重的可扩展性问题,即如何解决数十亿网页的存储和索引问题。

在 Nutch 的开发人员正一筹莫展之际,谷歌发表的两篇论文为该问题提供了可行的解决方案:分布式文件系统(distributed file system,DFS)可用于处理海量网页的存储;分布式计算框架 MapReduce 可用于处理海量网页的索引计算问题。

Hadoop 之父道格·卡廷(Doug Cutting)带领 Nutch 的开发人员基于 Google 的两篇论文完成了相应的开源实现 Hadoop 分布式文件系统(Hadoop distributed file system,HDFS)和 MapReduce,并从 Nutch 中剥离成为独立项目 Hadoop,到 2008 年 1 月,Hadoop 成为 Apache 顶级项目,迎来了它的快速发展期,Hadoop 的大象 Logo 灵感来源于道格·卡廷女儿的玩具大象,如图 2-1 所示(Hadoop 官网网址为 http://hadoop.apache.org/)。

图 2-1　Hadoop Logo

从狭义上来说,Hadoop 就是单独指代 Hadoop 这个计算框架;从广义上来说,Hadoop 是指代大数据的一个软件生态圈,包括很多其他的软件,如图 2-2 所示。

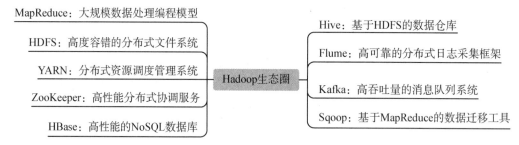

图 2-2　Hadoop 生态圈常用组件

1. MapReduce 编程模型

1) MapReduce 的概念

MapReduce 是一种大规模数据处理编程模型,用于大规模数据集的并行运算,是 Hadoop 核心组件之一。MapReduce 的核心功能是将用户编写的业务逻辑代码和自带默认组件整合成一个完整的分布式运算程序,并运行在 Hadoop 集群上。

2) MapReduce 的编程思想

MapReduce 的思想核心是"分而治之",适用于大量复杂的任务处理场景(大规模数据处理场景)。Map(映射)负责"分",即把复杂的任务分解为若干个"简单的任务"来并行处理。可以进行拆分的前提是这些小任务可以并行计算,彼此间几乎没有依赖关系。Reduce(化简)负责"合",即对 Map 阶段的结果进行全局汇总。这两个阶段合起来正是 MapReduce 思想的体现。举例如下。

比如我们要统计图书馆所有类型的书,如果一个人统计的话,不知道要统计多久,如果人多点,你统计 1 号书架,我统计 2 号书架,他统计 3 号书架……人越多,统计的速度就越快。这就是 Map 阶段,可以并行地做一件事,彼此之间并没有依赖关系。统计完之后,把所有人的统计数加在一起,就得出图书馆的图书总数,这就是 Reduce 阶段。

3)MapReduce 的框架结构

一个完整的 MapReduce 程序在分布式运行时有 3 类实例进程:MRAppMaster,负责整个程序的过程调度及状态协调;MapTask 负责 Map 阶段整个数据处理流程;ReduceTask,负责 reduce 阶段的整个数据处理流程。

4)MapReduce 的编程规范

(1)用户编写的程序分成三个部分:Mapper、Reducer、Driver(提交运行 MR 程序的客户端)。

(2)Mapper 的输入数据是键值对的形式(键与值的类型可自定义)。

(3)Mapper 的输出数据是键值对的形式(键与值的类型可自定义)。

(4)Mapper 中的业务逻辑写在 map()方法中。

(5)map()方法(Maptask 进程)对每个键值对调用一次。

(6)Reducer 的输入数据类型对应 Mapper 的输出数据类型。

(7)Reducer 的业务逻辑写在 reduce()方法中。

(8)Reducetask 进程对每一相同键的组调用一次 reduce()方法。

(9)用户自定义的 Mapper 和 Reducer 都要继承各自的父类。

(10)整个程序需要一个 Drvier 来进行提交,提交的是一个描述了各种必要信息的 job 对象。

2. Hadoop 分布式文件系统(HDFS)

1)HDFS 的概念

Hadoop 分布式文件系统(Hadoop distributed file system,HDFS)是指被设计成适合运行在通用硬件上的分布式文件系统,是一个可以运行在通用硬件上的分布式文件系统。它与现有的分布式文件系统有很多共同点。但同时,它与其他的分布式文件系统的区别也是很明显的,HDFS 是一个高度容错性的系统,适合部署在廉价的机器上。HDFS 能提供高吞吐量的数据访问,非常适合在大规模数据集上的应用。

2)HDFS 的原理

多台计算机(集群)联网协同工作就像单台系统一样解决某种问题,我们称这样的系统为分布式系统。分布式文件系统是分布式系统的一个子集,它们解决的问题就是数据存储。换句话说,它们是横跨在多台计算机上的存储系统。存储在分布式文件系统上的数据自动分布在不同的节点上。分布式文件系统在大数据时代有着广泛的应用前景,它们为存储和处理来自网络和其他地方的超大规模数据提供所需的扩展能力,为各类分布式运算框架,如 MapReduce、Spark 等提供数据存储服务。

3)HDFS 的设计思想

将大文件、大批量文件分布式地存放在同一集群中的不同服务器上,以便于采取分而治之的方式对海量数据进行运算分析。

4)HDFS 的架构设计

HDFS 是一个块结构的文件系统,其中每个文件被分成预定大小的块(Hadoop1. x 版本块大小为 64 M,2. x 版本块大小为 128 M),这些块存储在一台或多台机器的集群中。

HDFS 遵循主/从架构,其中集群包含单个 NameNode,所有其他节点都是 DataNode。HDFS 可以部署在支持 Java 的各种机器上。虽然可以在一台机器上运行多个 DataNode,但在实际应用中,这些 DataNode 分布在不同的机器上。

在原生的 Hadoop 集群中,HDFS 分为三个角色:NameNode、DataNode、Secondary NameNode。

(1) NameNode(主节点)是 Apache Hadoop HDFS 架构中的主节点,主要是用来保存 HDFS 的元数据信息,比如命名空间信息、块信息等。当它运行的时候,这些信息是存在内存中的。但是这些信息也可以持久化到磁盘上。

(2) DataNode(从节点)是 HDFS 中的从属节点。不具备高质量或高可用性,主要负责将数据落实到本地存储,所以 DataNode 所在机器通常配置有大量的硬盘空间。DataNode 会定期向 NameNode 发送心跳,如果 NameNode 长时间没有接收到 DataNode 发送的心跳,NameNode 就会认为该 DataNode 失效。

(3) Secondary NameNode(第二数据名称节点)是 NameNode 的一个助手节点,来帮助 NameNode 更好地工作。它存在的目的就是为 HDFS 提供一个检查点,它会定时到 NameNode 去获取 edit logs,并更新到 fsimage 上,一旦有了新的 fsimage 文件,它将其拷贝回 NameNode 中,当 NameNode 在下次重启时会使用这个新的 fsimage 文件,从而减少了重启的时间。

5) HDFS 的优缺点

事物都具有两面性,HDFS 再强大也会存在一些缺点,下面让我们了解 HDFS 的优缺点,从而可以在不同的应用场景中更好地发挥 HDFS 的一些特性。HDFS 的优点如表 2-1 所示。

表 2-1　HDFS 的优点

优点	概述
高容错性	数据自动保存多个副本(默认为 3 份,可通过修改配置文件来修改副本数),副本丢失后,自动恢复
适合批处理	HDFS 会将数据位置暴露给计算框架,通过移动计算而非移动数据的方式来减少文件 I/O,从而提高计算效率
适合大规模数据处理	适合 GB、TB,甚至 PB 级数据的计算,可对百万规模以上的文件处理
可构建在廉价机器上	HDFS 通过多副本提高可靠性,提供了容错和恢复机制。HDFS 的存储节点只需要提供磁盘存储空间即可,对操作系统与其他硬件资源没有要求

HDFS 的缺点如表 2-2 所示。

表 2-2　HDFS 的缺点

缺点	概述
不支持低延迟数据访问	HDFS 不支持毫秒级的数据访问,因此 HDFS 不能作为实时任务的数据源
小文件存储	HDFS 上的每一个文件的元数据都由 NameNode 进行管理,如果有大量的小文件,将会占用 NameNode 大量内存,并且文件寻道时间超过读取时间,所以 HDFS 建议将小文件进行合并或者使用 HDFS 提供的 archive 档案机制

缺　点	概　　述
文件只支持追加操作	HDFS上的文件只支持追加操作而不支持修改,而且一个文件同一时间只能有一个用户进行写入操作

3. 分布式资源调度管理系统

分布式资源调度管理系统,即另一种资源协调者(yet another resource negotiator, YARN)是 Hadoop 的资源管理器,它是一个分布式的资源管理系统,用以提高分布式集群环境下的资源利用率,这些资源包括内存、输入输出、网络、磁盘等,其产生的原因是为了解决原 MapReduce 框架的不足。

1) YARN 的概念

我们先来了解一下在 YARN 诞生之前,Hadoop 是如何在 Hadoop1.X 版本上进行资源调度的。一个 Hadoop 集群可分解为两个抽象实体:Mapreduce 计算引擎和分布式文件系统。当一个客户端向一个 Hadoop 集群发出一个请求时,此请求由 Jobtracker 管理。Jobtracker 与 NameNode 联合将任务分发到离它所处理的数据尽可能近的位置。然后作业跟踪节点(Jobtracker)将 Map 和 Reduce 任务安排到一个或多个任务跟踪节点(Tasktracker)上的可用插槽中。

Tasktracker 与 DataNode 一起对来自 Datanode 的数据执行 Map 和 Reduce 任务。当 Map 和 Reduce 任务完成时,Tasktracker 会告知 Jobtracker,后者确定所有任务何时完成,并最终告知客户作业已完成。在使用 Jobtracker 进行资源调度的时候,会存在如下问题。

(1) Jobtracker 是集群事务的集中处理点,存在单点故障。

(2) Jobtracker 需要完成的任务太多,既要维护 Job 的状态又要维护 Job 的 Task 状态,从而造成过多的资源消耗。

(3) 在 Tasktracker 端,用 Map/Reduce Task 作为资源的表示过于简单,没有考虑到 CPU、内存等资源情况,当把两个需要消耗大内存的 Task 调度到一起,很容易出现 OOM (内存溢出)的现象。

(4) 把资源强制划分为 Map/Reduce Slot,当只有 Map Task 时,Reduce Slot 不能用;当只有 Reduce Task 时,Map Slot 不能用,这容易造成资源利用不足。

到 Hadoop2.X 版本,YARN 作为 Hadoop 第三大核心组件横空出世,为了解决 Hadoop1.X 版本资源调度的问题,YARN 将资源管理和作业监控/调度这两个功能拆分开来,交由不同的守护进程完成,即一个全局的资源管理器和负责每一个应用的应用管理器。

2) YARN 的基本架构

YARN 是一个资源管理、任务调度的框架,主要包含三大模块:资源管理器(resource manager, RM)、节点管理器(node manager, NM)、应用管理器(application master, AM)。

(1) RM 负责整个集群的资源管理和分配,是一个全局的资源管理系统。NM 以心跳的方式向 RM 汇报资源使用情况（目前主要是 CPU 和内存的使用情况）。RM 只接受 NM 的资源回报信息，对于具体的资源处理则交给 NM 自己处理。YARN 调度器（Scheduler）根据应用程序的请求为其分配资源，不负责应用程序工作的监控、追踪、运行状态反馈、启动等工作。

（2）NM 是指每个节点上的资源和任务管理器，它是管理这台机器的代理，负责该节点程序的运行，以及该节点资源的管理和监控，YARN 集群的每个节点都会运行一个 NM。NM 会定时向 RM 汇报本节点资源（CPU、内存）的使用情况和容器（Container）的运行状态。当 RM 宕机时，NM 自动连接 RM 备用节点。

（3）用户提交的每个应用程序均包含一个 AM。RM 会为应用分配一个容器（分配的资源）来运行 AM，AM 会将得到的任务进一步分配给内部的任务（资源的二次分配），还有就是负责监控所有任务运行状态，并在任务运行失败时重新为任务申请资源以重启该任务。

3）YARN 调度工作的流程

YARN 调度工作的流程如图 2-3 所示。

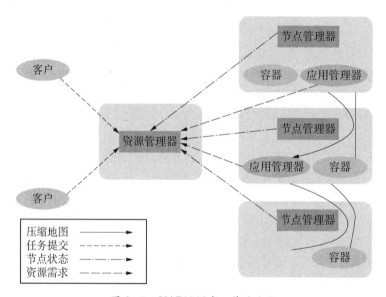

图 2-3　YARN 调度工作的流程

（1）客户端向 RM 提交应用程序，其中包括启动该应用的 AM 所必需信息。例如 AM 程序、启动 AM 的命令、用户程序等。

（2）RM 启动一个容器用于运行 AM。

（3）启动中的 AM 向 RM 注册自己，启动成功后与 RM 保持心跳。

（4）AM 向 RM 发送请求，申请相应数目的容器。

（5）RM 返回 AM 申请的容器信息。申请成功的容器，由 AM 进行初始化。容器的启动信息初始化后，AM 与对应的 NM 通信，要求 NM 启动容器。AM 与 NM 保持心跳，从而对 NM 上运行的任务进行监控和管理。

（6）容器运行期间，AM 对容器进行监控。容器通过 RPC 协议向对应的 AM 汇报自己的进度和状态等信息。

（7）应用运行期间，客户端直接与 AM 通信获取应用的状态、进度更新等信息。

（8）应用运行结束后，AM 向 RM 注销自己，并允许属于它的容器被收回。

4）YARN 的调度策略

在 YARN 中，负责给应用分配资源的就是调度器，调度本身就是一个难题，很难找到一个完美的策略可以解决所有的应用场景。为此，YARN 提供了 3 种调度器（也可以叫作调度策略），如表 2-3 所示。

表 2-3 3 种调度器的调度策略

调度器分类	策 略 特 点
先进先出调度器（FIFO Scheduler）	FIFO Scheduler 把应用按提交的顺序排成一个队列，这是一个先进先出队列，在进行资源分配的时，先给队列中最前面的应用进行分配资源，待最前面的应用需求满足后再给下一个分配，以此类推；FIFO Scheduler 是最简单也是最容易理解的调度器，也不需要任何配置，但它并不适用于共享集群。大的应用可能会占用所有集群资源，这就导致其他应用被阻塞
公平调度器（fair Scheduler）	在公平调度器中，我们不需要预先占用一定的系统资源，公平调度器会为所有运行的 job 动态的调整系统资源；当第一个占用资源较大的 job 提交时，如果只有这一个 job 在运行，那么它会获得所有的集群资源；此时，当第二个小任务提交后，Fair 调度器就会分配一半资源给这个小任务，让这两个任务公平地共享集群资源
容器调度器（Capacity Scheduler）	容器调度器允许多个组织共享整个集群，每个组织可以获得集群的一部分计算能力。通过为每个组织分配专门的队列，然后再为每个队列分配一定的集群资源，这样整个集群就可以通过设置多个队列的方式给多个组织提供服务了；此外，队列内部又可以垂直划分，这样一个组织内部的多个成员就可以共享这个队列资源了，在一个队列内部，资源的调度是采用的是先进先出（FIFO）策略

4. 高性能分布式协调服务

高性能分布式协调服务（ZooKeeper）致力于为分布式应用提供一个高性能、高可用，且具有严格顺序访问控制能力的分布式协调服务。ZooKeeper 由雅虎研究院开发，是 Google Chubby 的开源实现，后来托管到 Apache，于 2010 年 11 月正式成为 Apache 的顶级项目。ZooKeeper 的应用场景有很多，比如说 Hadoop HA（高可用）集群、Kafka、HBase 都强依赖于 ZooKeeper，让我们一起来看下 ZooKeeper 有哪些特性。

1）ZooKeeper 的五大特性（见表 2-4）。

表 2-4 ZooKeeper 的特性

特性	概 述
顺序一致性 原子性	从同一个客户端发起的事务请求，最终将会严格地按照其发起的顺序应用到 ZooKeeper 所有请求的响应结果在整个分布式集群环境中具备原子性，即要么整个集群中所有机器都成功地处理了某个请求，要么就都没有处理，绝对不会出现集群中一部分机器处理了某一个请求，而另一部分机器却没有处理的情况

续表

特性	概　述
单一性	无论客户端连接到 ZooKeeper 集群中哪个服务器,每个客户端所看到的服务端模型都是一致的,不可能出现两种不同的数据状态,因为 ZooKeeper 集群中每台服务器之间会进行数据同步
可靠性	一旦服务端数据的状态发生了变化,就会立即存储起来,除非此时有另一个请求对其进行了变更,否则数据一定是可靠的
实时性	当某个请求被成功处理后,ZooKeeper 仅仅保证在一定的时间段内,客户端最终一定能从服务端上读取到最新的数据状态,即 ZooKeeper 可以保证数据的最终一致性

ZooKeeper 具有严格的写操作顺序性,客户端能够基于 ZooKeeper 实现一些复杂的同步原语。对于来自客户端的每个更新请求,都会分配一个全局唯一的递增编号。这个编号反映了所有事务操作的先后顺序。

2) ZooKeeper 的角色

领导者(Leader)。Leader 是 ZooKeeper 集群工作的核心。主要负责调度工作,是事务请求的调度处理者和集群内部各服务器的调度。

跟随者(Follower)。Follower 是 ZooKeeper 集群的跟随者。主要负责处理客户端非事务性请求(读取数据)并转发事务请求给 Leader 服务器和参与 Leader 选举投票。

观察者(Observer)。Observer 充当观察者角色,观察 ZooKeeper 集群的最新状态变化并将这些状态同步过来,其对于非事务请求可以进行独立处理,对于事务请求,则会转发给 Leader 服务器进行处理。Observer 不会参与任何形式的投票,包括事务请求 Proposal 的投票和 Leader 选举投票。

ZooKeeper 有一套自己独特的选举机制,来选举 Leader。有兴趣的同学可以去官网 (https://zookeeper.apache.org/)进行学习。

5. HBase 数据库

图 2-4　HBase Logo

HBase 是建立在 HDFS 上的一种高性能 NoSQL 数据库,提供高可靠性、高性能、列式存储、可伸缩、实时读写的数据库系统。它是 Apache Hadoop 生态系统中的重要一员,主要用于海量结构化和半结构化数据存储,HBase 的标志(Logo)是一只鲸鱼,如图 2-4 所示。

HBase 是 Google Bigtable 的开源实现,与 Google Bigtable 利用 GFS 作为其文件存储系统类似,HBase 利用 Hadoop HDFS 作为其文件存储系统;Google 运行 MapReduce 来处理 Bigtable 中的海量数据,HBase 同样利用 Hadoop MapReduce 来处理 HBase 中的海量数据;Google Bigtable 利用 Chubby 作为协同服务,HBase 利用 ZooKeeper 作为对应。

1) HBase 的特性

HBase 中的表一般有以下特点,如表 2-5 所示。

表 2－5　HBase 表的特点

特点	概　　述
大	一个表可以有上亿行，上百万列
面向列	面向列表（簇）的存储和权限控制，列（簇）独立检索
稀疏	空列并不占用存储空间，表可以设计得非常稀疏
数据多版本	每个单元中的数据可以有多个版本，在默认情况下，版本号自动分配，版本号就是单元格插入时的时间戳
数据类型单一	HBase 中的数据都是字符串，没有类型

2）HBase 与传统数据库对比

（1）传统数据库可能遇到的问题：①数据量很大的时候无法存储；②没有很好的备份机制；③数据达到一定数量，数据库运行开始缓慢，最后则基本无法支撑。

（2）HBase 的优势：①线性扩展，随着数据量增多可以通过节点扩展进行支撑；②数据存储在 HDFS 上，备份机制健全；③通过 ZooKeeper 协调查找数据，访问速度快。

3）ZooKeeper 在 HBase 中的作用

ZooKeeper 的作用：①可以保证在 HBase 集群中有且只有一个活跃的 Master；②存储所有 Region 的寻址入口；③实时监控 RegionServer 的上线和下线信息，并实时通知给Master；④存储 HBase 的 Schema 和 Table 元数据。

4）HBase 的集群角色

HBase 的集群角色有两种，分别是 HMaster 和 RegionServer。其中，HMaster 是主进程，负责管理所有的 RegionServer；RegionServer 是数据服务进程，负责处理用户数据的读写请求。HMaster 与 RegionServer 之间有着密切的关系，而 RegionServer 又与 Region（它是 HBase 中存储数据的最小单元）密不可分，所以我们分别讲解 Region、RegionServer和 HMaster 的特点。

（1）Region。Region 是 HBase 分布式存储的最基本单元。它将一个数据表按键（Key）值范围横向划分为一个个的子表，实现分布式存储。这个子表，在 HBase 中称作"Region"。每一个 Region 都关联一个 Key 值的范围，使用一个 StartKey 和 EndKey 描述的区间。

（2）RegionServer。RegionServer 是 HBase 的数据服务进程。它负责处理用户数据的读写请求，所有的 Region 都交由 RegionServer 管理，包括执行 Flush、Compaction、Open、Close、Load 等操作。实际上，所有用户数据的读写请求，都是与 RegionServer 管理的 Region 进行交互。当某个 RegionServer 发生故障的时候，此 RegionServer 所管理Region 就会转移到其他 RegionServer 下。RegionServer 需要定期向 HMaster 汇报自身的情况，包括内存使用状态、在线状态的 Region 等信息。除此之外，RegionServer 还可以管理预写日志（write ahead log，WAL），以及执行数据插入、更新和删除操作，并通过Metrics 对外提供衡量 HBase 内部服务状况的参数。另外，RegionServer 还内置了HttpServer，所以我们可以通过图形界面的方式访问 HBase。

（3）HMaster。HMaster 进程负责管理所有的 RegionServer 进程。包括新的

RegionServer 注册;RegionServer Failover 处理;负责建表/修改表/删除表以及一些集群操作;新表创建时的 Region 分配;运行期间的负载均衡保障;负责所有 Region 的转移操作,在 RegionServer Failover 后的 Region 接管。

HMaster 进程有主备角色。集群可以配置多个 HMaster 角色,在集群启动时,这些 HMaster 角色通过竞争获得主 HMaster 角色。主 HMaster 只能有一个,所有的备 HMaster 进程在集群运行期间处于休眠状态,不干涉任何集群事务。

为了方便理解 HMaster、RegionServer 和 Region 三者之间的关系,举一个很形象的例子,你可以把 HMaster 理解为部门总经理,它管理了若干个项目经理(RegionServer),而每个项目经理都带了若干个项目组成员(Region)。HBase 有自己独特的一套文件存储架构和数据寻址机制,来保证在海量数据中快速检索到需要的数据,有兴趣的同学可以前往 HBase 官网(https://habase.apache.org/)进行学习。

6. Hive 系统

Hive 是基于 Hadoop 构建的一套数据仓库分析系统,它提供了丰富的 SQL 查询方式来分析存储在 Hadoop 分布式文件系统中的数据:可以将结构化的数据文件映射为一张数据库表,并提供完整的 SQL 查询功能;可以将 SQL 语句转换为 MapReduce 任务运行,通过自己的 SQL 查询分析需要的内容,这套 SQL 简称 Hive SQL,使不熟悉 MapReduce 的用户可以很方便地利用 SQL 语言查询、汇总和分析数据。而 MapReduce 开发人员可以把自己写的 Mapper 和 Reducer 作为插件来支持 Hive 做更复杂的数据分析。它与关系型数据库的 SQL 略有不同,支持了绝大多数的语句,如数据定义语句(DDL)、数据操纵语句(DML)以及常见的聚合函数、连接查询、条件查询。它还提供了一系列的工具进行数据提取转化加载,用来存储、查询和分析存储在 Hadoop 中的大规模数据集,并支持用户自定义函数(user-defined function,UDF)、用户定义的聚合函数(user-defines aggregate function,UDAF)和用户定义的表生成函数(user-defined table-generating function,UDTF),也可以实现对 Map 和 Reduce 函数的定制,为数据操作提供了良好的伸缩性和可扩展性。

【知识拓展】

如图 2-5 所示,Hive 的 Logo 一半是 Hadoop 大象的头,一半是蜜蜂的身体。Hadoop 的 Logo 是一头大象,Hive 使用大象的头表示 Hive 是基于 Hadoop 的,使用蜜蜂的身体表示 Hive 比 Hadoop 更加轻盈。

图 2-5　Hive Logo

1) 数据仓库的概念

数据仓库(data warehouse,DW)的目的是构建面向分析的集成化数据环境,为企业提供决策支持。它出于分析性报告和决策支持目的而创建。

数据仓库本身并不"生产"任何数据，同时自身也不需要"消费"任何的数据，数据来源于外部，并且开放给外部应用，这也是为什么叫"仓库"，而不叫"工厂"的原因。

数据仓库有 4 个特性：分别是主体性、集成性、非易失性（不可更新性）和时变性。

2）数据仓库与数据库的区别

数据库与数据仓库的区别实际上讲的是 OLTP 与 OLAP 的区别，如表 2-6 所示。

表 2-6　OLTP 与 OLAP 的区别

处理方式	概　　述
OLTP	联机事务处理（online transaction processing，OLTP），也可以称面向交易的处理系统，它是针对具体业务在数据库联机的日常操作，通常对少数记录进行查询、修改；用户较为关心操作的响应时间，数据的安全性、完整性和并发支持的用户数等问题；传统的数据库系统作为数据管理的主要手段，主要用于操作型处理
OLAP	联机分析处理（online analytical processing，OLAP），一般针对某些主题的历史数据进行分析，支持管理决策

数据仓库的出现并不是要取代数据库，两者之间的区别如表 2-7 所示。

表 2-7　数据库与数据仓库的区别

差异	数据库	数据仓库
面向方向	面向事务	面向主题
数据存储	存储业务数据	存储历史数据
表设计	尽量避免冗余	有意引入冗余，依照分析需求、分析维度、分析指标等进行设计
作用方向	为捕获数据而设计	为分析数据而设计

以银行业务为例，数据库是事务系统的数据平台，客户在银行做的每笔交易都会写入数据库而记录下来，这里，可以简单地理解为用数据库记账。数据仓库是分析系统的数据平台，它从事务系统获取数据，并做汇总、加工，为决策者提供决策的依据。比如，某银行的某分行一个月发生多少交易，该分行当前存款余额是多少。如果存款和消费交易都达到一定要求，那么该地区就有必要设立 ATM 了。

显然，银行的交易量是巨大的，通常以百万甚至千万次来计算。事务系统是实时的，这就要求交易的时效性，客户存一笔钱需要几十秒是无法忍受的，这就要求数据库只能存储很短一段时间的数据。而分析系统是事后的，它要提供关注时间段内所有的有效数据。这些数据是海量的，汇总计算起来也要慢一些，但是，只要能够提供有效的分析数据就达到目的了。

数据仓库是在数据库已经大量存在的情况下，为了进一步挖掘数据资源和决策需要而产生的，它绝不是所谓的"大型数据库"。

3）Hive 的作用

MapReduce 使用起来学习难度大、成本高、坡度陡，并且其实现复杂查询逻辑的开发难度较大。而 Hive 可以把 SQL 语句转化成 MapReduce 代码，操作接口内 SQL 语法，提升开发的效率;避免了去写 MapReduce,降低开发人员的学习成本;有较强的扩展性,Hive 支持用户自定义函数,用户可以根据自己的需求来实现自己的函数;有良好的容错性,当节点出现问题时,SQL 仍可完成执行。关于 Hive 的使用方式与数据类型,会在第 4 章中详细讲解。

7. Flume 软件

Flume 是克劳德拉(Cloudera)公司提供的一个高可用的,高可靠的,分布式的海量日志采集、聚合和传输的软件。

Flume 的核心是把数据从数据源收集过来,再将收集到的数据送到指定的目的地。为了保证输送的过程一定成功,在送到目的地之前,会先缓存数据,待数据真正到达目的地后,Flume 再删除自己缓存的数据。

Flume 支持定制各类数据发送方,用于收集各类型的数据;同时,Flume 支持定制各种数据接受方,用于最终存储数据。一般的采集需求通过对 Flume 的简单配置即可实现。Flume 针对特殊场景也具备良好的自定义扩展能力,因此,Flume 可以适用于大部分的日常数据采集场景。

Flume 系统中核心的角色是代理(Agent),Agent 本身是一个 Java 进程,一般运行在日志收集节点,执行流程如图 2-6 所示。

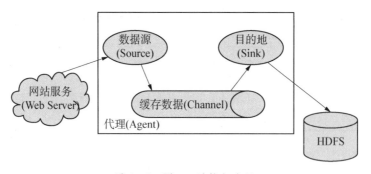

图 2-6　Flume 的执行流程

每一个 Agent 相当于一个数据传递员,内部有三个组件。

Source:数据源,用于和数据源对接,以获取数据。

Sink:目的地,采集数据传送的目的地,用于往下一级 Agent 传递数据或者往最终存储系统传递数据。

Channel:Agent 内部的数据传输通道,用于从 source 将数据传递到 Sink。

在整个数据的传输的过程中,流动的是事件(Event),它是 Flume 内部数据传输的最基本单元。Event 将传输的数据进行封装。如果是文本文件,通常是一行记录,Event 也是事务的基本单位。Event 从 Source 流向 Channel,再到 Sink,本身为一个字节数组,并可携带 headers(头信息)信息。Event 代表着一个数据的最小完整单元,从外部数据源来,向外部的目的地去。

一个完整的 Event 包括 Event headers、Event body、Event 信息,其中,Event 信息就是 Flume 收集到的日记记录。

8. Kafka 系统

1）Kafka 的概念

高吞吐量的消息队列系统（Apache Kafka）是一个开源消息系统,通过 Scala 语言编写,以可水平扩展和高吞吐率的优势被广泛使用。Kafka 最初是领英（LinkedIn）公司开发的,是一个分布式的、分区的、多副本的、多订阅者,基于 ZooKeeper 协调的分布式消息系统,LinkedIn 于 2010 年贡献给了 Apache 基金会并成为顶级开源项目（Kafka 官网地址为 https://kafka.apache.org/）,Kafka Logo 如图 2-7 所示。

图 2-7　Kafka Logo

2）Kafka 的特性

Kafka 的特性如表 2-8 所示。

表 2-8　Kafka 的特性

特性	概　　述
高吞吐量、低延迟	Kafka 每秒可以处理几十万条消息,它的延迟最低只有几毫秒,每个主题可以分为多个分区（partition）, consumer group 对 partition 进行消费操作
可扩展性	Kafka 集群支持热扩展
持久性、可靠性	消息被持久化到本地磁盘,并且支持数据备份防止数据丢失
容错性	允许集群中节点失败（若副本数量为 n,则允许 $n-1$ 个节点失败）
高并发	支持数千个客户端同时读写

Kafka 中的相关组件如下。

（1）服务器节点（Broker）。Kafka 集群包含一个或多个服务器,服务器节点称为 Broker。Broker 存储 Topic 的数据。如果某 Topic 有 N 个 Partition,集群有 N 个 Broker,那么每个 Broker 存储该 Topic 的一个 Partition。

如果某 Topic 有 N 个 Partition,集群有 $(N+M)$ 个 Broker,那么其中有 N 个 Broker 存储该 Topic 的一个 Partition,剩下的 M 个 Broker 不存储该 Topic 的 Partition 数据。

如果某 Topic 有 N 个 Partition,集群中 Broker 数目少于 N 个,那么一个 Broker 存储该 Topic 的一个或多个 Partition。在实际生产环境中,尽量避免这种情况的发生,这种情况容易导致 Kafka 集群数据不均衡。

（2）主题（Topic）。每条发布到 Kafka 集群的消息都有一个类别,这个类别称为 Topic。物理上不同的 Topic 消息分开存储,逻辑上一个 Topic 的消息虽然保存于一个或多个 Broker 中,但用户只需指定消息的 Topic 即可生产或消费数据而不必关心数据存于何处,这类似于数据库的表名。

（3）分区（Partition）。Topic 中的数据分割为一个或多个 Partition。每个 Topic 至少有一个 Partition。每个 Partition 中的数据使用多个 Segment 文件存储。Partition 中的数据是有序的,不同 Partition 间的数据丢失了数据的顺序。如果 Topic 有多个 Partition,消费数据时就不能保证数据的顺序。在需要严格保证消息的消费顺序的场景下,需要将 Partition 数目设为 1。

（4）生产者（Producer）。生产者即数据的发布者，该角色将消息发布到 Kafka 的 Topic 中。Broker 接收到生产者发送的消息后，Broker 将该消息追加到当前用于追加数据的 Segment 文件中。生产者发送的消息，存储到一个 Partition 中，生产者也可以指定数据存储的 Partition。

（5）消费者（Consumer）。消费者可以从 Broker 中读取数据。消费者可以消费多个 Topic 中的数据。

（6）消费者群（Consumer Group）。每个 Consumer 属于一个特定的 Consumer Group（可为每个 Consumer 指定 Group Name，若不指定 Group Name 则属于默认的 Group）。

3）Kafka 与 RabbitMQ 的区别

Kafka 系统与传统消息系统 RabbitMQ 的区别如表 2-9 所示。

表 2-9　Kafka 与 RabbitMQ 的区别

区别	Kafka	传统消息队列
架构模型	Kafka 遵从一般的 MQ 结构，Producer，Broker，Consumer，以 Consumer 为中心，消息的消费信息保存的客户端 Consumer 上，Consumer 根据消费的点，从 Broker 上批量 Pull 数据；无消息确认机制	RabbitMQ 遵循 AMQP 协议，由 RabbitMQ 的 BrokererChange、Binding、Queue 组成，其中 Exchange 和 Binding 组成了消息的路由键；客户端 Producer 通过连接 Channel 和 Server 进行通信，Consumer 从 Queue 获取消息进行消费（长连接，Queue 有消息会推送到 Consumer 端，Consumer 循环从输入流读取数据）；RabbitMQ 以 Broker 为中心；有消息的确认机制
吞吐量	Kafka 具有高的吞吐量，内部采用消息的批量处理，数据的存储和获取使用本地磁盘顺序批量操作，具有 $O(1)$ 的时空复杂度，消息处理的效率很高	RabbitMQ 在吞吐量方面稍逊于 Kafka，它们的出发点不一样，RabbitMQ 支持对消息的可靠的传递，支持事务，不支持批量的操作；基于存储的可靠性的要求存储可以采用内存或者硬盘
可用性	Kafka 的 Broker 支持主备模式	RabbitMQ 支持 Mirror 的 Queue，主 Queue 失效，Mirror Queue 接管
集群负载均衡	Kafka 采用 ZooKeeper 对集群中的 Broker、Consumer 进行管理，可以注册 Topic 到 ZooKeeper 上；通过 ZooKeeper 的协调机制，Producer 保存对应 Topic 的 Broker 信息，可以随机或者轮询发送到 Broker 上；并且 Producer 可以基于语义指定分片，消息发送到 Broker 的某分片上	RabbitMQ 支持集群模式，但不支持负载均衡

9. Sqoop

1）Sqoop 的概念

Sqoop（SQL-to-Hadoop）项目旨在协助 RDBMS 与 Hadoop 之间进行高效的大数据交流，是一款基于 MapReduce 的数据迁移工具，同时也是一款开源的工具。它主要用在 Hadoop（Hive）与非关系型数据库（NoSQL、HBase 等）间进行数据的传递，可以将一个关系型数据库（MySQL，Oracle，PostgreSQL 等）中的数据导入 Hadoop 的 HDFS 中，也可以将 HDFS 的数据导入关系型数据库中。随着互联网的普及,企业积累的数据量越来越大,传统的数据库已经无法满足存储需求,所以更多的用户选择使用 Hadoop 的 HDFS 来存储数据。那么就需要将数据在传统数据库与 HDFS 之间进行转移,能够帮助数据传输的工具变得更加重要。Apache Sqoop 就是这样一款开源工具,可以在 Hadoop 和关系型数据库之间转移大量数据。

Sqoop 项目开始于 2009 年,最早是作为 Hadoop 的一个第三方模块存在,后来为了让使用者能够快速部署,也为了让开发人员能够更快速地迭代开发,Sqoop 独立成为一个 Apache 项目。Sqoop 本质其实是将导入或导出命令翻译成 MapReduce 程序并执行。在翻译成 MapReduce 程序中主要是对 InputFormat 和 OutputFormat 进行定制。

随着 Sqoop 的使用者越来越多,旧版本的 Sqoop 已经渐渐暴露出一些缺点,开发人员优化之后推出了一个新的系列版本——Sqoop2。Sqoop1 与 Sqoop2 是两个完全不同的版本,它们并不兼容。Sqoop1 通常是指 1.4. x 版本,Sqoop2 是指 1.99. x 以后的版本。

2) Sqoop2 比 Sqoop1 的改进

(1) 引入 Sqoop Server,集中化管理 Connector 等。

(2) 多种访问方式:CLI、Web UI、REST API。

(3) 引入基于角色的安全机制。

Sqoop2 和 Sqoop1 的功能性对比,如表 2 - 10 所示。

表 2 - 10　Sqoop2 和 Sqoop1 的功能性对比

功能	Sqoop 1	Sqoop 2
用于所有主要 RDBMS 的连接器	支持	不支持 解决办法:使用在以下数据库上执行测试的通用 JDBC 连接器:Microsoft SQL Server、PostgreSQL、MySQL 和 Oracle。此连接器应在任何其他符合 JDBC 要求的数据库上运行,但性能可能无法与 Sqoop 中的专用连接器相比
Kerberos 安全集成	支持	不支持
数据从 RDBMS 传输至 Hive 或 HBase	支持	不支持 解决办法:两种操作方法,即将数据从 RDBMS 导入 HDFS,在 Hive 中使用相应的工具和命令(如 LOAD DATA 语句);手动将数据载入 Hive 或 HBase
数据从 Hive 或 HBase 传输至 RDBMS	不支持 解决办法:从 Hive 或 HBase 将数据提取至 HDFS,并使用 Sqoop 将上一步的输出导出至 RDBMS	不支持 按照与 Sqoop 1 相同的解决方法操作

2.1.2　Spark 核心技术

Apache Spark 是一个具有高效、易用、通用、兼容性特点的计算框架,它是基于大数据的基础,也被称为大数据分析引擎(Spark 官网为 http://spark.apache.org/)。进入 Spark 官网,首先映入眼帘的就是一个大 Logo 和一段英文描述:Lightning-fast unified analytics engine(闪电般的统一分析引擎),由此,Spark 的处理效率可见一斑。

2009 年,Spark 诞生于加州大学伯克利分校 AMPLab,2010 年开源,2013 年 6 月成为 Apache 孵化项目,2014 年 2 月成为 Apache 顶级项目。目前,Spark 生态系统已经发展成为一个包含多个子项目的集合,其中包含 SparkCore、SparkSQL、SparkStreaming、GraphX、MLlib 等子项目。Spark 的主要特性如下所示。

(1) 速度快。与 Hadoop 的 MapReduce 相比,Spark 基于内存的运算要快 100 倍以上,基于硬盘的运算也要快 10 倍以上。Spark 实现了高效的有向无环图(DAG)执行引擎,可以通过基于内存来高效处理数据流。

(2) 易用性。Spark 支持 Java、Python 和 Scala 的 API,还支持超过 80 种高级算法,使用户可以快速构建不同的应用。而且 Spark 支持交互式的 Python 和 Scala 的 Shell,可以非常方便地在这些 Shell 中使用 Spark 集群来验证解决问题的方法。

(3) 通用性。Spark 提供了统一的解决方案,Spark 可以用于批处理、交互式查询、实时流处理、机器学习和图计算。这些不同类型的处理都可以在同一个应用中无缝使用。Spark 统一的解决方案非常具有吸引力,毕竟任何公司都想用统一的平台去处理遇到的问题,减少开发和维护的人力成本和部署平台的物力成本。

(4) 兼容性。Spark 可以非常方便地与其他的开源产品进行融合。比如,Spark 可以使用 Hadoop 的 YARN 和 Apache Mesos 作为它的资源管理和调度器,并且可以处理所有 Hadoop 支持的数据,包括 HDFS、HBase 和 Cassandra 等。这对于已经部署 Hadoop 集群的用户特别重要,因为不需要做任何数据迁移就可以使用 Spark 的强大处理能力。Spark 也可以不依赖于第三方的资源管理和调度器,它实现了独立(Standalone)模式作为其内置的资源管理和调度框架,这样进一步降低了 Spark 的使用门槛,使得所有人都可以非常容易地部署和使用 Spark。

Spark 已经得到了众多大数据公司的支持,这些公司包括 Hortonworks、IBM、Intel、Cloudera、MapR、Pivotal、百度、阿里、腾讯、京东、携程、优酷土豆等。当前百度的 Spark 已应用于凤巢、大搜索、直达号、百度大数据等业务;阿里利用 GraphX 构建了大规模的图计算和图挖掘系统,实现了很多生产系统的推荐算法;腾讯 Spark 集群达到 8000 台的规模,是当前已知最大的 Spark 集群。Spark 的核心应用组件如图 2-8 所示。

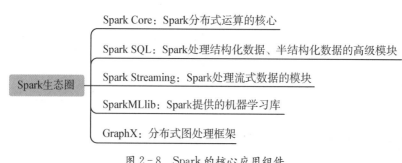

图 2-8 Spark 的核心应用组件

1. Spark Core

Spark Core 是 Spark 分布式运算的核心,Spark 的其他组件均依赖于 Spark Core。

在 Hadoop 的 MapReduce 中,Shuffle 过程会频繁将内存中保存的中间计算结果数据"溢写"到磁盘中,从而引发大量的磁盘 IO,导致处理数据的效率大幅度下降。而在 Spark 中有一个基于内存缓存的"集合"概念,可以解决类似问题,并且允许在内存不足的情况下,将这个集合的数据溢写到磁盘中。数据优先存储在内存中,如果内存空间不足,再将数据溢写到磁盘中,这种行为引申出一个概念——resilient(弹性的)。Spark 的研发目标是解决大数据量的数据分析问题,那么数据一定是分布式存储的,因此引入分布式概念——distributed(分布式)。在 Spark 中,如果想要方便地处理数据,那么 Spark 也需要引入集合的概念——dataSet(数据集)。

综上所述,Spark 引入了一个弹性的、分布式的数据集(resilient distributed dataset,RDD)。RDD 是一种具有容错性、基于内存计算的抽象方法,RDD 是 Spark Core 的底层核心,Spark 则是这个抽象方法的实现。

1) RDD

RDD 是 Spark 中最基本的数据抽象,它代表一个不可变、可分区、里面的元素可并行计算的集合。RDD 具有数据流模型的特点:自动容错、位置感知性调度和可伸缩性。RDD 允许用户在执行多个查询时显式地将数据缓存在内存中,后续的查询能够重用这些数据,这极大地提升了查询速度。

一个 RDD 就是一个分布式对象集合,本质上是一个只读的分区记录集合,每个 RDD 可以分成多个分区,每个分区就是一个数据集片段。并且一个 RDD 的不同分区可以被保存到集群中不同的节点上,从而可以在集群中的不同节点进行并行计算。

2) RDD 的特性

(1) A list of partitions:一个分区(partition)列表。它是数据集的基本组成单位。Spark RDD 是被分区的,每一个分区都会被一个计算任务处理,分区数决定了并行计算的数量,RDD 的并行度默认从父 RDD 传给子 RDD。在默认情况下,一个 HDFS 上的数据分片就是一个 partition,RDD 分片数决定了并行计算的力度,可以在创建 RDD 时指定 RDD 分片个数(分区)。如果不指定分区数量,当 RDD 从集合创建时,则默认分区数量为该程序所分配到的资源的 CPU 核数(每个 Core 可以承载 2~4 个 partition),如果是从 HDFS 文件创建,默认为文件的 Block 数。

(2) A function for computing each split:一个计算每个分区的函数。每个分区都会有计算函数,Spark 的 RDD 计算函数是以分片为基本单位的,每个 RDD 都会实现计算(compute)函数,对具体的分片进行计算,且 RDD 中的分片是并行的,所以是分布式并行计算。

(3) A list of dependencies on other RDDs:依赖于其他 RDD 的列表,一个 RDD 会依赖于其他多个 RDD。由于 RDD 每次转换都会生成新的 RDD,所以 RDD 会形成类似流水线一样的前后依赖关系。

(4) A Partitioner for key-value RDDs:键值对数据类型的 RDD 分区器。它用于控制分区策略和分区数。

(5) A list of preferred locations to compute each split on:每个分区都有一个优先位

置列表。对于一个 HDFS 文件来说，这个列表保存的就是每个 partition 所在的块的位置。按照"移动数据不如移动计算"的理念，Spark 在进行任务调度的时候，会尽可能地将计算任务分配到其所要处理数据块的存储位置（Spark 进行任务分配的时候尽可能选择那些存有数据的 worker 节点来进行任务计算）。

3) RDD 的缓存机制

在默认情况下，RDD 是驻留在内存中的。但是内存是有限制的，当内存到达一定的限制以后，此时如果还需要生成新的 RDD，那么 Spark 将会移除内存中长时间不使用的 RDD，以便存放新生成的 RDD。当需要再次使用移除的 RDD 的时候，就需要重新计算得到。而 RDD 缓存（也叫 RDD 持久化）就避免了这样的重复运算，对性能提升明显，这就是为什么把 Spark 设计为内存计算框架的原因，缓存 RDD 可以通过 persist 和 cache 来实现，从本质上来讲，cache 内部依赖 persist 方法。

4) RDD 的容错机制

Spark 在生产环境下经常会面临传输的 RDD 非常多（如一个 Job 中包含 1 万个 RDD）或者是具体的传输产生的 RDD 本身计算特别复杂和耗时（如计算时常超过 1 个小时），这个时候如果可以对计算的过程进行复用，就可以提升效率，但此时必须考虑对计算结果的持久化。如果采用缓存的方式把数据持久化在内存中的话，虽然最快速但是也是最不可靠的（内存清理）；如果放在磁盘上也不是完全可靠的，例如磁盘会损坏，系统管理员可能会清空磁盘等。

Checkpoint 的产生就是为了相对而言更加可靠地使数据持久化，在 Checkpoint 可以指定把数据放在本地并且是多副本的方式，在正常生产环境下通常放在 HDFS 上，借助 HDFS 高可靠的特征来实现更可靠的数据持久化，来提升数据容错。

2. Spark SQL

Spark SQL 是 Spark 用于结构化数据（structured data）处理的 Spark 模块，也是 Apache Spark 核心组件之一，使用 DataFrame 和 DataSet 对 RDD 进行封装，允许开发者利用类 SQL 语法快速处理结构化数据，让我们来看下 Spark SQL 的几个特性。

1) 集成性

Spark SQL 可以无缝地将 SQL 查询与 Spark 程序混合在一起，Spark SQL 允许使用 SQL 或熟悉的 DataFrame API 在 Spark 程序中查询结构化数据。适用于 Java、Scala、Python 和 R 语言。

2) 统一的数据访问

Spark SQL 可以以相同的方式连接到任何数据源，DataFrames 和 SQL 提供了访问各种数据源的通用方法，包括 Hive、Avro、Parquet、ORC、JSON 和 JDBC。甚至可以跨过这些数据源连接数据。

3) 兼容 Hive

Spark SQL 可以在现有仓库上运行 SQL 或 HiveQL 查询，Spark SQL 支持 HiveQL 语法以及 Hive SerDes 和 udf，允许访问现有的 Hive 仓库。

4) 标准数据连接

标准数据连接可以通过 JDBC 或 ODBC 连接，服务器模式为商业智能工具提供了行业标准的 JDBC 和 ODBC 连接。

Spark SQL 是用于结构化数据、半结构化数据处理的 Spark 高级模块,可用于从各种结构化数据源中读取数据,例如,JSON(半结构化)文件、CSV 文件、ORC 文件、Hive 表、Parquet 文件。然后在 Spark 程序内通过 SQL 语句对数据进行交互式查询,进而实现数据分析需求,也可通过标准数据库连接器(JDBC/ODBC)连接传统关系型数据库,取出并转化关系数据库表,利用 Spark SQL 进行数据分析。

结构化数据是指记录内容具有明确的结构信息且数据集内的每一条记录都符合结构规范的数据集合,它是由二维表结构来逻辑表达和实现的数据集合。可以类比传统数据库表来理解该定义,所谓的"明确结构"即是由预定义的表头(Schema)表示的每一条记录由哪些字段组成以及各个字段的名称、类型、属性等信息。

(1) Spark SQL 的产生。在早期的 Hadoop 的生态系统中,处理数据只能使用 Hadoop 的 MapReduce 组件。为了给熟悉 RDBMS 但是又不理解 MapReduce 的技术人员提供快速上手的工具,Hive 应运而生。Hive 的出现,大大降低了分布式系统开发的门槛,同时也在很大程度上提高了开发效率。

Hive 允许开发者使用类 SQL 语法来处理结构化数据,该语法简称 HQL。Hive 是当时唯一一个运行在 Hadoop 上的 SQL-on-Hadoop 的工具,Hive 将 HQL 语言翻译为 MapReduce 代码,并通过 YARN 来调度任务资源,以处理数据分析任务。由于 Hive 高度依赖 MapReduce,所以它只能处理离线任务。开发者可以使用 HQL 的语法进行数据分析和管理,大大提升了开发效率。Hive 组件流行起来,成为构建数据仓库的主流工具之一。

但是,MapReduce 在计算过程中大量的中间磁盘落地过程消耗了大量的磁盘 I/O,降低了运行效率。此时,由于 Hive 的火爆,伯克利实验室的开发人员基于 Hive 开发出一套新的框架——Shark。Shark 在 Hive 的基础上优化的了内存管理、执行计划等多个模块,从而提升了内存与磁盘的交互效率。但是,Shark 强依赖于 Hive 框架的众多技术模块(如采用 Hive 的语法解析器、查询优化器等),所以不能与 Spark 其他核心组件配合使用。最终,开发人员基于 Shark 框架开发出了 Spark SQL 组件。

(2) Spark SQL 中的数据抽象。Spark SQL 中所使用的数据抽象并非 RDD,而是 DataFrame。Spark1.3 版本中首次引进这个概念,它的前身是 SchemaRDD。Spark SQL 通调用 DataFrame API 来对数据进行分析处理,也可以将 DataFrame 注册成表,直接使用 SQL 语句在数据表上进行交互式查询。DataFrame 的推出,让 Spark 具备了处理大规模结构化数据的能力,它不仅比原有的 RDD 的转化方式更加简单易用,而且获得了更高的计算性能。

在直接面向 RDD 进行数据分析时为了得到最终的结果,可能需要基于初始 RDD 执行多次转换,每一次转换都生成了一个新的 RDD;而对于 DataFrame 而言,一条 SQL 语句可能隐含多次转换操作,但转换操作在其内部发生,并不会频繁创建新的 RDD,以减少系统开销。

在 Spark1.6 之后,引入了一个新的数据抽象类型——DataSet。它结合了 RDD API 的很多优点,比如说强类型,保证编译期类型安全,支持 Lanbda 表达式等,并且还结合了 Spark SQL 优化执行引擎的优点。Dataset 可以通过 JVM 对象来构造,然后通过

transformation 类算子(map、flatMap、filter 等)来进行操作。

在 Spark2.0 之后的版本中,管理结构化数据的主要数据类型变成了 DataSet。DataFrame 的源码已经被移除了,但是 DataFrame 这个数据类型并没有被彻底删除,而是规定如果 Dataset[T]中的泛型 T 是 Row 类型,那么 Dataset 就等同于 DataFrame,即 DataFrame=Dataset[Row],为 Dataset 的子集。

3. Spark Streaming

Spark Streaming 类似于 Apache Storm,用于流式数据的处理。根据其官方文档介绍,Spark Streaming 具有高吞吐量和容错能力强等特点。Spark Streaming 支持的数据输入源很多,例如:Kafka、Flume、Twitter、ZeroMQ 和简单的 TCP 套接字等。数据输入后可以用 Spark 的高度抽象操作,如 map、reduce、join、window 等进行运算。而结果也能存储在很多地方,如 HDFS、数据库等。另外 Spark Streaming 也能与 MLlib(机器学习)以及 GraphX 完美融合。

现在,无论是传统行业还是互联网行业,都逐渐使用即时数据分析来提供决策或响应用户。随着硬件技术的升级,业务系统在单位时间内产生的数据量也越来越大。要满足这个需求,就必须使用分布式、实时流处理框架。在构建数据仓库时,Spark Streaming 还可以实时备份数据,或实时对流入的数据进行转换,将转换结果输出到另外一套系统中。在大多数实时处理流式数据的场景中,Spark Streaming 都可以胜任,如图 2-9 所示。

图 2-9 Spark Streaming 数据对接

1) Spark Streaming 的原理

Spark Streaming 是基于 Spark 的流式批处理引擎,其基本原理是把输入数据以某一时间间隔批量地处理。当批处理间隔缩短到秒级时,便可以用于处理实时数据流,其实就是把流式计算当作一系列连续的小规模批处理来对待,本质上是用批处理(小批次)的思想来做流处理,如图 2-10 所示。

图 2-10 Spark Streaming 原理

2) Spark Streaming 计算流程

Spark Streaming 是将流式计算分解成一系列短小的批处理作业。这里的批处理引擎是 Spark Core,也就是把 Spark Streaming 的输入数据按照 batch size(如 1 秒)分成一段一段的离散流(discretized stream),每一段数据都转换成 Spark 中的 RDD,然后将 Spark Streaming 中对 DStream 的转换(Transformation)操作变为针对 Spark 中对 RDD 的 Transformation 操作,将 RDD 经过操作变成中间结果保存在内存中。整个流式计算根据业务的需求可以对中间的结果进行缓存或者存储到外部设备,如图 2-11 所示。

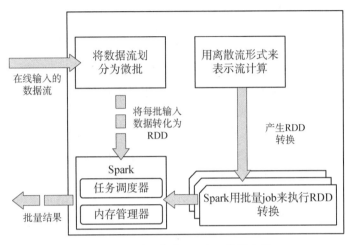

图 2-11　Spark Streaming 计算流程

3) Spark Streaming 数据抽象

在 Spark Streaming 中,引入了一个新的概念——DStream。DStream 是 Spark Streaming 中运算、存储数据的基础。

DStream:离散流(Discretized Stream, DStream)是 Spark Streaming 提供的一种高级抽象,代表了一个持续不断的数据流。其最主要的功能是为每一个批次的数据生成 RDD 实例,每个 RDD 含有一段时间间隔内的数据,如图 2-12、图 2-13 所示。

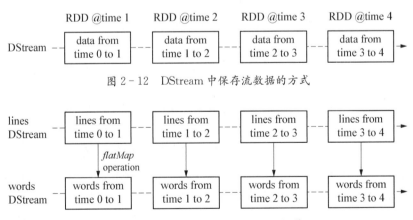

图 2-12　DStream 中保存流数据的方式

图 2-13　DStream 执行 flatMap 操作

4. Spark MLlib

Spark MLlib 是 Spark 提供的机器学习库,旨在简化机器学习的工程实践工作,并方便扩展到更大规模。MLlib 由一些通用的学习算法和工具组成,包括分类、回归、聚类、协同过滤、降维等，同时还包括底层的优化原语和高层的管道 API。

Spark 是基于内存计算的，天然适应于数据挖掘的迭代式计算，但是对于普通开发者来说，实现分布式的数据挖掘算法仍然具有极大的挑战性。因此，Spark 提供了一个基于海量数据的机器学习库 MLlib，它提供了数据挖掘算法的分布式实现功能。

开发者只需要有 Spark 基础，并且了解数据挖掘算法的原理以及算法参数的含义，就可以通过调用相应算法的 API 来实现基于海量数据的挖掘过程。

相比基于 Hadoop MapReduce 实现的机器学习算法（如 Hadoop Mahout），Spark MLlib 在机器学习方面具有一些得天独厚的优势。首先，机器学习算法一般都有由多个步骤组成迭代计算的过程，机器学习的计算需要在多次迭代后获得足够小的误差或者足够收敛时才会停止。如果迭代时使用 Hadoop MapReduce 计算框架，则每次计算都要读/写磁盘及完成任务的启动等工作，从而会导致 I/O 和 CPU 的消耗过大。而 Spark 基于内存的计算模型就是针对迭代计算而设计的，多个迭代直接在内存中完成，只有在必要时才会操作磁盘和网络，所以说，Spark MLlib 正是机器学习的理想平台。其次，Spark 具有出色而高效的 Akka 和 Netty 通信框架，其通信效率高于 Hadoop MapReduce 计算框架的通信机制。

5. Spark GraphX

Spark GraphX 是 ApacheSpark 提供的一个分布式图处理框架，它是基于 Spark 平台提供对图计算和图挖掘简洁易用的而丰富的接口，极大地方便了对分布式图处理的需求。

众所周知社交网络中人与人之间有很多关系链，例如 Twitter、Facebook、微博和微信等，数据中出现网状结构关系都需要图计算。

Apache Spark 每个子模块都有一个核心抽象。GraphX 的核心抽象是弹性分布式属性图（resilient distributed property graph）。每个图的顶点和边均有属性的有向多重图，来扩展 Spark RDD，它继承了 Spark 中 RDD 的 DAG、高容错性等概念和特性，实现了图计算的高效性与健壮性。弹性分布式属性图有 Table 和 Graph 两种视图，而只需要一个物理存储。两种视图都有自己独有的操作符，从而获得了灵活操作和执行效率。为了支持图计算，GraphX 开发了一组基本的功能操作以及一个优化过的 Pregel API。另外，GraphX 也包含了一个快速增长的图算法和图 builders 的集合，用以简化图分析任务。

分布式图计算和分布式数据计算类似，分布式数据计算采用了一种以记录为中心（record-centric）的集合视图，而分布式图计算采用了一种以顶点为中心（vertex-centric）的视图。

分布式数据计算通过同时处理独立的数据来获得并发的目的，分布式图计算则是通过对图数据进行分区（即切分）来获得并发的目的。更准确地说，分布式图计算递归地定义特征转换函数（这种转换函数作用于邻居特征），通过并发地执行这些转换函数来获得并发的目的。

分布式图计算比分布式数据计算更适合图的处理，但是在典型的图处理流水线中，它并不能很好地处理所有操作。例如，虽然分布式图系统可以很好地计算 PageRank 等算法，但是它们不适合从不同的数据源构建图或者跨过多个图计算特征。更准确地说，分布式图系统提供的更窄的计算视图无法处理那些构建和转换图结构，以及跨越多个图的需求。在分布式图系统中无法提供的这些操作需要数据在图的本体之上移动，并且需要一个图层面而不是单独的顶点或边层面的计算视图。

2.1.3　Flink 核心技术

Flink 官网主页在其顶部展示了该项目的理念："Apache Flink 是为分布式、高性能、随时可用以及准确的流处理应用程序打造的开源流处理框架"（Flink 官网地址：https://flink.apache.org/）。Apache Flink 是一个框架和分布式处理引擎，用于对无界和有界数据流进行有状态计算。Flink 被设计在所有常见的集群环境中运行，以内存执行速度和任意规模来执行计算。

Apache Flink 能够基于同一个 Flink 运行时，提供支持流处理和批处理两种应用类型的功能。现有的开源计算方案，会把流处理和批处理作为两种不同的应用类型，因为它们所提供的服务等级协定（SLA）是完全不相同的。流处理一般需要支持低延迟、精确一次的保证，而批处理需要支持高吞吐、高效的处理，所以在实现的时候通常分别给出两种实现方法，或者通过一个独立的开源框架来实现其中每一种处理方案。例如，实现批处理的开源方案有 MapReduce、Tez、Crunch、Spark；实现流处理的开源方案有 Samza、Storm。

与传统的一些方案不同，Flink 在实现流处理和批处理时，是将两者统一起来，Flink 完全支持流处理，也就是说作为流处理看待时，输入数据流是无界的；批处理被作为一种特殊的流处理，只是它的输入数据流被定义为有界的。基于同一个 Flink 运行时，分别提供了流处理和批处理的应用程序接口（application program interface，API），而这两种 API 也是上层实现面向流处理、批处理类型应用框架的基础。

Flink 起源于 Stratosphere 项目，Stratosphere 是在 2010—2014 年由 3 所位于柏林的大学和欧洲的一些其他的大学共同进行的研究项目。当时，这个项目已经形成了一个较大的社区。2014 年 4 月，Stratosphere 项目被捐献给了 Apache 软件基金会，参与这个孵化项目的初始成员均是 Stratosphere 系统的核心开发人员。在孵化期间，为了避免与另一个不相关的项目重名，对项目名称做了改动，挑选了 Flink 这个名字，以彰显流处理的独特性。

【知识拓展】

在德语中，Flink 一词表示快速和灵巧。项目采用一只松鼠的彩色图案作为 Logo，不仅是因为松鼠具有快速和灵巧的特点，还因为柏林的松鼠有一种迷人的红棕色。Flink 的松鼠 Logo 拥有可爱的尾巴，尾巴的颜色与 Apache 软件基金会的 logo 颜色相呼应，这是一只 Apache 风格的松鼠（见图 2-14）。

图 2-14　Flink Logo

这个项目很快完成了孵化，并在 2014 年 12 月一跃成为 Apache 软件基金会的顶级项目。作为 Apache 软件基金会的 5 个最大的大数据项目之一，Flink 在全球范围内拥有 200 多位开发人员，以及若干公司中的诸多上线场景。

Spark 的技术理念是基于微批计算来模拟流，微批处理的延时较高（无法优化到秒以下数量级），且无法支持基于事件时间的时间窗口做聚合逻辑。Flink 与 Spark 相反，它基于流计算来模拟批计算，更符合数据的生成方式，技术上也有更好的扩展性。

读者可以在 2.1.2 小节了解 Spark。Spark 在处理批处理任务时，可以使用 RDD，而对于流处理，则使用 Spark Streaming。但是，在 Flink 中，批处理用 DataSet；流处理使用 DataStreams。它们思想类似，但却有所不同，例如，DataSet 在运行时表现为 Runtime Plans，而在 Spark 中，RDD 在运行时表现为 Java Objects。在 Flink 中有 Logical Plan，这与 Spark 中的 DataFrames 类似。因而，在 Flink 中，若是使用这类 API，会被优先进行优化（即自动优化迭代）。

另外，DataSet 和 DataStream 是相对独立的 API，在 Spark 中，所有不同的 API，如 Streaming、DataFrame 都是基于 RDD 抽象的。然而在 Flink 中，DataSet 和 DataStream 是在同一个公用引擎上的两个独立的抽象。所以，不能把这两者的行为合并在一起操作，Flink 的核心组件如图 2-15 所示。

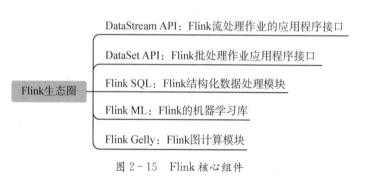

图 2-15　Flink 核心组件

1. DataStream API

DataStream 是 Flink 编写流处理作业的 API。一个完整的 Flink 处理程序应该包含三个部分：数据源（Source）、转换操作（Transformation）、结果接收（Sink）。

（1）Source。Flink 应用程序从数据源获取要处理的数据，DataStream 通过 StreamExecutionEnvironment. addResource（SourceFunction）来添加数据源。为了方便使用，Flink 提供了常用数据源的连接方式，比如读取文件的 Source、通过 Socket 读取的 Source、从内存中获取的 Source 等，除内置的 Source 方法外，我们还可以通过实现数据源功能（SourceFunction）来自定义 Source，然后通过 StreamExecutionEnvironment. addSource（sourceFunction）添加进来。

（2）Transformation。Transformation 的核心就是对数据进行各种转换操作，在 Flink 上就是通过转换操作将一个或多个 DataStream 转换成新的 DataStream。Flink 提供很多内置的 Transformation 方法，例如 map、flatMap、filter 等。

（3）Sink。此为结果数据接收器，数据经过 Flink 处理之后，最终结果会写到 file、socket、外部系统或直接打印出来。数据接收器定义在 DataStream 类下，我们通过

addSink()可以添加一个接收器。同时 Source、Flink 也提供了一些预定义的 Data Sink 让我们直接使用。

当调用 DataStream 的 map 算法时,Flink 在底层会创建一个 Transformation 对象,这一对象是代表计算逻辑图中的节点,其中就记录了传入的 MapFunction,也就是用户定义函数(user-defined function,UDF)。随着调用更多的方法,创建了更多的 DataStream 对象,每个对象在内部都有一个 Transformation 对象,这些对象根据计算依赖关系组成一个图结构,即计算图。后续 Flink 将对这个图结构做进一步的转换,从而最终生成所需要的 JobGraph。

2. DataSet API

Apache Flink 提供 DataSet API 处理批量数据。与 DataStream API 类似,Flink 先将接入的数据源转换成 DataSet 数据集,并行分布在集群的每个节点上;然后将 DataSet 数据集进行各种转换操作(map,filter 等),最后通过 DataSink 操作将结果数据集输出到外部系统。

Flink DataSet API 通过 InputFormat 对各种数据源的数据进行读取,并转换成 DataSet 数据集;DataSet 可以通过 Transformation 转换成其他的 DataSet,并通过 OutFormat 将 DataSet 转换成 DataSink,最终将数据写入到不同的存储介质。

3. Flink SQL

FlinkSQL 是 Flink 为了降低用户使用实时计算门槛而设计的一套符合标准 SQL 语义的开发语言。

自 2015 年开始,阿里巴巴开始调研开源流计算引擎,最终决定基于 Flink 打造新一代计算引擎,针对 Flink 存在的不足进行优化和改进,并且在 2019 年初将代码开源,也就是我们熟知的 Blink。Blink 在原来的 Flink 基础上最显著的贡献就是 FlinkSQL 的实现。

FlinkSQL 是面向用户的 API 层,在我们传统的流式计算领域,比如 Storm、SparkStreaming 都会提供一些 Function 或者 DataStreamAPI,用户通过 Java 或 Scala 写业务逻辑,这种方式虽然灵活,但有一些不足,比如具备一定门槛且调优较难,随着版本的不断更新,API 也出现了很多不兼容的地方。

在这个背景下,毫无疑问,SQL 就成了我们最佳选择,之所以选择将 SQL 作为核心 API,是因为其具有几个非常重要的特点。

(1) SQL 属于设定式语言,用户只要表达清楚需求即可,不需要了解具体做法。

(2) SQL 可优化,内置多种查询优化器,这些查询优化器可为 SQL 翻译出最优执行计划。

(3) SQL 易于理解,不同行业和领域的人都懂,学习成本较低。

(4) SQL 非常稳定,在数据库 30 多年的历史中,SQL 本身变化较少。

(5) 流与批的统一,Flink 底层 Runtime 本身就是一个流与批统一的引擎,而 SQL 可以做到 API 层的流与批统一。

Flink 的编程模型基础构建模块是流与转换,每一个数据流起始于一个或多个数据源,并终止于一个或多个 Sink。当然基于 Flink SQL 编写的 Flink 程序也离不开读取原始数据、计算逻辑和写入计算结果数据。

一个完整的 Flink SQL 编写的程序包括 3 部分，如表 2-11 所示。

表 2-11 Flink SQL 程序组成

组成部分	概　述
Source Operator	Souce Operator 是对外部数据源的抽象，目前 Apache Flink 内置了很多常用的数据源实现，如 MySQL、Kafka 等
Transformation Operator	算子操作主要完成查询、聚合操作等，目前 Flink SQL 支持 Union、Join、Projection、Difference、Intersection 及 Window 等大多数传统数据库的操作
Sink Operator	Sink Operator 是对外结果表的抽象，目前 Apache Flink 也内置了很多常用结果表的抽象，如 Kafka Sink 等

4. Flink ML

Flink ML 是 Flink 的机器学习（ML）库。这是 Flink 社区的一项新工作，其中包含越来越多的算法和贡献者。我们使用 Flink ML 的目标是提供可扩展的 ML 算法、直观的 API 和工具。

Flink ML 目前支持的算法如表 2-12 所示。

表 2-12 Flink ML 支持的算法

算法类型	算法名称
监督学习	（1）基于通信效率的 SVM 分布式双坐标提高 （2）多元线性回归 （3）优化框架
非监督学习	K 最邻近（KNN）算法
数据预处理	（1）多项式特征 （2）标准定标器 （3）极大极小标量
推荐算法	交替最小二乘法（ALS）
离群值选择	随机离群点选择

5. Flink Gelly

Gelly 是 Flink 的 Graph API。它包含一组方法和实用程序，旨在简化 Flink 图形分析应用程序的开发。在 Gelly 中，可以使用类似于批处理的 API 提供的高级功能来转换和修改图形。Gelly 提供了创建、转换和修改图形的方法，以及图形算法库。

2.2　数据挖掘与数据处理的概述

2.2.1　数据挖掘的概念

随着计算机硬件和软件的飞速发展，尤其是数据库技术与应用的日益普及，人们面临着快速扩张的数据海洋，如何有效利用这一宝藏为人类服务，已成为广大信息技术工作者所重点关注的重点之一。与日趋成熟的数据管理技术和软件工具相比,人们所依赖的数据分析工具功能,却无法有效地为决策者提供其决策支持所需要的相关知识,从而形成了一种独特的现象:丰富的数据,贫乏的知识。为有效解决这一问题,自 20 世纪 80 年代开始,数据挖掘技术逐步发展起来,数据挖掘技术的迅速发展,得益于目前全世界所拥有的巨大数据资源以及对这些数据资源转换为信息和知识资源的巨大需求,对信息和知识的需求来自各行各业,从商业管理、生产控制、市场分析到工程设计、科学探索等。

数据挖掘可以视为数据管理与分析技术的自然进化产物。

数据挖掘(data mining,DM),简单地讲就是从大量数据中挖掘或抽取出知识,数据挖掘概念的定义描述有若干版本,以下给出一个被普遍采用的定义描述。

数据挖掘,又称为从数据中发现知识(knowledge discovery from data,KDD),它是一个从大量数据中抽取、挖掘出未知的、有价值的模式或规律等知识的复杂过程。

如图 2-16 所示,整个知识挖掘过程是由若干个步骤组成,而数据挖掘仅是其中一个主要步骤。

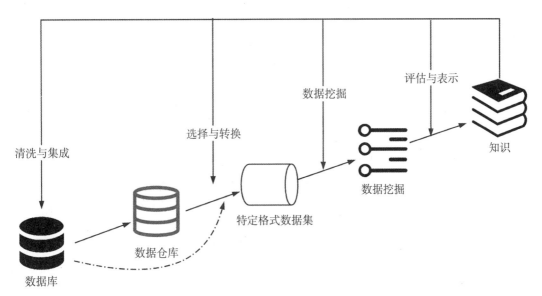

图 2-16　知识挖掘的过程

知识挖掘的主要步骤如下。

(1)数据清洗的作用就是清除数据噪声及与挖掘主题明显无关的数据。

(2)数据集成的作用就是将来自多数据源中的相关数据组合在一起。

(3)数据转换的作用就是将数据转换为易于进行数据挖掘的存储形式。

(4)数据挖掘是知识挖掘的一个基本步骤,其作用就是利用智能方法挖掘数据模式或规律知识。

(5)模式评估的作用就是根据一定的评估标准从挖掘结果中筛选出有意义的模式知识。

(6)知识表示的作用就是利用可视化和知识表达技术,向用户展示所挖掘出的相关知识。

尽管数据挖掘仅仅是整个知识挖掘过程中的一个重要环节,但由于目前工业界、媒体、数据库研究领域中,"数据挖掘"一词已被广泛使用并被普遍接受,用来表示整个知识挖掘过程,即数据挖掘就是一个从数据库、数据仓库或其他信息资源库的大量数据中发掘出有趣知识的一个过程。

【知识拓展】

从数据仓库的角度来看,数据挖掘可以被认为是在线分析处理(OLAP)的高级阶段,但是基于多种数据理解先进技术的数据挖掘,其数据分析能力要远超过以数据汇总为主的数据仓库在线分析处理功能。

2.2.2 数据处理的概述

1. 数据处理的重要性

数据处理是数据挖掘过程中的一个重要步骤,尤其是在对包含有噪声、不完整,甚至是不一致的数据进行挖掘时,更需要进行数据处理,以提高数据挖掘对象的质量。例如,对于一个负责公司销售数据分析的商场主管,他会仔细检查公司的数据库或数据仓库内容,精心挑选与挖掘任务相关数据对象的描述特征或数据仓库的维度,包括商品类型、价格、销售量等,但这时他或许会发现数据库中有一些特征值没有记录下来,甚至数据库中的数据记录还存在着一些错误、不寻常、不一致等情况。对这样的数据对象进行数据挖掘时,首先必须进行数据处理,然后才能进行正式的数据挖掘工作。

所谓噪声数据是指数据中存在着错误或异常(偏离期望值)的数据;不完整是指感兴趣的属性部分没有数值;而不一致数据则是指数据内涵出现不一致的情况(如作为关键字的同一部门编码出现不同值)。不完整、有噪声和不一致对大规模的数据库来讲是非常普遍的情况。产生不完整数据的原因主要有以下几点。

(1)缺少部分属性的内容,如参与销售事务数据中的顾客信息。

(2)有些数据当时被认为是不必要的。

(3)由于误解或检测设备失灵导致相关数据没有记录下来。

(4)与其他记录内容不一致而被删除。

(5)对数据修改的历史记录被忽略了。遗失数据,尤其是一些关键属性的遗失数据或许需要被推导出来。

(6)数据采集设备出现问题。

(7)在数据录入过程中发生了人为或计算机错误。

(8)在数据传输过程中发生错误,如由于技术限制(有限通信缓冲区)发生错误。

(9)由于命名规则或数据代码不同而引起的不一致。数据清洗还将删去重复的记录行。

2. 数据处理的流程

数据处理一般分为数据清洗、数据集成、数据转换、数据消减 4 个步骤。

1）数据清洗

数据清洗处理流程通常包括填补遗漏的数据值、平滑有噪声的数据、识别或除去异常值，以及解决不一致问题。有问题的数据将会影响数据挖掘的结果。尽管大多数数据挖掘过程均包含有对不完全或噪声数据的处理，但它们并不冲突且常常将处理的重点放在如何避免所挖掘出的模式对数据过分准确的描述上。因此使用一些数据清洗方法对挖掘的数据进行处理是十分必要的。

2）数据集成

数据集成就是将来自多个数据源（如数据库、文件等）的数据合并在一起。由于描述同一个概念的属性在不同数据库取不同的名字，在进行数据集成时常常会引起数据的不一致或冗余。例如：在一个数据库中一个顾客的身份编码为"custom_id"，而在另一个数据库则为"cust_id"。命名的不一致常常也会导致同一属性值的内容不同，如在一个数据库中某人的名字取"Mary"，而在另一个数据库中则取"M"。同时，大量的数据冗余不仅会降低挖掘速度，而且也会误导挖掘进程。因此除了进行数据清洗之外，在数据集成中还需要注意消除数据的冗余。此外在完成数据集成之后，有时还需要进行数据清洗以便消除可能存在的数据冗余。

3）数据转换

数据转换主要是对数据进行规格化操作。在正式进行数据挖掘之前，尤其是使用基于对象距离的挖掘算法时，如神经网络、最近邻分类等，必须进行数据规格化的操作。数据转换也就是将其缩至特定的范围内，如对于一个顾客信息数据库中的年龄属性或工资属性，由于工资属性比年龄属性的取值范围要大许多，如果不进行规格化处理，基于工资属性的距离计算值显然将远超过基于年龄属性的距离计算值，这就意味着工资属性的作用在整个数据对象的距离计算中会被错误地放大。

4）数据消减

数据消减的目的就是缩小所挖掘数据的规模，但却不会影响（或基本不影响）最终的挖掘结果。现有的数据消减方法如下。

（1）数据聚合，如构造数据立方。

（2）消减维数，如通过相关分析消除多余属性。

（3）数据压缩，如利用编码方法（最小编码长度或小波）。

（4）数据块消减，如利用聚类或参数模型替代原有数据。此外利用基于概念树的泛化也可以实现对数据规模的消减。

这里需要强调的是以上所提及的各种数据预处理方法并不是相互独立的，而是相互关联的。如消除数据冗余既可以看成是一种形式的数据清洗，也可以认为是一种数据消减。

由于现实世界的数据特征常常是有噪声、不完全的和不一致的，数据处理能够帮助改善数据的质量，进而帮助提高数据挖掘进程的有效性和准确性。高质量的决策来自高质量的数据,因此数据处理是整个数据挖掘与知识发现过程中一个重要环节。

2.2.3 数据挖掘的方法

数据挖掘的方法有很多种,下面来了解常用的几种数据挖掘方法。

1. 分类与预测

数据分类过程主要包含两个步骤。

第一步,建立一个描述已知数据集类别或概念的模型。该模型是通过对数据库中各数据行内容的分析而获得的。每一数据行都可认为是属于一个确定的数据类别,其类别值是由一个属性描述(被称为类别标记属性)。分类学习方法所使用的数据集称为训练样本集合,因此分类学习又可称为监督学习,它是在已知训练样本类别情况下,通过学习建立相应模型;而无教师监督学习则是在训练样本的类别与类别个数均未知的情况下进行的。

通常分类学习所获得的模型可以表示为分类规则形式、决策树形式或数学公式形式。例如:给定一个顾客的信用信息数据库,通过学习所获得的分类规则可用于识别顾客是否具有良好的信用等级或一般的信用等级。分类规则也可用于对(今后)未知(所属类别)的数据进行识别判断,同时也可以帮助用户更好地了解数据库中的内容。

第二步,利用所获得的模型进行分类操作。首先对模型分类准确率进行估计,留出法(hold-out)就是一种简单的估计方法。它利用一组带有类别的样本进行分类测试(测试样本随机获得且与训练样本相互独立)。对于一个给定数据集所构造模型的准确性可以通过由该模型正确分类的(测试)数据样本个数所占总测试样本的比例得到。对于每一个测试样本,其已知的类别与学习所获模型的预测类别进行比较。若模型的准确率是通过对学习数据集的测试所获得的,这样由于学习模型倾向于过分逼近训练数据,从而造成对模型测试准确率的估计过于乐观。因此需要使用一个测试数据集来对学习所获模型的准确率进行测试工作。

如果一个学习所获模型的准确率经测试被认为是可以接受的,那么就可以使用这一模型对未来数据行或对象(其类别未知)进行分类。

与分类学习方法相比,预测方法可以认为是对未知类别数据行或对象的类别(属性)取值,利用学习所获的模型进行预测。从这一角度出发,分类与回归是两种主要预测形式。前者用于预测离散或符号值;而后者则用于预测连续或有序值。通常在数据挖掘中,将预测离散无序类别(值)的数据归纳方法称为分类方法(classification);而将预测连续有序值的数据归纳方法(通常采用回归方法)称为预测方法(prediction)。目前分类与预测方法已被广泛应用于各行各业,如在信用评估、医疗诊断、性能预测和市场营销等实际应用领域。

假设现在有一个顾客邮件地址数据库,利用这些邮件地址可以给潜在顾客发送用于促销的新商品宣传册和将要开始的商品打折信息。该数据库内容就是有关顾客情况的描述,它包括年龄、收入、职业和信用等级等属性描述,顾客被分类为是否会成为在本商场购买商品的顾客。当新顾客的信息被加入数据库时,就需要根据对该顾客是否会成为电脑买家进行分类识别(即对顾客购买倾向进行分类),以决定是否给该顾客发送相应商品的宣传册。考虑到不加区分地给每名顾客都发送这类促销宣传册显然是一种很大浪费,而相比之下,有针对性地对有购买可能的顾客发送其所需要的商品广告,才是一种高效节俭的市场营销策略。显然为满足这种应用需求就需要建立顾客(购买倾向)分类规则模型,以帮助商家准确判别每位新加入顾客的可能购买倾向。

此外若需要对顾客在一年内可能会在商场购买商品的次数(为有序值)进行预测时,就需要建立预测模型以帮助准确获取每位新顾客在本商店可能进行的购买次数。

2. 关联规则挖掘

关联规则挖掘是从大量的数据中挖掘出有价值的相关数据项之间的有关知识。随着收集和存储在数据库中的数据规模越来越大,人们对从这些数据中挖掘相应的关联知识越来越有兴趣。例如:从大量的商业交易记录中发现有价值的关联知识就可以帮助企业进行商品目录的设计、交叉营销或进行其他有关的商业决策。

挖掘关联知识的一个典型应用实例就是市场购物分析。根据被放到一个购物袋的(购物)内容记录数据而发现不同(被购买)商品之间所存在的关联知识无疑将会帮助商家分析顾客的购买习惯。发现常在一起被购买的商品(关联知识)将帮助商家制定有针对性的市场营销策略。比如:顾客在购买牛奶时,是否也可能同时购买面包或会购买哪个牌子的面包,显然能够回答这些问题的有关信息肯定会有效地帮助商家进行有针对性的促销,以及进行合适的货架商品摆放。如可以将牛奶和面包放在相近的地方或许会促进这两个商品的销售。

目前主流的关联算法有 Apriori 算法、FP-growth 算法、Eclat 算法等,有兴趣的同学可以自行学习。

3. 聚类分析

聚类(Clustering)是一个将数据集划分为若干组(Class)或类(Cluster)的过程,并使得同一个组内的数据对象具有较高的相似度;而不同组中的数据对象是不相似的。相似或不相似的描述是基于数据描述属性的取值来确定的。通常就是利用(各对象间)距离来表示的。许多领域,包括数据挖掘、统计学和机器学习都有聚类研究和应用。

将一组物理或抽象的对象,根据它们之间的相似程度,分为若干组(Group),其中相似的对象构成一组,这一过程就称为聚类过程。一个聚类(Cluster)就是由彼此相似的一组对象所构成的集合,不同聚类中的对象是不相似的。聚类分析就是从给定的数据集中搜索数据项(Items)之间所存在的有价值联系。在许多应用,一个聚类中所有对象常常被当作一个对象来进行处理或分析等操作。

聚类分析是人类活动中的一个重要内容。早在儿童时期,一个人就是通过不断完善潜意识中的分类模式,来学会识别不同物体,如狗和猫,或动物和植物等。聚类分析已被应用到许多领域,其中包括:模式识别、数据分析、图像处理和市场分析等。通过聚类,人可以辨认出空旷和拥挤的区域,进而发现整个的分布模式,以及数据属性之间所存在有价值的相关关系。

聚类分析的典型应用:①在商业方面,聚类分析可以帮助市场人员发现顾客群中所存在的不同特征的组群,并可以利用购买模式来描述这些不同特征的顾客组群;②在生物方面,聚类分析可以用来获取动物或植物所存在的层次结构,以及根据基因功能对其进行分类以获得对人群中所固有的结构进行更深入的了解。聚类还可以在地球观测数据库中帮助识别具有相似土地使用情况的区域。此外还可以帮助分类识别互联网上的文档以便进行信息发现。作为数据挖掘的一项功能，聚类分析还可以作为一个单独使用的工具，来帮助分析数据的分布，了解各数据类的特征，确定所感兴趣的数据类以便做进一步分析。当然聚类分析也可以作为其他算法（诸如：分类和定性归纳算法）的预处理步骤。

数据聚类分析正处在蓬勃发展时期。聚类分析所涉及的领域包括数据挖掘、统计学、机器学习、空间数据库技术、生物学和市场学等。由于各应用数据库所包含的数据量越来越多，聚类分析已成为数据挖掘研究中一个非常活跃的研究课题。

在机器学习中，聚类分析属于一种无监督学习。与分类学习不同，无监督学习不依靠事先确定的数据类别，以及标有数据类别的学习训练样本集合。正因为如此，聚类分析又是一种通过观察学习方法（Learning By Observation），而不是示例学习（Learning By Example）。在概念聚类方法中，仅当一组对象可以由一个概念所描述时，这些对象方才能构成一个类。这与基于几何距离表示相似程度并进行聚类的传统聚类方法有所不同。概念聚类方法主要包含两部分内容：①发现适当的类；②根据每个类形成相应的特征描述，与在分类学习中的方法类似。无论如何最大限度地实现类中对象相似度最大，类间对象相似度最小是聚类分析的基本指导思想。

2.3 数据可视化概述

2.3.1 Python 数据可视化库

在实现数据可视化方面，Python 是其中的佼佼者，因为在 Python 中，有各式各样的数据可视化的库（包），下面让我们一起来了解一下 Python 主流的数据可视化库。

1. Matplotlib 绘图库

Matplotlib 是一款命令式、较底层、可定制性强、图表资源丰富、简单易用、出版质量级别的 Python 2D 绘图库。Matplotlib 算是 Python 绘图的元老级库，类似编程语言中的 C 语言。很多其他的 Python 绘图库是基于 Matplotlib 开发的，比如 Seaborn、Ggplot、Plotnine、Holoviews、Basemap 等。

Matplotlib 可用于 Python 脚本、Python Shell、Jupyter Notebook、Web 等。最适合运行 Matplotlib 绘图的工具是 Jupyter Notebook。

Matplotlib 支持各种图形的绘制，如柱状图、点线图、直方图、饼图、堆积柱状图、填充直方图、直方散点图、面积图、趋势图、箱线图、小提琴图、数据地图、雷达图、漏斗图、嵌套饼图、各类三维图等，不胜枚举，官网提供了很详细的示例代码，有兴趣的小伙伴可以自行前往官网学习（Matplotlab 官网地址为 https://matplotlib.org/stable/gallery/index.html/）。

2. Seaborn 库

Seaborn 是基于 Matplotlib 的图形可视化 Python 包。它提供了一种高度交互式界面，便于用户能够做出各种有吸引力的统计图表。（Seaborn 官网地址为 https://seaborn.

pydata. org/)。

　　Seaborn 是在 Matplotlib 的基础上进行了更高级的 API 封装，从而使得做图更加容易，在大多数情况下使用 Seaborn 能做出很多具有吸引力的图，如图 2-17 所示，而使用 Matplotlib 就能制作具有更多特色的图。应该把 Seaborn 视为 Matplotlib 的补充，而不是替代物。同时，它能高度兼容 NumPy 与 Pandas 数据结构以及 SciPy 与 Statsmodels 等统计模式。

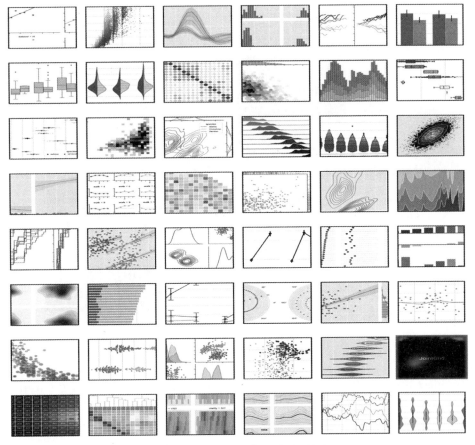

图 2-17　Seaborn 官网图形示例库

　　与 Matplotlib 一样，Seaborn 官网提供了很详细的示例代码，有兴趣的小伙伴可以自行前往官网学习。

　　3. PyEcharts 库

　　PyEcharts 是一个用于生成 ECharts 图表的类库，ECharts 是一个开源的数据可视化 JS 库，会在 3. 3. 2 小节中讲解。用 ECharts 生成的图可视化效果非常好，PyEcharts 是为了与 Python 进行对接，方便在 Python 中直接使用数据生成图（PyEcharts 库 GitHub 地址为 https://github. com/pyecharts/pyecharts/）。

　　4. Ggplot

　　Ggplot 是基于 R 的 Ggplot2 和 Python 的绘图系统。它的构建是为了用最少的代码快速绘制专业又美观的图表。

Ggplot 与 Python 中的 Pandas 有着共生关系，如果打算使用 Ggplot，最好将数据保存在 Dataframes 中。即若想使用 Ggplot，先将数据转化为 Dataframe 形式。

5. Holoviews

HoloViews 是一个开源的 Python 库，旨在使数据分析和可视化变得更加简单。使用 HoloViews，可以用非常少的代码行完成数据分析和可视化，让使用者专注于想要探索和传达的内容，而不是绘图过程（HoloViews 官网为 http://holoviews.org/）。

HoloViews 可以绘制的图表类型如图 2 - 18 所示。

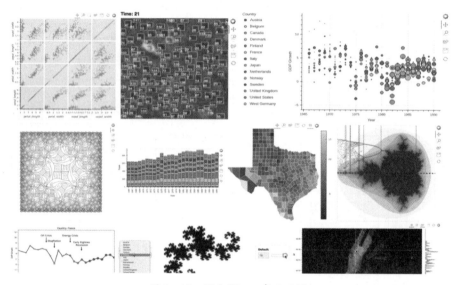

图 2 - 18　HoloViews 官网示例

6. Basemap

Basemap 是一个在 Python 中用于绘制地图 2D 数据的库。（Basemap 库 GitHub 地址为 https://github.com/matplotlib/basemap/）。

图 2 - 19　Basemap 绘图示例

Basemap 工具在地理信息读写、坐标映射、空间坐标转化与投影等方面做的要比 Geopandas 更加成熟，它可以使用常规的地图素材的数据源作为底图进行叠加绘图，效果与精度控制比较方便，图表质量堪比 R 语言中的 Ggplot2 绘图包（geom_polygon），也可以绘制一些轨迹路径示意图，如图 2 - 19 所示。

唯一不足的是，它是一个底层构建工具，所有的多边形映射都需要手动构造循环（目前还没有发现比较好用的基于 Basemap 的扩展工具），做图效率与速度上自然无法媲美 R 语言的 Ggplot2（缺少一套健全的顶层语法支撑）。

2.3.2　ECharts 可视化库

ECharts 是一个使用 JavaScript 实现的开源可视化库,它可以流畅地运行在 PC 和移动设备上,兼容当前绝大部分浏览器(IE8/9/10/11、Chrome、Firefox、Safari 等),底层依赖矢量图形库 ZRender,提供直观、交互丰富、可高度个性化定制的数据可视化图表。ECharts 官网地址为 https://echarts.apache.org/。

1. ECharts 的历史

ECharts 最初由百度团队开源,并于 2018 年初捐赠给 Apache 基金会,成为 ASF 孵化级项目。经过两年多的孵化,ECharts 的开发者用户数量增长了 10 倍,在 GitHub 上的 Star 数量翻了一倍,目前为 46.3k,并且在阿里巴巴、亚马逊、百度、极狐(GitLab)、英特尔和腾讯等互联网公司中被广泛使用。鉴于项目已经吸纳了来自不同公司的开发者共同参与,且发展状况良好,于 2021 年 1 月 26 日,Apache ECharts 顺利通过 ASF 项目管理委员会的评估,晋升为 Apache 基金会顶级项目。

2021 年 1 月 28 日,发布了筹备 3 年的大版本 ECharts 5,并举办了线上发布会。新版本重点围绕图表的叙事能力,针对动态叙事、视觉设计、交互能力、开发体验以及可访问性等五大模块方面做了专项优化升级,新增了 15 项新特性。

2. ECharts 的主要特性

1)丰富的可视化类型

ECharts 提供了常规的折线图、柱状图、散点图、饼图、K 线图,用于统计的盒形图,用于地理数据可视化的地图、热力图、线图,用于关系数据可视化的关系图、treemap、旭日图,多维数据可视化的平行坐标,还有用于 BI 的漏斗图,仪表盘,并且支持图与图之间的混搭。

2)多种数据格式无须转换直接使用

ECharts 内置的 dataset 属性(4.0+)支持直接传入(包括二维表)、key-value 等多种格式的数据源,通过简单设置 encode 属性可以完成从数据到图形的映射,这种方式更符合可视化的直觉,省去了大部分场景下数据转换的步骤,而且多个组件能够共享一份数据而不用克隆。

3)千万量级的前端展现

通过增量渲染技术,配合各种细致的优化,ECharts 能够展现千万级的数据量,并且在这个数据量级依然能够进行流畅的缩放平移等交互。同时,ECharts 提供了对流加载的支持,可以使用 WebSocket 或者对数据分块后加载。数据加载多少就渲染多少,不需要等所有数据加载完再进行绘制。

4)跨平台渲染

ECharts 支持以 Canvas、SVG、VML 的形式渲染图表。VML 可以兼容低版本 IE,SVG 使得移动端不再为内存担忧,Canvas 可以轻松应对大数据量和特效的展现。不同的渲染方式提供了更多选择,使得 ECharts 在各种场景下都有更好的表现。

5)动态数据

ECharts 是由数据的改变驱动图表展现的改变。因此动态数据的实现也变得异常简单，只需要获取数据，并填入数据，ECharts 就会找到两组数据之间的差异，然后通过合适的动画去表现数据的变化。

6）多图联动

多系列数据在同一个直角系内同时展现有时候会产生混乱，但这些数据存在极强的关联意义，ECharts 提供了多图联动的能力。

3. ECharts 的简单应用

1）获取 ECharts

在 ECharts 1.3.5 版本之前，Echarts 推荐使用基于 AMD 模块化引入的方式，但如果项目本身并不是基于模块化开发的，那么引入基于 AMD 模块化的 Echarts 可能就并不那么方便了。所以，Echarts 在 1.3.5 版本之后，开始推荐使用 Script 标签引入 Echarts. js。

Echarts 支持两种方式引入，分别是本地引入和网络引入。本地引入需先将 Echarts. js 文件下载到本地（下载网址为 https：//echarts. apache. org/zh/download. html/）。

本地引入 Echarts. js，代码如下。

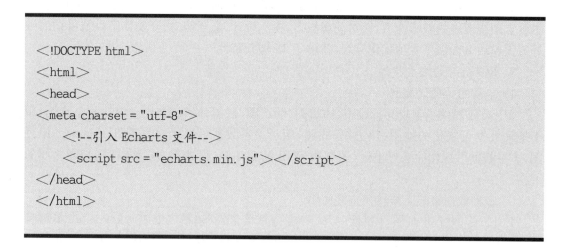

```html
<!DOCTYPE html>
<html>
<head>
<meta charset = "utf-8">
    <!--引入 Echarts 文件-->
    <script src = "echarts.min. js"></script>
</head>
</html>
```

这样就成功将 ECharts 库引入项目中了。

除了本地引入，我们还可以在联网的状态下，通过 script 标签引入网络资源中的 ECharts. js，代码如下。

```html
<!DOCTYPE html>
<html>
<head>
<meta charset = "utf-8">
    <!--引入 Echarts 文件-->
```

```
<script src = "https://cdn.bootcss.com/echarts/4.2.1-rc1/echarts.min.
js"></script>
</head>
</html>
```

2) 使用 ECharts 构建图表

官方提供了各种类型图表的示例,可以直接拿来使用,如图 2-20 所示。

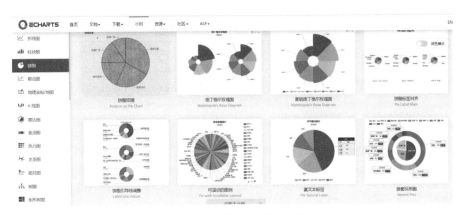

图 2-20　ECharts 官网示例

选择一个想要渲染的样式,点击即可进入查看样式代码,将代码贴入你的页面中,然后再将想要展示的图表数据写入,即可渲染出想要的图表,如图 2-21 所示。

图 2-21　ECharts 官网饼图示例

除了官方提供的示例之外,ECharts 还提供了主题构建工具,可以根据不同的场景来进行主题构建,官网提供了详细的说明文档,有兴趣的同学可以前往官网进行学习。

2.3.3 Tableau 软件

Tableau 是一家提供商业智能的软件公司,致力于帮助人们看清并理解数据,帮助不同个体快速且简便的分析、可视化和分享信息。

Tableau 是新一代的 BI 软件,基于斯坦福大学的突破性技术,Tableau 公司在全球拥有 20 000 多家企业或组织客户,遍及各个行业的各类规模企业,连续 5 年,Tableau 被美国高德纳(Gartner)咨询公司评为世界上发展速度最快的商业智能公司。

Tableau 软件产品致力于数据可视化敏捷开发和实现的商务智能展现方面,其软件可以用来实现交互的、可视化的分析和仪表板应用,从而帮助我们快速地认识和理解数据。

Tableau 软件产品的特性如表 2－13 所示。

表 2－13 Tableau 软件的特性

特性	概　述
高效易用	Tableau 通过内存数据引擎,可以直接查询外部数据库同时动态地从数据仓库抽取实时数据,极大地提高数据访问和查询效率。用户仅需要通过轻点鼠标和简单拖放就可以迅速创建出智能、精美、直观和具有强交互性的报表和仪表盘
多数据源	Tableau 允许从多个数据源访问数据,包括带分隔符的文本文件、Excel 文件、SQL 数据库、Oracle 数据库和多维数据库等;用户可以轻松地在多个数据源之间来回切换分析,并允许用户把多个不同数据源结合起来使用
良好的集成性与扩展性	Tableau 提供了多种应用编程接口,如数据提取 API、JavaScript API 以及数据分析工具 R 语言的集成接口等

Tableau 软件产品主要有 Tableau Desktop 和 Tableau Server 两种。另外,还有 Tableau Reader、Tableau Public 以及 Tableau Online 与 Tableau Mobile。

1. Tableau Desktop

Tableau Desktop 是一款桌面端的分析工具,通过 Tableau Desktop,轻点几下鼠标,就可连接各类数据源,然后只需用拖放的方式就可快速地创建出交互、美观、智能的视图和仪表盘。任何 Excel 用户都能很容易地使用 Tableau Desktop,它的速度超出你的想象,可能是你现在所用工具的 10 倍至 100 倍(下载地址为 http://www. tableau. com/zh-cn/products/desktop/download?os＝windows/)。

2. Tableau Server

Tableau Server 是一款商业智能应用程序,用于发布和管理 Tableau Desktop 制作的仪表盘,也可发布和管理数据源,并进行即席分析及邮件订阅等操作(下载地址为 http://www. tableau. com/zh-cn/products/server/download/)。

说明:TableauOnline 是由 Tableau 官方进行部署维护的 Tableau Server。

3. Tableau Reader

Tableau Reader 是一款免费的 PC 应用程序,用于打开 TableauDesktop 软件所创建的报表、视图、仪表盘文件。Tableau Desktop 用户在创建交互式的数据可视图之后,可以发布为打包的工作簿。其他人员则可以通过 Tableau Reader 来阅读这个工作簿,并可以对工作簿中的数据进行过滤、筛选和检验(下载地址为 https://www.tableau.com/zh-cn/products/reader/download?os＝windows/)。

4. Tableau Public

互动图表、无须编程、完全免费 Tableau Public 是一款免费的服务产品,用它可以在网页上创建和分享数据可视化图。可以用 Tableau Public 在网页上、博客上或类似 Facebook 和 Twitter 的社交媒体上分享数据。无须任何编程,Tableau Public 就可以让人们有效的理解数据(访问地址为 https://public.tableau.com/zh-cn/s/)。

5. Tableau Online

Tableau Online 是完全托管在云端的分析平台。发布仪表板并与任何人共享自己的发现。邀请他人或客户使用交互式可视化和准确的数据探索隐藏的机会。所有内容均可通过浏览器轻松访问,还可借助 Tableau Mobile 随时随地进行查看(访问地址为 https://www.tableau.com/zh-cn/products/cloud-bi/)。

6. Tableau Mobile

Tableau Mobile 是 Tableau 的移动端 App,可以让我们随时随地查看我们的数据报告,进行移动办公,现支持 IPad、IPhone、Android Pad、Android Phone,分别可以从 Apple AppStore、豌豆荚(/谷歌应用商店)搜索 "Tableau"进行下载(访问地址为 https://www.tableau.com/zh-cn/products/mobile/)。

习　题

1. 以下不属于主流大数据技术框架/软件的是(　　　)。

A. HDFS　　　　B. HBase　　　　C. Spark　　　　D. Jquery

2. 简述 HDFS 的应用场景与优势。

第 3 章

数据采集、存储及处理技术

> **本章知识点**
>
> （1）掌握 Flume 数据采集软件的安装与基本使用。
> （2）掌握 Hadoop 集群安装的基本原理、常用命令。
> （3）掌握 Hive 数据仓库的安装以及 Hive 数据类型和常用表的操作。

在大数据运营工作中，需要对大数据的一些技术有深入了解，这样才能更好地开展工作。本章第一小节介绍的是 Flume 数据采集技术，包括 Flume 的安装和 Flume 数据采集，通过学习这部分的内容，可以了解数据采集的基本流程与 Flume 支持的多种数据来源，为运营人员制定数据合理化流转过程提供技术支撑；第二小节介绍了 HDFS 数据存储技术，包括 Hadoop 的分布式集群的安装、HDFS 读写数据原理和 HDFS 常用的 Shell 命令，有了这些知识，运营人员可以更加合理化地制定运营策略，还可以在保证数据安全性的基础上，提取部分采样数据；第三小节介绍的是 Hive 数据仓库技术，包括 Hive 的安装、Hive 的数据类型与 Hive 的表操作；第四小节是一个基于 Hive 的数据分析综合案例，通过这个案例，大家可以对企业大数据项目有一个初步的了解，为将来的运营工作奠定扎实的技术基础。

3.1　Flume 数据采集技术

在第 2 章中，已经简单介绍过 Flume，现在让我们一起来学习一下 Flume 的安装与 Flume 的数据采集。

3.1.1　Flume 安装

Flume 的安装非常简单，我们会在 3.2.1 中的 node1 节点上安装 Flume，以便于接下来的数据采集工作（Flume 下载地址为 http://archive.apache.org/dist/flume/1.8.0/）。

1. 上传安装包

本次我们安装的是 Flume Ng1.8 版本的 Flume。首先，需要将 Flume 的安装包上传到 node1 节点上的 /usr/local/src 目录中，如图 3－1 所示。

```
[root@node1 src]# cd /usr/local/src/
[root@node1 src]# ls -l
total 498924
-rw-r--r--  1 root root  58688757 Jun 10 22:35 apache-flume-1.8.0-bin.tar.gz
-rw-r--r--. 1 root root 266688029 Jun  6 23:23 hadoop-2.7.4.tar.gz
-rw-r--r--. 1 root root 185515842 Jun  6 23:23 jdk-8u144-linux-x64.tar.gz
[root@node1 src]#
```

图 3－1　上传 Flume 安装包

2. 解压安装包

将 Flume 安装包解压到 node1 节点的 /usr/local 目录下，代码如下。

```
[root@node1 ~]# cd/usr/local/src/
[root@node1 src]# tar zxf apache-flume-1.8.0-bin.tar.gz -C/usr/local/
[root@node1 src]# cd/usr/local/
[root@node1 local]# ls -l
total 0
drwxr-xr-x   7 root    root 187 Jun 10 22:39 apache-flume-1.8.0-bin
drwxr-xr-x.  2 root    root   6 Nov  5  2016 bin
drwxr-xr-x.  2 root    root   6 Nov  5  2016 etc
drwxr-xr-x.  2 root    root   6 Nov  5  2016 games
drwxr-xr-x  12 20415   101 183 Jun  8 00:38 hadoop-2.7.4
drwxr-xr-x.  2 root    root   6 Nov  5  2016 include
drwxr-xr-x   8    10   143 255 Jul 22  2017 jdk1.8
drwxr-xr-x.  2 root    root   6 Nov  5  2016 lib
drwxr-xr-x.  2 root    root   6 Nov  5  2016 lib64
drwxr-xr-x.  2 root    root   6 Nov  5  2016 libexec
drwxr-xr-x.  2 root    root   6 Nov  5  2016 sbin
drwxr-xr-x.  5 root    root  49 Apr  9  2020 share
drwxr-xr-x.  2 root    root 104 Jun 10 22:35 src
[root@node1 local]#
```

然后，修改 Flume 目录的名称，以方便接下来的操作，代码如下。

```
[root@node1 local]# mv apache-flume-1.8.0-bin/ flume1.8
```

```
[root@node1 local]# ls -l
total 0
drwxr-xr-x.  2 root   root   6 Nov  5  2016 bin
drwxr-xr-x.  2 root   root   6 Nov  5  2016 etc
drwxr-xr-x   7 root   root 187 Jun 10 22:39 flume1.8
drwxr-xr-x.  2 root   root   6 Nov  5  2016 games
drwxr-xr-x  12 20415  101 183 Jun  8 00:38 hadoop-2.7.4
drwxr-xr-x.  2 root   root   6 Nov  5  2016 include
drwxr-xr-x   8    10  143 255 Jul 22  2017 jdk1.8
drwxr-xr-x.  2 root   root   6 Nov  5  2016 lib
drwxr-xr-x.  2 root   root   6 Nov  5  2016 lib64
drwxr-xr-x.  2 root   root   6 Nov  5  2016 libexec
drwxr-xr-x.  2 root   root   6 Nov  5  2016 sbin
drwxr-xr-x.  5 root   root  49 Apr  9  2020 share
drwxr-xr-x.  2 root   root 104 Jun 10 22:35 src
[root@node1 local]#
```

3. 修改 Flume 配置文件

Flume 安装只需要修改 conf/flume-env.sh 文件即可,但需要先对 flume-env.sh 文件进行更名操作,代码如下。

```
[root@node1 ~]# cd/usr/local/flume1.8/conf/
[root@node1 conf]# mv flume-env.sh.template flume-env.sh
[root@node1 conf]#
```

修改文件名称成功后,对 flume-env.sh 文件进行编辑,只需要修改文件中的 JAVA_HOME 地址即可,代码如下。

```
[root@node1 conf]# vi flume-env.sh
```

```
…
# Environment variables can be set here.

export JAVA_HOME = /usr/local/jdk1.8
…
"flume-env.sh" 34L, 1558C written
[root@node1 conf]#
```

4. 配置环境变量

将 Flume 信息写入环境变量文件/etc/profile 中,并刷新环境变量,代码如下。

```
[root@node1 ~]# vi/etc/profile
# /etc/profile
…
export JAVA_HOME = /usr/local/jdk1.8
export PATH = $PATH: $JAVA_HOME/bin
export CLASSPATH = .: $JAVA_HOME/lib/dt.jar: $JAVA_HOME/lib/tools.jar
export HADOOP_HOME = /usr/local/hadoop-2.7.4
export PATH = $PATH: $HADOOP_HOME/bin: $HADOOP_HOME/sbin
export FLUME_HOME = /usr/local/flume1.8
export PATH = $PATH: $FLUME_HOME/bin
"/etc/profile" 83L, 2097C written
[root@node1 ~]# source/etc/profile
[root@node1 ~]#
```

到这里,Flume 就安装成功了,可以通过"flume-ng version"验证是否安装成功,如图 3-2 所示。

```
[root@node1 ~]# flume-ng version
Flume 1.8.0
Source code repository: https://git-wip-us.apache.org/repos/asf/flume.git
Revision: 99f591994468633fc6f8701c5fc53e0214b6da4f
Compiled by denes on Fri Sep 15 14:58:00 CEST 2017
From source with checksum fbb44c8c8fb63a49be0a59e27316833d
[root@node1 ~]#
```

图 3-2　验证 Flume 安装成功

3.1.2 Flume 数据采集

Flume 采集数据的流程比较简单,下面让我们一起来了解一下 Flume 具体是怎样采集数据的。

Flume 采集数据的核心角色是 Agent,每一个 Agent 都是由 Source、Channel、Sink 组成。可以根据不同的应用场景,来选择不同的 Source、Channel 和 Sink,在 Flume 官网中,提供了不同 Source、Channel 和 Sink 的配置方式与详细说明(官网说明地址为 https://flume. apache. org/releases/content/1. 8. 0/FlumeUserGuide. html)。

每一个 Source、Channel 和 Sink 都会有多条配置项,可以根据实际业务需求,来配置不同的 Agent,下面一起来了解一下常用 Agent 的配置方式。

1. 采集目录

在服务器的特定目录下,会不断产生新的文件,每当有新文件出现,就需要把文件采集到 HDFS 中去。此场景需要用到"spooldir Source"与"hdfs Sink",Channel 选用的是"memory Channel"。

在 node1 节点/usr/local/flume1. 8/conf 目录下新增配置文件 spoolDirFile2HDFS. conf,并写入 Agent 信息,代码如下。

```
[root@node1 ～]# cd/usr/local/flume1.8/conf/
[root@node1 conf]# vi spoolDirFile2HDFS.conf
#定义 agent 名,source、channel、sink 的名称
a1. sources = r1
a1. channels = c1
a1. sinks = k1


#具体定义 source
a1. sources.r1.type = spooldir
a1. sources.r1.spoolDir = /root/flume/
a1. sources.r1.fileHeader = true


#具体定义 channel
a1. channels.c1.type = memory
a1. channels.c1.capacity = 10000
a1. channels.c1.transactionCapacity = 100


#具体定义 sink
```

```
a1.sinks.k1.type = hdfs
#HDFS 目录
a1.sinks.k1.hdfs.path = hdfs://node1:9000/flume
#filePrefix:文件的前缀
a1.sinks.k1.hdfs.filePrefix = ms –
#定义文件的类型为:DataStream,也就是纯文本
a1.sinks.k1.hdfs.fileType = DataStream
#数据暂存在内存中,满足任何一个条件就 flush 成一个小文件。
#不按照条数生成文件
a1.sinks.k1.hdfs.rollCount = 0
#HDFS 上的文件达到 32M 时生成一个文件
a1.sinks.k1.hdfs.rollSize = 33554432
#HDFS 上的文件达到 60 秒生成一个文件
a1.sinks.k1.hdfs.rollInterval = 60

#组装 source、channel、sink
a1.sources.r1.channels = c1
a1.sinks.k1.channel = c1
"spoolDirFile2HDFS.conf" [New] 34L, 1004C written
[root@node1 conf]#
```

Flume 读取到 spoolDirFile2HDFS. conf 文件之后,便会监控 node 节点的"/root/flume"目录,并将该目录下的文件采集到 HDFS 上的 Flume 目录中去,但是需要提前把数据采集的目录创建好,否则在 Agent 启动的时候会报错,代码如下。

```
[root@node1 ~]# mkdir -p/root/flume
[root@node1 ~]# ls -l
total 0
drwxr-xr-x 2 root root 6 Jun 13 01:52 flume
[root@node1 ~]# hdfs dfs -mkdir/flume
[root@node1 ~]# hdfs dfs -ls/
Found 1 items
```

```
drwxr-xr-x    -root supergroup          0 2021-06-13 01:53 /flume
[root@node1 ~]#
```

目录创建完成之后，便可以启动 Flume Agent 了，代码如下。

```
[root @ node1 ~ ] # flume-ng agent -n a1 -c conf -f $FLUME _ HOME/conf/
spoolDirFile2HDFS.conf -Dflume.root.logger = INFO,console
```

在启动 Agent 之后，会在控制台打印 Flume Agent 的启动信息，并说明 Agent 的启动情况，出现如图 3-3 的启动信息，这说明 Flume 已经启动成功了。

```
21/06/13 01:58:54 INFO conf.FlumeConfiguration: Added sinks: k1 Agent: a1
21/06/13 01:58:54 INFO conf.FlumeConfiguration: Processing:k1
21/06/13 01:58:54 INFO conf.FlumeConfiguration: Processing:k1
21/06/13 01:58:54 INFO conf.FlumeConfiguration: Processing:k1
21/06/13 01:58:54 INFO conf.FlumeConfiguration: Processing:k1
21/06/13 01:58:54 INFO conf.FlumeConfiguration: Processing:k1
21/06/13 01:58:54 INFO conf.FlumeConfiguration: Processing:k1
21/06/13 01:58:54 INFO conf.FlumeConfiguration: Post-validation flume configuration contains configuration for agents: [a1]
21/06/13 01:58:54 INFO node.AbstractConfigurationProvider: Creating channels
21/06/13 01:58:54 INFO channel.DefaultChannelFactory: Creating instance of channel c1 type memory
21/06/13 01:58:54 INFO node.AbstractConfigurationProvider: Created channel c1
21/06/13 01:58:54 INFO source.DefaultSourceFactory: Creating instance of source r1, type spooldir
21/06/13 01:58:54 INFO sink.DefaultSinkFactory: Creating instance of sink: k1, type: hdfs
21/06/13 01:58:54 INFO node.AbstractConfigurationProvider: Channel c1 connected to [r1, k1]
21/06/13 01:58:54 INFO node.Application: Starting new configuration:{ sourceRunners:{r1=EventDrivenSourceRunner: { source:Spool Directory source r1: { spo
olDir: /root/flume/ } }} sinkRunners:{k1=SinkRunner: { policy:org.apache.flume.sink.DefaultSinkProcessor@528bf746 counterGroup:{ name:null counters:{} } }
} channels:{c1=org.apache.flume.channel.MemoryChannel{name: c1}} }
21/06/13 01:58:54 INFO node.Application: Starting Channel c1
21/06/13 01:58:54 INFO node.Application: Waiting for channel: c1 to start. Sleeping for 500 ms
21/06/13 01:58:54 INFO instrumentation.MonitoredCounterGroup: Monitored counter group for type: CHANNEL, name: c1: Successfully registered new MBean.
21/06/13 01:58:54 INFO instrumentation.MonitoredCounterGroup: Component type: CHANNEL, name: c1 started
21/06/13 01:58:54 INFO node.Application: Starting Sink k1
21/06/13 01:58:55 INFO node.Application: Starting Source r1
21/06/13 01:58:55 INFO source.SpoolDirectorySource: SpoolDirectorySource source starting with directory: /root/flume/
21/06/13 01:58:55 INFO instrumentation.MonitoredCounterGroup: Monitored counter group for type: SINK, name: k1: Successfully registered new MBean.
21/06/13 01:58:55 INFO instrumentation.MonitoredCounterGroup: Component type: SINK, name: k1 started
21/06/13 01:58:55 INFO instrumentation.MonitoredCounterGroup: Monitored counter group for type: SOURCE, name: r1: Successfully registered new MBean.
21/06/13 01:58:55 INFO instrumentation.MonitoredCounterGroup: Component type: SOURCE, name: r1 started
```

图 3-3　Flume Agent 启动信息

这时候，Flume 已经开始监控"/root/flume"目录了，会将该目录下的文件都采集到 HDFS 上"/flume"目录中去。可以新打开一个 node1 会话终端，通过"echo"命令往"/root/flume"目录中写入几个文件来验证 Flume 是否可以成功将数据采集到 HDFS，代码如下，可以查看到文件已经被采集到 HDFS 上，被采集过的文件会在文件名之后追加"."COMPLETED"后缀，以为保证每个文件只会被采集一次。

```
[root@node1 ~]# echo hello flume > /root/flume/test.txt
[root@node1 ~]# echo nihao,flume > /root/flume/test2.txt
```

```
[root@node1 ~]♯ ls -l/root/flume/
total 8
-rw-r--r-- 1 root root 12 Jun 13 02:08 test2.txt.COMPLETED
-rw-r--r-- 1 root root 12 Jun 13 02:08 test.txt.COMPLETED
[root@node1 ~]♯
```

Agent 控制台也会打印出采集数据的具体日志信息,如图 3-4 所示。

```
21/06/13 02:08:23 INFO avro.ReliableSpoolingFileEventReader: Last read took us just up to a file boundary. Rolling to the next file, if there is one.
21/06/13 02:08:23 INFO avro.ReliableSpoolingFileEventReader: Preparing to move file /root/flume/test.txt to /root/flume/test.txt.COMPLETED
21/06/13 02:08:23 INFO hdfs.HDFSDataStream: Serializer = TEXT, UseRawLocalFileSystem = false
21/06/13 02:08:24 INFO hdfs.BucketWriter: Creating hdfs://node1:9000/flume/ms-.1623521303884.tmp
21/06/13 02:08:33 INFO avro.ReliableSpoolingFileEventReader: Last read took us just up to a file boundary. Rolling to the next file, if there is one.
21/06/13 02:08:33 INFO avro.ReliableSpoolingFileEventReader: Preparing to move file /root/flume/test2.txt to /root/flume/test2.txt.COMPLETED
21/06/13 02:09:28 INFO hdfs.BucketWriter: Closing hdfs://node1:9000/flume/ms-.1623521303884.tmp
21/06/13 02:09:28 INFO hdfs.BucketWriter: Renaming hdfs://node1:9000/flume/ms-.1623521303884.tmp to hdfs://node1:9000/flume/ms-.1623521303884
21/06/13 02:09:28 INFO hdfs.HDFSEventSink: Writer callback called.
```

图 3-4　Flume 采集数据日志信息

当数据采集完成后,可在 HDFS 上验证采集的数据,代码如下。从而,可以看到通过 echo 命令写入的文件数据已经被采集到 HDFS 上。"/flume/ms-.1623521303884"文件中了。

```
[root@node1 ~]♯ hdfs dfs -ls/flume
Found 1 items
-rw-r--r--   3 root supergroup          24 2021 - 06 - 13 02:09 /flume/
ms-.1623521303884
[root@node1 ~]♯ hdfs dfs -cat/flume/ms-.1623521303884
hello flume
nihao,flume
[root@node1 ~]♯
```

2. 采集文件

在某一个业务系统中,会使用 log4j 持续生成日志信息,日志内容不断增加,这时候就需要把追加到日志文件中的数据实时采集到 HDFS。此场景需要用到"exec Source"与"hdfs Sink",Channel 选用的是"memory Channel"。

在 node1 节点/usr/local/flume1.8/conf 目录下新增配置文件 tailFile2HDFS.conf,并写入 Agent 信息,代码如下。

```
[root@node1 ~]# cd/usr/local/flume1.8/conf/
[root@node1 conf]# vi tailFile2HDFS.conf
# Name the components on this agent
a1.sources = r1
a1.sinks = k1
a1.channels = c1


# Describe/configure the source
a1.sources.r1.type = exec
a1.sources.r1.command = tail -F/root/logs/test.log
a1.sources.r1.channels = c1
# Describe the sink
a1.sinks.k1.type = hdfs
a1.sinks.k1.hdfs.path = hdfs://node1:9000/logs/tailout/%y-%m-%d/%H%M/
a1.sinks.k1.hdfs.filePrefix = events-
a1.sinks.k1.hdfs.round = true
a1.sinks.k1.hdfs.roundValue = 10
a1.sinks.k1.hdfs.roundUnit = minute
a1.sinks.k1.hdfs.rollInterval = 3
a1.sinks.k1.hdfs.rollSize = 20
a1.sinks.k1.hdfs.rollCount = 5
a1.sinks.k1.hdfs.batchSize = 1
a1.sinks.k1.hdfs.useLocalTimeStamp = true
# 生成的文件类型,默认是 Sequencefile,可用 DataStream,则为普通文本
a1.sinks.k1.hdfs.fileType = DataStream
# Use a channel which buffers events in memory
a1.channels.c1.type = memory
a1.channels.c1.capacity = 1000
a1.channels.c1.transactionCapacity = 100
# Bind the source and sink to the channel
a1.sources.r1.channels = c1
a1.sinks.k1.channel = c1
"tailFile2HDFS.conf" [New] 30L, 1014C written
[root@node1 conf]#
```

Flume 读取 tailFile2HDFS.conf 文件之后,便会监控 node 节点的"/root/logs/test.log"文件,会将该文件采集到 HDFS 上的/logs/tailout 目录中去,并且根据采集时间动态的生成文件夹,以方便管理。本次采集还是需要提前把数据采集的目录与文件创建好,否则在 Agent 启动的时候会报错,代码如下。

```
[root@node1 ~]# mkdir -p/root/logs
[root@node1 ~]# ls -l
total 0
drwxr-xr-x 4 root root 90 Jun 13 02:40 flume
drwxr-xr-x 2 root root  6 Jun 13 02:57 logs
[root@node1 ~]# hdfs dfs -mkdir -p/logs/tailout
[root@node1 ~]# hdfs dfs -ls  /logs
Found 1 items
drwxr-xr-x   -root supergroup              0 2021-06-13 02:59/logs/tailout
[root@node1 ~]#
```

目录创建完成之后,便可以启动 Flume Agent 了,代码如下。

```
[root @ node1 ~] # flume-ng agent -n a1 -c conf -f $FLUME _ HOME/conf/
tailFile2HDFS.conf -Dflume.root.logger = INFO,console
```

启动 Agent 成功,便可以往"/root/logs/test.log"文件中追加数据了,还是通过"echo"命令来写入数据,代码如下。

```
[root@node1 ~]# echo hello,flume! >>/root/logs/test.log
[root@node1 ~]# echo hi,flume! >>/root/logs/test.log
[root@node1 ~]# echo hi,hadoop! >>/root/logs/test.log
[root@node1 ~]# echo hello,hdfs! >>/root/logs/test.log
[root@node1 ~]# echo hello,hbase! >>/root/logs/test.log
[root@node1 ~]#
```

在数据写入的同时，Agent 控制台也打印出数据采集的日志信息，如图 3-5 所示。

```
21/06/13 03:19:01 INFO source.ExecSource: Exec source starting with command: tail -F /root/logs/test.log
21/06/13 03:19:01 INFO instrumentation.MonitoredCounterGroup: Monitored counter group for type: SOURCE, name: r1: Successfully registered new MBean.
21/06/13 03:19:01 INFO instrumentation.MonitoredCounterGroup: Component type: SOURCE, name: r1 started
21/06/13 03:19:01 INFO instrumentation.MonitoredCounterGroup: Monitored counter group for type: SINK, name: k1: Successfully registered new MBean.
21/06/13 03:19:01 INFO instrumentation.MonitoredCounterGroup: Component type: SINK, name: k1 started
21/06/13 03:19:55 INFO hdfs.HDFSDataStream: Serializer = TEXT, UseRawLocalFileSystem = false
21/06/13 03:19:57 INFO hdfs.BucketWriter: Creating hdfs://node1:9000/logs/tailout/21-06-13/0310/events-.1623525595879.tmp
21/06/13 03:20:01 INFO hdfs.HDFSDataStream: Serializer = TEXT, UseRawLocalFileSystem = false
21/06/13 03:20:01 INFO hdfs.BucketWriter: Creating hdfs://node1:9000/logs/tailout/21-06-13/0320/events-.1623525601631.tmp
21/06/13 03:20:02 INFO hdfs.BucketWriter: Closing hdfs://node1:9000/logs/tailout/21-06-13/0320/events-.1623525601631.tmp
21/06/13 03:20:02 INFO hdfs.BucketWriter: Renaming hdfs://node1:9000/logs/tailout/21-06-13/0320/events-.1623525601631.tmp to hdfs://node1:9000/logs/tailout/21-06-13/0320/e
vents-.1623525601631
21/06/13 03:20:02 INFO hdfs.BucketWriter: Closing hdfs://node1:9000/logs/tailout/21-06-13/0310/events-.1623525595879.tmp
21/06/13 03:20:03 INFO hdfs.BucketWriter: Closing hdfs://node1:9000/logs/tailout/21-06-13/0310/events-.1623525595879.tmp
21/06/13 03:20:03 INFO hdfs.BucketWriter: Renaming hdfs://node1:9000/logs/tailout/21-06-13/0310/events-.1623525595879.tmp to hdfs://node1:9000/logs/tailout/21-06-13/0310/e
vents-.1623525595879
21/06/13 03:20:03 INFO hdfs.HDFSEventSink: Writer callback called.
21/06/13 03:20:05 INFO hdfs.BucketWriter: Closing hdfs://node1:9000/logs/tailout/21-06-13/0320/events-.1623525601632.tmp
21/06/13 03:20:05 INFO hdfs.BucketWriter: Renaming hdfs://node1:9000/logs/tailout/21-06-13/0320/events-.1623525601632.tmp to hdfs://node1:9000/logs/tailout/21-06-13/0320/e
vents-.1623525601632
21/06/13 03:20:05 INFO hdfs.HDFSEventSink: Writer callback called.
```

图 3-5　Flume Agent 采集数据日志

可以通过 HDFS 提供的 web 页面查看 HDFS 上的目录和文件信息，如图 3-6 所示。在 HDFS 上，已经创建了 Flume 采集数据对应的时间目录，并且数据文件已经被采集到了对应的目录下。

Hadoop	Overview	Datanodes	Snapshot	Startup Progress	Utilities

Browse Directory

/logs/tailout/21-06-13/0320								Go!

Permission	Owner	Group	Size	Last Modified	Replication	Block Size	Name
-rw-r--r--	root	supergroup	33 B	2021/6/13上午3:20:02	3	128 MB	events-.1623525601631
-rw-r--r--	root	supergroup	13 B	2021/6/13上午3:20:05	3	128 MB	events-.1623525601632

图 3-6　HDFS web 界面

3.2　HDFS 数据存储技术

在第 2 章中已经介绍了 HDFS 的基本知识，现在让我们一起来学习一下 HDFS 的安装与基本应用。

3.2.1　Hadoop 分布式集群安装

1. Hadoop 安装准备工作

在安装 Hadoop 之前需要预先下载 JDK 与 Hadoop 包，本次安装的 2.7.4 版本的 Hadoop，是 Hadoop2.x 中一个较为稳定的版本。Hadoop 2.7.4 版本依赖于不低于 1.7 版本的 JDK，本次安装使用的是 JDK1.8。Hadoop 下载地址为 http://archive.apache.org/dist/hadoop/common/hadoop-2.7.4/；JDK 下载地址为 https://www.oracle.com/cn/java/technologies/javase/javase-jdk8-downloads.html。

下载 Hadoop 二进制安装包(不带 src 的安装包),勿下载源码包;JDK 请下载 Linux 64bit 的安装包。

本次 Hadoop 分布式集群安装,需要用到 3 台 Linux 虚拟主机。Hadoop 分布式集群规划如表 3 - 1 所示。

表 3 - 1　Hadoop 分布式集群规划

主机 IP	主机名	主机系统	安装服务
192.168.234.100	node1	CentOS7.4	NameNode,ResourceManager,DataNode,Nodemanager
192.168.234.101	node2	CentOS7.4	SecondaryNameNode,DataNode,Nodemanager
192.168.234.102	node3	CentOS7.4	DataNode,Nodemanager

【注意事项】

有不熟悉 Linux 虚拟主机安装与 Linux 常用指令的同学,请自行进行学习,本次安装不做讲解。本次安装使用的 Linux 终端连接工具为 XShell;Sftp 工具为 XFTP,已提供安装包,有需要的同学请自行安装。

下面开始做集群安装准备工作,进行操作的用户均为 root,准备工作如下。

1) 修改主机名

修改 node1 节点主机名,代码如下。

```
[root@node1 ~]#  hostnamectl set-hostname node1
[root@node1 ~]# hostname
node1
[root@node1 ~]#
```

修改 node2 节点主机名,代码如下。

```
[root@node2 ~]#  hostnamectl set-hostname node2
[root@node2 ~]# hostname
```

```
Node2
[root@node2 ~]#
```

修改 node3 节点主机名,代码如下。

```
[root@node3 ~]#    hostnamectl set-hostname node3
[root@node3 ~]# hostname
Node3
[root@node3 ~]#
```

【知识拓展】

每次登录 Linux,就会看到"root@node:~$"这样的提示符,@后面的就是 hostname。Linux 操作系统的 hostname 是一个 kernel 变量,可以通过 hostname 命令来查看本机的 hostname。

2)上传安装包

将下载好的 Hadoop 安装包与 JDK 安装包上传到 node1 节点上的/usr/local/src 目录下,如图 3-7 所示。

```
[root@node1 ~]#
[root@node1 ~]# cd /usr/local/src/
[root@node1 src]# ls -l
total 441608
-rw-r--r--. 1 root root 266688029 Jun  6 23:23 hadoop-2.7.4.tar.gz
-rw-r--r--. 1 root root 185515842 Jun  6 23:23 jdk-8u144-linux-x64.tar.gz
[root@node1 src]#
```

图 3-7　上传安装包

3)修改 hosts 文件

修改每个节点上的/etc/hosts 文件,在文件尾部写入主机名与节点 IP 信息,代码如下。

```
[root@node1 ~]# cat/etc/hosts
127. 0. 0. 1    localhost  localhost. localdomain  localhost4  localhost4.
localdomain4
:: 1            localhost  localhost. localdomain  localhost6  localhost6.
localdomain6
192.168.234.100 node1
192.168.234.101 node2
192.168.234.102 node3
```

下面让我们来验证一下 hosts 文件是否修改成功，如图 3-8 所示。此操作需要在每台节点上都执行一次，以确保每台节点都修改成功。

```
[root@node1 ~]# ping node1
PING node1 (192.168.234.100) 56(84) bytes of data.
64 bytes from node1 (192.168.234.100): icmp_seq=1 ttl=64 time=0.029 ms
64 bytes from node1 (192.168.234.100): icmp_seq=2 ttl=64 time=0.118 ms
^C
--- node1 ping statistics ---
2 packets transmitted, 2 received, 0% packet loss, time 1001ms
rtt min/avg/max/mdev = 0.029/0.073/0.118/0.045 ms
[root@node1 ~]# ping node2
PING node2 (192.168.234.101) 56(84) bytes of data.
64 bytes from node2 (192.168.234.101): icmp_seq=1 ttl=64 time=1.22 ms
64 bytes from node2 (192.168.234.101): icmp_seq=2 ttl=64 time=1.72 ms
64 bytes from node2 (192.168.234.101): icmp_seq=3 ttl=64 time=1.61 ms
^C
--- node2 ping statistics ---
3 packets transmitted, 3 received, 0% packet loss, time 2010ms
rtt min/avg/max/mdev = 1.228/1.522/1.723/0.212 ms
[root@node1 ~]# ping node3
PING node3 (192.168.234.102) 56(84) bytes of data.
64 bytes from node3 (192.168.234.102): icmp_seq=1 ttl=64 time=1.02 ms
64 bytes from node3 (192.168.234.102): icmp_seq=2 ttl=64 time=1.05 ms
^C
--- node3 ping statistics ---
2 packets transmitted, 2 received, 0% packet loss, time 1015ms
rtt min/avg/max/mdev = 1.020/1.038/1.056/0.018 ms
[root@node1 ~]#
```

图 3-8　验证 hosts 文件

【知识拓展】

可以在 hosts 文件中配置域名和 IP 的映射关系，提高域名解析速度。由于有了映射关系，当我们输入域名计算机就能很快解析出 IP，而不用请求网络上的 DNS 服务器。Linux 机器的 Hosts 文件存放在"/etc/hosts"目录下。

4）设置节点免密登录

为了保证 Hadoop 集群在每个节点之间都能互相免密进行文件传输，我们需要对每个节点的免密公钥进行互传。

首先，需要生成公钥和私钥，私钥是指在本机上放一个文件进行解密，公钥就是通过网络传输到其他节点上用来加密的，执行命令之后需要敲击四下回车键，以确保成功生成公钥和私钥，代码如下。

```
[root@node1 ~]# ssh-keygen -t rsa
Generating public/private rsa key pair.
Enter file in which to save the key(/root/.ssh/id_rsa):
Created directory '/root/.ssh'.
Enter passphrase (empty for no passphrase):
Enter same passphrase again:
Your identification has been saved in/root/.ssh/id_rsa.
Your public key has been saved in/root/.ssh/id_rsa.pub.
The key fingerprint is:
SHA256:knls + EJdUjaSCU58qJj2cCfHjWMuD6Ci + 7zRSb6swic root@node1
The key's randomart image is:
+---[RSA 2048]---- +
|    .oo.o +       |
|    oo + + .      |
| o o. +. .        |
|  * +B*.o         |
|o =.* * .S        |
|o  + +o. =        |
| + . + + ..       |
|oE + ...          |
|. + Boo           |
+----[SHA256]----- +
[root@node1 ~]#
```

生成公钥和私钥之后,需要将公钥发送到各个节点上,也包括本节点,命令代码如下(向对应节点发送公钥需要输入对应节点的用户密码,本次安装为 root 用户的密码)。

```
[root@node1 ~]# ssh-copy-id node1
/usr/bin/ssh-copy-id: INFO: Source of key(s) to be installed: "/root/.ssh/id_rsa.pub"
The authenticity of host 'node1 (192.168.234.100)' can't be established.
ECDSA key fingerprint is SHA256:AipKeOqOLMAMmWCIAJQcCe0 + A/dR2XUknuz1u4BBJB0.
ECDSA key fingerprint is MD5:be:7d:93:49:10:d2:1b:81:2c:89:03:01:d4:8c:ef:4a.
Are you sure you want to continue connecting (yes/no)? yes
/usr/bin/ssh-copy-id: INFO: attempting to log in with the new key(s), to filter
out any that are already installed
/usr/bin/ssh-copy-id: INFO: 1 key(s) remain to be installed -- if you are
prompted now it is to install the new keys
root@node1's password:root@node1's password:

Number of key(s) added: 1

Now try logging into the machine, with:    "ssh 'node1'"
and check to make sure that only the key(s) you wanted were added.

[root@node1 ~]# ssh-copy-id node2
...
[root@node1 ~]# ssh-copy-id node3
...
[root@node1 ~]#
```

注意:以上操作需要在每个节点上执行一次。

公钥发送成功之后,需要进行验证,以确保各个节点之间均可以通过免密进行登录,如图 3-9 所示。

```
[root@node1 ~]# ssh node2
Last login: Mon Jun  7 00:28:43 2021 from 192.168.234.100
[root@node2 ~]# ssh node3
Last login: Mon Jun  7 00:28:48 2021 from 192.168.234.101
[root@node3 ~]# ssh node1
Last login: Mon Jun  7 00:30:10 2021 from 192.168.234.102
[root@node1 ~]#
```

图 3-9　验证免密登录

【知识拓展】

公钥和私钥都属于非对称加密算法的一个实现,加密算法的信息交换过程如下:

(1) 持有公钥的一方(甲)在收到持有私钥的一方(乙)的请求时,甲会在自己的公钥列表中查找是否有乙的公钥,如果有则使用一个随机字串使用公钥加密并发送给乙。

(2) 乙收到加密的字串使用自己的私钥进行解密,并将解密后的字串发送给甲。

(3) 甲接收到乙发送来的字串与自己的字串进行对比,如过通过则验证通过,否则验证失败。

5) 关闭防火墙

安装 Hadoop 集群需要关闭系统防火墙,CentOS 7 默认关闭 iptables,我们只需关闭 firewalld 防火墙和 selinux 防火墙即可。

关闭 firewalld 防火墙的命令代码如下,此操作需要在每台节点上执行一次。

```
[root@node1 ~]# systemctl stop firewalld
[root@node1 ~]# systemctl disable firewalld
Removed   symlink/etc/systemd/system/multi-user. target. wants/firewalld.
service.
Removed   symlink/etc/systemd/system/dbus-org. fedoraproject. FirewallD1.
service.
[root@node1 ~]#   systemctl status firewalld
● firewalld. service - firewalld - dynamic firewall daemon
   Loaded:  loaded  (/usr/lib/systemd/system/firewalld. service;  disabled;
vendor preset: enabled)
   Active: inactive (dead)
    Docs: man:firewalld(1)
...
```

关闭各节点的 firewalld 防火墙之后,还需要关闭 selinux 防火墙,代码如下(此操作需要在每个节点上执行)。

```
[root@node1 ~]# setenforce 0
```

在执行成功后,selinux 防火墙就已经关闭了,但是在机器下次启动的时候,selinux 防火墙还会自启,所以我们要把 selinux 防火墙开机的自启功能关闭掉。想要关闭 selinux 防火墙的开机自启功能,需要修改/etc/sysconfig/selinux 配置文件,即把 selinux 配置项修改为 disabled 即可,如图 3-10 所示。

```
[root@node1 ~]# cat /etc/sysconfig/selinux

# This file controls the state of SELinux on the system.
# SELINUX= can take one of these three values:
#     enforcing - SELinux security policy is enforced.
#     permissive - SELinux prints warnings instead of enforcing.
#     disabled - No SELinux policy is loaded.
SELINUX=disabled
# SELINUXTYPE= can take one of three two values:
#     targeted - Targeted processes are protected,
#     minimum - Modification of targeted policy. Only selected processes are protected.
#     mls - Multi Level Security protection.
SELINUXTYPE=targeted
```

图 3-10 关闭 selinux 防火墙开机自启

node1 节点修改成功后,我们只需要把/etc/sysconfig/selinux 文件分发到其他节点即可,代码如下。

```
[root@node1 ~]# scp /etc/sysconfig/selinux node2:/etc/sysconfig/
selinux                                    100%    546      1.2MB/s    00:00
[root@node1 ~]# scp /etc/sysconfig/selinux node3:/etc/sysconfig/
selinux                                    100%    546      417.3KB/s    00:00
[root@node1 ~]#
```

【知识拓展】

本次 Hadoop 安装,虚拟机使用的操作系统是 CentOS 7.4,CentOS 7.x 使用的是“systemctl”来管理系统服务;如果是 Ubuntu 或者是 CentOS 6.x 版本的操作系统,则是用“service”来管理的。

6）同步节点时间

在 Hadoop 集群中，要保证每个节点之间的时间保持同步，一般在实际应用场景中，会设置时间服务器，各个节点会定时同步时间。在这里我们没有安装 ntp 服务，因此本次安装会同步网络时间，不会进行时间定时同步方法的讲解，有兴趣的同学可以自行学习。

想要同步网络时间，需要安装 ntpdate 工具，安装命令与同步方法代码如下（需要在每个节点上执行一次）。

```
[root@node1 ~]# yum install -y ntpdate
...
[root@node1 ~]# ntpdate 0.asia.pool.ntp.org
7 Jun 01:04:57 ntpdate[1879]: adjust time server 61.239.100.228 offset
0.087375 sec
```

到此，Hadoop 集群的安装准备工作就完成了。

2. Hadoop 安装

Hadoop 中的每个节点的操作步骤都是一样的，所以我们只在 node1 节点上进行操作，操作完成后分发到 node2 和 node3。

1）安装 JDK

JDK 的安装十分简单，只需要将 JDK 安装包解压即可，代码如下。

```
[root@node1 ~]# tar -zxf /usr/local/src/jdk-8u144-linux-x64.tar.gz  -C
/usr/local/
```

解压完成后，修改 JDK 目录的名称，以方便接下来的操作，代码如下。

```
[root@node1 ~]# mv /usr/local/jdk1.8.0_144/ /usr/local/jdk1.8
```

验证 JDK 目录修改成功的界面如图 3-11 所示。

```
[root@node1 ~]# ls -l /usr/local/
total 0
drwxr-xr-x. 2 root root    6 Nov  5 2016  bin
drwxr-xr-x. 2 root root    6 Nov  5 2016  etc
drwxr-xr-x. 2 root root    6 Nov  5 2016  games
drwxr-xr-x. 2 root root    6 Nov  5 2016  include
drwxr-xr-x  8   10  143 255 Jul 22 2017  jdk1.8
drwxr-xr-x. 2 root root    6 Nov  5 2016  lib
drwxr-xr-x. 2 root root    6 Nov  5 2016  lib64
drwxr-xr-x. 2 root root    6 Nov  5 2016  libexec
drwxr-xr-x. 2 root root    6 Nov  5 2016  sbin
drwxr-xr-x. 5 root root   49 Apr  9 2020  share
drwxr-xr-x. 2 root root   67 Jun  6 23:23 src
[root@node1 ~]#
```

图 3-11　验证 JDK 目录修改成功

将 JDK 信息写入环境变量文件/etc/profile 中,并刷新环境变量,代码如下。

```
[root@node1 ~]# vi /etc/profile
…
export JAVA_HOME = /usr/local/jdk1.8
export PATH = $PATH: $JAVA_HOME/bin
export CLASSPATH = . : $JAVA_HOME/lib/dt. jar: $JAVA_HOME/lib/tools. jar
"/etc/profile" 79L, 1929C written
[root@node1 ~]# source /etc/profile
[root@node1 ~]# java -version
java version "1.8.0_144"
Java(TM) SE Runtime Environment (build 1.8.0_144-b01)
Java HotSpot(TM) 64-Bit Server VM (build 25.144-b01, mixed mode)
[root@node1 ~]#
```

【知识拓展】

在一般的 Linux 或者 Unix 系统中,都可以通过编辑 bashrc 和 profile 来设置用户的工作环境变量。bashrc 是在系统启动后就会自动运行;profile 是在用户登录后才会运行。每个用户根目录下都会有. bashrc 和. profile 文件,里面的环境变量只对当前用户生效。而/etc/profile 和/etc/bashrc 里面保存的是全局环境变量,对全部用户生效。

注意:如果系统是 ubuntu 或者 debian 的话,就不会有/etc/bashrc,而会有/etc/bash. bashrc 文件。

2）安装 Hadoop

第一步需要解压 Hadoop 安装包。将 Hadoop 解压到/usr/local 目录下，代码如下。

```
[root@node1 ~]# tar zxf /usr/local/src/hadoop-2.7.4.tar.gz  -C /usr/local/
[root@node1 ~]# ls -l /usr/local/
total 0
drwxr-xr-x.   2 root    root     6 Nov  5  2016 bin
drwxr-xr-x.   2 root    root     6 Nov  5  2016 etc
drwxr-xr-x.   2 root    root     6 Nov  5  2016 games
drwxr-xr-x   10 20415   101  160 Aug  1  2017 hadoop-2.7.4
drwxr-xr-x.   2 root    root     6 Nov  5  2016 include
drwxr-xr-x    8    10   143 255 Jul 22  2017 jdk1.8
drwxr-xr-x.   2 root    root     6 Nov  5  2016 lib
drwxr-xr-x.   2 root    root     6 Nov  5  2016 lib64
drwxr-xr-x.   2 root    root     6 Nov  5  2016 libexec
drwxr-xr-x.   2 root    root     6 Nov  5  2016 sbin
drwxr-xr-x.   5 root    root    49 Apr  9  2020 share
drwxr-xr-x.   2 root    root    67 Jun  6 23:23 src
[root@node1 ~]#
```

安装 Hadoop 时，需要修改的配置文件有 hadoop-env. sh、core-site. xml、hdfs-site. xml、mapred-site. xml、YARN-site. xml 和 slaves。

第 1 步，修改 hadoop-env. sh 文件。hadoop-env. sh 是 Hadoop 集群的环境脚本文件，需要将 JAVA_HOME 写入该文件中（文件第 25 行），代码如下。

```
[root@node1 ~]# cd /usr/local/hadoop-2.7.4/etc/hadoop/
[root@node1 hadoop]# vi hadoop-env. sh
…
# set JAVA_HOME in this file, so that it is correctly defined on
# remote nodes.

# The java implementation to use.
```

```
export JAVA_HOME = /usr/local/jdk1.8
…
"hadoop - env.sh" 98L, 4229C written
[root@node1 hadoop]#
```

第 2 步，修改 core-site.xml 文件。core-site.xml 是 Hadoop 的核心配置文件，需要在此配置文件中写入 HDFS NameNode 的地址与端口，还有 Hadoop 运行时产生文件的存储目录，配置项需写入<configuration>标签中，代码如下。

```
[root@node1 hadoop]# vi core-site.xml
…
<!-- Put site-specific property overrides in this file. -->
<configuration>
    <property>
        <name>fs.defaultFS</name>
        <value>hdfs://node1:9000</value>
    </property>
    <property>
        <name>hadoop.tmp.dir</name>
        <value>/usr/local/hadoop-2.7.4/tmp</value>
    </property>
</configuration>
"core-site.xml" 28L, 999C written
[root@node1 hadoop]#
```

第 3 步，修改 hdfs-site.xml 文件。hdfs-site.xml 是 HDFS 的配置文件，需要在此配置文件中写入 HDFS 的副本数量和 SecondryNameNode 的地址与端口，配置项需写入<configuration>标签中，代码如下。

```
[root@node1 hadoop]# vi hdfs-site.xml
```

```
…
<!-- Put site-specific property overrides in this file. -->
<configuration>
    <property>
        <name>dfs.replication</name>
        <value>3</value>
    </property>
    <property>
        <name>dfs.namenode.secondary.http-address</name>
        <value>node2:50090</value>
    </property>
</configuration>
"hdfs-site.xml" 28L, 969C written
[root@node1 hadoop]#
```

第 4 步，修改 mapred-site.xml 文件。mapred-site.xml 文件是 MapReduce 程序的核心配置文件，需要在此文件中指定 MapReduce 程序的资源调度框架。先要对该配置文件改名，再将配置项写入 mapred-site.xml 文件的<configuration>标签中，代码如下。

```
[root@node1 hadoop]# mv mapred-site.xml.template mapred-site.xml
[root@node1 hadoop]# vi mapred-site.xml
…
<!-- Put site-specific property overrides in this file. -->
<configuration>
    <property>
        <name>mapreduce.framework.name</name>
        <value>yarn</value>
    </property>
</configuration>
"mapred-site.xml" 24L, 861C written
[root@node1 hadoop]#
```

第 5 步,修改 yarn-site.xml 文件。yarn-site.xml 文件是 YARN 的核心配置文件,需要在此文件中指定 ResourceManager 的地址与端口,还有 NodeManager 的附属服务,配置项需写入<configuration>标签中,代码如下。

```
[root@node1 hadoop]# vi yarn-site.xml
…
<configuration>
<!-- Site specific yarn configuration properties -->
    <property>
        <name>yarn.resourcemanager.hostname</name>
        <value>node1</value>
    </property>
    <property>
        <name>yarn.nodemanager.aux-services</name>
        <value>mapreduce_shuffle</value>
    </property>
</configuration>
"yarn-site.xml" 25L, 908C written
[root@node1 hadoop]#
```

第 6 步,修改 slaves 文件。需要将计算节点 node1、node2、node3 写入 slaves 文件中,代码如下。

```
[root@node1 hadoop]# vi slaves
node1
node2
node3
"slaves" 3L, 18C written
[root@node1 hadoop]#
```

【注意事项】

在 slaves 文件中写入的还是计算节点的 IP 地址或者主机名,如果某一个主机不作为计算节点,只作为管理节点,该主机就不用将其信息写入 slaves。

3）配置 Hadoop 环境变量

将 Hadoop 信息写入环境变量文件/etc/profile 中,并刷新环境变量,代码如下。

```
[root@node1 ~]# vi /etc/profile
...
export JAVA_HOME = /usr/local/jdk1.8
export PATH = $PATH: $JAVA_HOME/bin
export CLASSPATH = .: $JAVA_HOME/lib/dt.jar: $JAVA_HOME/lib/tools.jar
export HADOOP_HOME = /usr/local/hadoop-2.7.4
export PATH = $PATH: $HADOOP_HOME/bin: $HADOOP_HOME/sbin
"/etc/profile" 81L, 2025C written
[root@node1 ~]# source /etc/profile
[root@node1 ~]# hadoop version
Hadoop 2.7.4
Subversion  https://shv @ git-wip-us. apache. org/repos/asf/hadoop. git
-r cd915e1e8d9d0131462a0b7301586c175728a282
Compiled by kshvachk on 2017-08-01T00:29Z
Compiled with protoc 2.5.0
From source with checksum 50b0468318b4ce9bd24dc467b7ce1148
This command was run using
/usr/local/hadoop-2.7.4/share/hadoop/common/hadoop-common-2.7.4.jar
[root@node1 ~]#
```

4）分发 JDK、Hadoop、profile 文件

需要将修改好的 JDK 目录、Hadoop 目录、profile 文件分发到 node2 与 node3 节点上面,代码如下。

```
[root@node1 ~]# scp -r  /usr/local/jdk1.8/ node2:/usr/local/
...
[root@node1 ~]# scp -r  /usr/local/hadoop-2.7.4/ node2:/usr/local/
...
[root@node1 ~]# scp /etc/profile node2:/etc
profile                                        100 % 2025    1.5MB/s  00:00
[root@node1 ~]# scp -r  /usr/local/jdk1.8/ node3:/usr/local/
...
[root@node1 ~]# scp -r  /usr/local/hadoop-2.7.4/ node3:/usr/local/
...
[root@node1 ~]# scp /etc/profile node3:/etc
profile                                        100 % 2025    1.1MB/s  00:00
```

分发完成之后,需要刷新一下 node2 和 node3 节点的/etc/profile 文件,代码如下。

```
[root@node2 ~]# source /etc/profile
[root@node2 ~]#
```

```
[root@node3 ~]#   source /etc/profile
[root@node3 ~]#
```

3. 启动 Hadoop 集群

在初次启动 Hadoop 集群之前,需要先对 NameNode 进行初始化操作,代码如下。

```
[root@node1 ~]# hdfs namenode -format
```

```
21/06/08 09:34:21 INFO namenode.NameNode: STARTUP_MSG:
/ **********************************************************
STARTUP_MSG: Starting NameNode
…
21/06/08 00:34:24 INFO namenode.NameNode: SHUTDOWN_MSG:
/ **********************************************************
SHUTDOWN_MSG: Shutting down NameNode at node1/192.168.234.100
 ********************************************************** /
[root@node1 ~]#
```

【注意事项】

如果初始化 NameNode 失败，想要再次初始化的时候，一定要删除配置项 "hadoop.tmp.dir" 中所设置的目录。

初始化 NameNode 成功之后，就可以启动 Hadoop 集群了。依次启动 HDFS 和 YARN，由于之前已经配置了 Hadoop 的环境变量，因此可以在任意目录下执行 Hadoop 提供的命令，代码如下。

```
[root@node1 ~]# start-dfs.sh
Starting namenodes on [node1]
node1: starting namenode, logging to /usr/local/hadoop -2. 7. 4/logs/hadoop-
root-namenode-node1.out
node2: starting datanode, logging to /usr/local/hadoop -2. 7. 4/logs/hadoop-
root-datanode-node2.out
node3: starting datanode, logging to /usr/local/hadoop -2. 7. 4/logs/hadoop-
root-datanode-node3.out
node1: starting datanode, logging to /usr/local/hadoop -2. 7. 4/logs/hadoop-
root-datanode-node1.out
```

```
Starting secondary namenodes [node2]
node2: starting secondarynamenode, logging to /usr/local/hadoop-2.7.4/logs/
hadoop-root-secondarynamenode-node2.out
[root@node1 ~]# start-YARN.sh
starting YARN daemons
starting resourcemanager, logging to /usr/local/hadoop-2.7.4/logs/YARN-root-
resourcemanager-node1.out
node1: starting nodemanager, logging to /usr/local/hadoop-2.7.4/logs/YARN-
root-nodemanager-node1.out
node3: starting nodemanager, logging to /usr/local/hadoop-2.7.4/logs/YARN-
root-nodemanager-node3.out
node2: starting nodemanager, logging to /usr/local/hadoop-2.7.4/logs/YARN-
root-nodemanager-node2.out
[root@node1 ~]#
```

启动完成之后可以使用 jps 命令查看 Hadoop 的进程,我们查看每个节点上的进程是否与之前规划的一致,如图 3-12～图 3-14 所示。

```
[root@node1 ~]# jps
4147 NameNode
4245 DataNode
4517 ResourceManager
4617 NodeManager
4910 Jps
[root@node1 ~]#
```

图 3-12 Hadoop 集群的 node1 节点进程

```
[root@node2 hadoop]# jps
2160 NodeManager
2260 Jps
1994 DataNode
2090 SecondaryNameNode
[root@node2 hadoop]#
```

图 3-13 Hadoop 集群的 node2 节点进程

```
[root@node3 ~]# jps
2002 Jps
1801 DataNode
1902 NodeManager
[root@node3 ~]#
```

图 3-14 Hadoop 集群的 node3 节点进程

可以看到每个节点上的进程与之前规划的一致,接下来访问 HDFS 和 YARN 的 web 页面(HDFS 页面地址为 http://192.168.234.100:9000;YARN 页面地址为 http://192.168.234.100:8088)。

到此,Hadoop 分布式集群就安装完成了。

3.2.2　HDFS读写数据原理

　　HDFS 集群分为两大角色：NameNode、DataNode。NameNode 负责管理整个文件系统的元数据，DataNode 负责管理用户的文件数据块，文件会按照固定的大小（blocksize）切成若干块后，分布式存储在若干台 DataNode 上，每一个文件块可以有多个副本，并存放在不同的 DataNode 上。DataNode 会定期向 NameNode 汇报自身所保存的文件 block 信息，而 NameNode 则会负责保持文件的副本数量，HDFS 的内部工作机制对客户端保持透明，客户端请求访问 HDFS 都是通过向 NameNode 申请来进行，HDFS 写数据流程如图 3-15 所示。

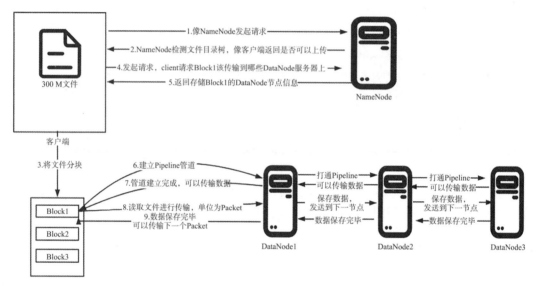

图 3-15　HDFS 写数据流程

1. HDFS 写数据原理

　　如图 3-15 所示，当客户端想往 HDFS 上传数据时，首先会向 NameNode 节点发起请求，请求中包含文件需要上传的 HDFS 路径；在 NameNode 收到请求后，会检测文件目录树，检测目标文件是否已存在，父目录是否存在；检测完成后向客户端发出响应，响应是否可以进行文件上传。当客户端收到可以上传文件的响应之后，会读取目标文件，并将目标文件根据 BlockSize 进行切分。在切分完成之后，会再次向 NameNode 发起请求，请求第一个 Block 上传的节点位置信息；NameNode 收到请求之后，会检测元数据信息池，返回客户端可用的 DataNode 的信息。客户端在收到 DataNode 位置信息之后，会向距离最近的 DataNode 节点请求建立传输数据的 Pipeline 管道（本质上是一个 RPC 调用），稍后这个 DataNode 节点会依次往后打通与其他 DataNode 的管道，直到打通最后一个管道，便依次往上返回信息（管道建立完成，可以进行数据传输）。之后，客户端会从磁盘中读取需要上传的文件，每读取 64 KB，打成一个包，放入管道中进行传输，在 Pipeline 中，以包（默认为 64 KB）为单位，一个包一个包地发送数据。在第一个 DataNode 将数据保存数据到指定位置之后，会通过管道往其他 DataNode 节点后发，到达下一个节点，保存数据。然后依次往后发,直到最后一个 DataNode 节点保存完毕以后,最后通过管道依次反方向发送 ack 信息(文件存储成功),最终由第一个 DataNode 通过通道发送给客户端。在第一个 Block 上传成功后,客户端会再次向 NameNode 发起请求,请求上传第二个 Block。

当有 DataNode 发生故障,导致数据无法正常写入时,首先将 Pipeline 管道关闭,将确认队列的 ACK 数据包添加回数据队列的前端,以确保故障节点下游的 DataNode 不会漏掉任何一个数据包。同时在其他正常的 DataNode 上的数据块指定一个新的标识,并将该标识传递给 NameNode,以便故障 DataNode 在恢复后可以删除存储的部分数据块。从 PipeLine 管道中删除故障数据节点并把使用剩下的正常的 DataNode 构建一个新的 PipeLine 管道。余下的数据块将写入新的管线中,当 NameNode 注意到块副本量不足时,会在另一个 DataNode 节点上创建一个新的副本,后续的数据块继续正常接受处理。

2. HDFS 读数据原理

如图 3-16 所示,当客户端要下载/读取 HDFS 上的文件时,客户端会向 NameNode 发起 RPC 请求,来确定请求文件 Block 所在的位置,NameNode 会视情况返回文件的部分或者全部 Block 列表,对于每个 Block,NameNode 都会返回含有该 Block 副本的 DataNode 地址。之后客户端会根据 NameNode 返回的地址信息,会从最近的 DataNode 节点中并行地读取每一个 Block 数据(本质是建立 Socket Stream,重复的调用 Read 方法,直到这个块上的数据读取完毕),如果客户端本身就是 DataNode,并保存有 Block 数据,那么将会优先从本地直接获取数据。当读完 NameNode 列表的 Block 后,若文件读取还没有结束,客户端会继续向 NameNode 获取下一批的 Block 列表,再次进行读取。每读取完一个 Block 都会进行 Checksum 验证,如果读取 DataNode 时出现错误,客户端会通知 NameNode;然后再从下一个拥有该 Block 副本的 DataNode 继续读,直到读取完所有 Block 数据之后,会在客户端进行合并;最终会合并成一个完整的文件,对外进行输出。

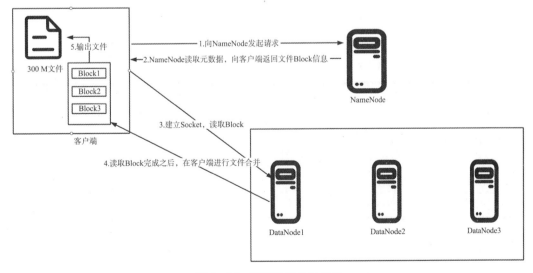

图 3-16　HDFS 读数据流程

3.2.3 HDFS 常用 Shell 命令

HDFS 提供了一套定制的 Shell 命令,来供使用者操作 HDFS 上的文件,下面一起来学习 HDFS 的常用 Shell 命令。

1. 目录操作

想要操作 HDFS 上的文件,命令前缀必须为"hdfs dfs",在后面加上想要执行的操作命令即可,命令和 Linux 相似。

1) 创建目录

在 HDFS 上创建目录,代码如下。

```
# 创建目录
hdfs dfs -mkdir <path>
# 递归创建目录
hdfs dfs -mkdir -p <path>
```

2) 查看目录

在 HDFS 上查看目录,代码如下。

```
# 显示目录结构
hdfs dfs -ls <path>
# 以人性化的方式递归显示目录结构
hdfs dfs -ls  -R -h <path>
```

3) 删除目录

在 HDFS 上删除目录,代码如下。

```
# 删除空文件夹
hdfs dfs -rmdir <path>
# 递归删除目录和文件
hdfs dfs -rm -r <path>
```

2. 文件操作

1）上传文件

从本地文件系统中往 HDFS 上传文件，代码如下。

```
#上传文件
hdfs dfs -put [-f] [-p] <localPath>    <hdfspath>
#上传文件
hdfs dfs -copyFromLocal [-f] [-p] <localPath>    <hdfspath>
-f:当文件存在时,进行覆盖
-p:将权限、所属组、时间戳、ACL 以及 XATTR 等也进行拷贝

#将本地文件剪切到集群(执行成功后本地文件将不存在)
hdfs dfs -moveFromLocal <localPath>    <hdfspath>
```

2）下载文件

从 HDFS 下载文件到本地文件系统，代码如下。

```
#下载文件
hdfs dfs -get  <hdfspath>    <localPath>
#下载文件
hdfs dfs - copyToLocal  <hdfspath>    <localPath>

#合并下载多个文件到本地 Linux
hdfs dfs -getmerge [-nl] <hdfspath>    <localPath>
```

```
-nl 在每个文件的末尾添加换行符(LineFeed)
-skip-empty-file 跳过空文件
```

3）查看文件

查看 HDFS 文件，代码如下。

```
# 二选一执行即可
hdfs dfs -cat <path>
# 将 HDFS 中文件以文本形式输出(包括 zip 包,jar 包等形式)
hdfs dfs -text <path>
# 查看文件尾部数据(默认 220 行)
hdfs dfs -tail <path>
# 和 Unix 中 tail -f 命令类似,当文件内容更新时,输出将会改变,具有实时性
hdfs dfs -tail -f <path>
```

4）删除文件

删除 HDFS 文件，代码如下。

```
# 删除文件
hdfs dfs -rm <path>
```

5）修改文件权限、组、拥有者

修改文件权限、组、拥有者，代码如下。

```
# 权限控制和 Linux 上使用方式一致
# 变更文件或目录的所属群组。操作用户必须是文件的所有者或超级用户。
hdfs dfs -chgrp [-R] GROUP URI [URI ... ]
```

```
# 修改文件或目录的访问权限。操作用户必须是文件的所有者或超级用户。
hdfs dfs-chmod [-R] <MODE[,MODE]... | OCTALMODE> URI [URI ...]
# 修改文件的拥有者。操作用户必须是超级用户。
hdfs dfs -chown [-R] [OWNER][:[GROUP]] URI [URI]
```

6）统计文件信息

统计文件信息，代码如下。

```
# 统计目录下各文件大小
hdfs dfs -du [-s] [-h] URI [URI ...]
-s: 显示所有文件大小总和
-h: 将以更友好的方式显示文件大小（例如 64.0m 而不是 67108864）

# 统计文件系统的可用空间
hdfs dfs -df -h /
-h: 将以更友好的方式显示文件大小（例如 64.0m 而不是 67108864）
```

7）追加文件

往 HDFS 文件中追加文件，代码如下。

```
# 往文件尾部追加内容,集群文件不能随机修改,只能追加。
hdfs dfs -appendToFile <localFilePath>    <hdfsFilePath>
```

8）剪切与复制文件

在 HDFS 上进行文件剪切与复制，代码如下。

```
# 复制 HDFS 上的文件,该命令允许多个来源,但此时目标必须是一个目录
```

```
hdfs dfs -cp [-f] [-p] < hdfsSourcePath… > < hdfsTargetPath>
-f：当文件存在时,进行覆盖
-p：将权限、所属组、时间戳、ACL 以及 XATTR 等也进行拷贝

# 剪切 HDFS 上的文件。命令允许多个来源,但此时目的地需要是一个目录。跨文件
系统移动文件是不允许的
hdfs dfs -mv < hdfsSourcePath… > < hdfsTargetPath>
```

9）检测文件

检测 HDFS 文件,代码如下。

```
hdfs dfs -test -[defsz] URI
-d:如果路径是目录,返回 0
-e:如果路径存在,则返回 0
-f:如果路径是文件,则返回 0
-s:如果路径不为空,则返回 0
-r:如果路径存在且授予读权限,则返回 0
-w:如果路径存在且授予写入权限,则返回 0
-z:如果文件长度为零,则返回 0
```

3.3　Hive 数据仓库技术

本书第 2 章已经介绍了 Hive 数据仓库,相信大家对 Hive 已有了初步的了解,接下来让我们更深入地了解 Hive。在本节中,主要学习 Hive 的安装、Hive 的数据类型及 Hive 的基本语法。

3.3.1　Hive 安装

Hive 需要一个数据库来保存数据表的元数据信息。在 Hive 中,自带一个轻量级数据库 Derby,但在实际应用场景中,为了便于管理,大多都是使用 MySQL 数据库来管理 Hive 数据表的元数据。本次安装默认已在 node1 节点上安装了 MySQL5.6 的版本,并在资料包中提供了 MySQL5.6 的安装包与 JDBC 连接驱动包,本节安装 Hive2.1.1 版本,可以通

过以下网址下载安装包。

https://archive.apache.org/dist/hive/hive-2.1.1/

1. 上传安装包

首先,需要将 Hive 的安装包上传到 node1 节点上的/usr/local/src 目录中。同时,把 JDBC 的驱动包一并上传,稍后安装会用到,如图 3－17 所示。

```
[root@node1 ~]# cd /usr/local/src/
[root@node1 src]# ls -l
total 646136
-rw-r--r-- 1 root root  58688757 Jun 10 22:35 apache-flume-1.8.0-bin.tar.gz
-rw-r--r-- 1 root root 149756462 Jun 10 23:58 apache-hive-2.1.1-bin.tar.gz
-rw-r--r--. 1 root root 266688029 Jun  6 23:23 hadoop-2.7.4.tar.gz
-rw-r--r--. 1 root root 185515842 Jun  6 23:23 jdk-8u144-linux-x64.tar.gz
-rw-r--r-- 1 root root    983911 Jun 10 23:58 mysql-connector-java-5.1.38.jar
[root@node1 src]#
```

图 3－17　上传 Hive 安装包

2. 解压安装包

将 Hive 安装包解压到 node1 节点的/usr/local 目录下,代码如下。

```
[root@node1 src]# tar zxf apache-hive-2.1.1-bin.tar.gz -C /usr/local/
[root@node1 src]# cd /usr/local/
[root@node1 local]# ls -l
total 0
drwxr-xr-x   9 root   root 171 Jun 11 00:06 apache-hive-2.1.1-bin
drwxr-xr-x.  2 root   root   6 Nov  5  2016 bin
drwxr-xr-x.  2 root   root   6 Nov  5  2016 etc
drwxr-xr-x   7 root   root 187 Jun 10 22:39 flume1.8
drwxr-xr-x.  2 root   root   6 Nov  5  2016 games
drwxr-xr-x  12 20415  101 183 Jun  8 00:38 hadoop-2.7.4
drwxr-xr-x.  2 root   root   6 Nov  5  2016 include
drwxr-xr-x   8    10  143 255 Jul 22  2017 jdk1.8
drwxr-xr-x.  2 root   root   6 Nov  5  2016 lib
drwxr-xr-x.  2 root   root   6 Nov  5  2016 lib64
drwxr-xr-x.  2 root   root   6 Nov  5  2016 libexec
drwxr-xr-x.  2 root   root   6 Nov  5  2016 sbin
drwxr-xr-x.  5 root   root  49 Apr  9  2020 share
drwxr-xr-x.  2 root   root 179 Jun 10 23:58 src
[root@node1 local]#
```

然后,修改 Hive 目录的名称,以方便接下来的操作,代码如下。

```
[root@node1 local]# mv apache-hive-2.1.1-bin/hive2.1.1
[root@node1 local]# ls -l
total 0
drwxr-xr-x.   2 root    root     6 Nov   5   2016 bin
drwxr-xr-x.   2 root    root     6 Nov   5   2016 etc
drwxr-xr-x    7 root    root   187 Jun 10 22:39 flume1.8
drwxr-xr-x.   2 root    root     6 Nov   5   2016 games
drwxr-xr-x   12 20415   101   183 Jun   8 00:38 hadoop-2.7.4
drwxr-xr-x    9 root    root   171 Jun 11 00:06 hive2.1.1
drwxr-xr-x.   2 root    root     6 Nov   5   2016 include
drwxr-xr-x    8     10   143   255 Jul 22   2017 jdk1.8
drwxr-xr-x.   2 root    root     6 Nov   5   2016 lib
drwxr-xr-x.   2 root    root     6 Nov   5   2016 lib64
drwxr-xr-x.   2 root    root     6 Nov   5   2016 libexec
drwxr-xr-x.   2 root    root     6 Nov   5   2016 sbin
drwxr-xr-x.   5 root    root    49 Apr   9   2020 share
drwxr-xr-x.   2 root    root   179 Jun 10 23:58 src
[root@node1 local]#
```

3. 修改 Hive 配置文件

Hive 安装只需要修改 conf/hive-site.xml 文件,同时需要将 hive-default.xml.template 文件更名为 hive-site.xml,代码如下。

```
[root@node1 conf]# cd /usr/local/hive2.1.1/conf
[root@node1 conf]# mv hive-default.xml.template hive-site.xml
[root@node1 conf]#
```

文件名称修改成功之后,对 hive-site.xml 文件进行编辑,需要修改文件中的六项配置。

1) 修改数据库链接地址

修改 hive-site.xml 配置文件中的"javax.jdo.option.ConnectionURL"配置项(hive-site.xml 文件的第 500 行），代码如下。

```
[root@node1 conf]# vi hive-site.xml
...
  <property>
    <name>javax.jdo.option.ConnectionURL</name>
<value>jdbc:mysql://node1:3306/hive?createDatabaseIfNotExist=true&amp;
useUnicode=true&amp;characterEncoding=UTF-8&amp;useSSL=false</value>
    <description>
      JDBC connect string for a JDBC metastore.
      To use SSL to encrypt/authenticate the connection, provide database-
specific SSL flag in the connection URL.
      For example, jdbc:postgresql://myhost/db?ssl=true for postgres database.
    </description>
  </property>
...
"hive-site.xml" 5349L, 229272C written
[root@node1 conf]#
```

注意：需要将"node1"修改为 MySQL 数据库安装的 IP 地址或者节点名。

2) 修改数据库用户名

修改 hive-site.xml 配置文件中的"javax.jdo.option.ConnectionUserName"配置项（hive-site.xml 文件的第 957 行），代码如下。

```
[root@node1 conf]# vi hive-site.xml
...
  <property>
    <name>javax.jdo.option.ConnectionUserName</name>
    <value>root</value>
    <description>Username to use against metastore database</description>
  </property>
```

```
...
"hive-site.xml" 5349L, 229273C written
[root@node1 conf]#
```

注意:需要将"root"修改为 MySQL 数据库安装元数据的用户。

3) 修改数据库密码

修改 hive-site. xml 配置文件中的"javax. jdo. option. ConnectionPassword"配置项(hive-site. xml 文件的第 485 行),代码如下。

```
[root@node1 conf]# vi hive-site.xml
...
  <property>
      <name>javax. jdo. option. ConnectionPassword</name>
      <value>root</value>
      <description>password to use against metastore database</description>
  </property>
...
"hive-site.xml" 5349L, 229273C written
[root@node1 conf]#
```

注意:需要将"root"修改为 MySQL 数据库安装元数据的用户密码。

4) 修改数据库驱动

修改 hive-site. xml 配置文件中的"javax. jdo. option. ConnectionDriverName"配置项(hive-site. xml 文件的第 932 行),代码如下。

```
[root@node1 conf]# vi hive-site.xml
...
  <property>
```

```
    <name>javax.jdo.option.ConnectionDriverName</name>
    <value>com.mysql.jdbc.Driver</value>
    <description>Driver class name for a JDBC metastore</description>
  </property>
...
"hive-site.xml" 5349L, 229258C written
[root@node1 conf]#
```

5）修改元数据的 schema 一致

修改 hive-site.xml 配置文件中的"hive.metastore.schema.verification"配置项（hive-site.xml 文件的第 686 行），代码如下。

```
[root@node1 conf]# vi hive-site.xml
...
  <property>
    <name>hive.metastore.schema.verification</name>
    <value>false</value>
    <description>
      Enforce metastore schema version consistency.
      True: Verify that version information stored in is compatible with one
from Hive jars.   Also disable automatic
            schema migration attempt. Users are required to manually
migrate schema after Hive upgrade which ensures
            proper metastore schema migration. (Default)
      False: Warn if the version information stored in metastore doesn't
match with one from in Hive jars.
    </description>
  </property>
...
"hive-site.xml" 5349L, 229259C written
[root@node1 conf]#
```

6）填补 hive-site 中引用的变量配置项

在 hive-site. xml 配置文件中引用了很多变量，如图 3 - 18 所示。这些变量会从环境变量中读取，若读取不到便会发生错误。因此，我们需要把在 Hive 运行时读取不到的变量引入并且赋值。

```
</property>
<property>
  <name>hive.exec.local.scratchdir</name>
  <value>${system:java.io.tmpdir}/${system:user.name}</value>
  <description>Local scratch space for Hive jobs</description>
</property>
<property>
  <name>hive.downloaded.resources.dir</name>
  <value>${system:java.io.tmpdir}/${hive.session.id}_resources</value>
  <description>Temporary local directory for added resources in the remote file sys
</property>
<property>
  <name>hive.scratch.dir.permission</name>
  <value>700</value>
  <description>The permission for the user specific scratch directories that get cr
</property>
```

图 3 - 18　hive-site. xml 中引用的变量

编辑 hive-site. xml 配置文件，在"configuration"标签下新增下面两项，并根据实际情况进行修改，代码如下。

```
[root@node1 conf]# vi hive-site.xml
...
<configuration>
  ...
<property>
    <name>system:java.io.tmpdir</name>
    <value>/usr/local/hive2.1.1/tmp</value>
    <description/>
  </property>
  <property>
    <name>system:user.name</name>
    <value>hive</value>
    <description/>
...
"hive-site.xml" 5359L, 229491C written
[root@node1 conf]#
```

到此，Hive 的配置项就修改完成了。

4. 放置 MySQL JDBC 连接驱动

由于我们使用 MySQL 数据管理元数据，因此需要把 MySQL JDBC 连接驱动放置到 Hive 安装目录下的 Lib 目录中，代码如下。

```
[root@node1 ~]# cp /usr/local/src/mysql-connector-java-5.1.38.jar /usr/
local/hive2.1.1/lib/
[root@node1 ~]#
```

5. 配置环境变量

将 Hive 信息写入环境变量文件/etc/profile 中，并刷新环境变量，代码如下。

```
[root@node1 ~]# vi /etc/profile
…
export JAVA_HOME = /usr/local/jdk1.8
export PATH = $PATH: $JAVA_HOME/bin
export CLASSPATH = .: $JAVA_HOME/lib/dt.jar: $JAVA_HOME/lib/tools.jar
export HADOOP_HOME = /usr/local/hadoop-2.7.4
export PATH = $PATH: $HADOOP_HOME/bin: $HADOOP_HOME/sbin
export FLUME_HOME = /usr/local/flume1.8
export PATH = $PATH: $FLUME_HOME/bin
export HIVE_HOME = /usr/local/hive2.1.1
export PATH = $PATH: $HIVE_HOME/bin

"/etc/profile" 86L, 2169C written
[root@node1 ~]# source /etc/profile
[root@node1 ~]#
```

6. 初始化 Hive 元数据

修改配置信息后，需要初始化 Hive 的元数据。初始化元数据主要是在 MySQL 数据库中建立 Hive 的元数据库，生成元数据表，Hive 中的所有库表元数据信息都会存入 Mysql 中，代码如下。

```
[root@node1 ~]# schematool -initSchema -dbType mysql
which: no hbase in (/usr/local/sbin:/usr/local/bin:/usr/sbin:/usr/bin:/usr/
local/jdk1. 8/bin:/usr/local/hadoop -2. 7. 4/bin:/usr/local/hadoop -2. 7. 4/
sbin:/usr/local/flume1.8/bin:/usr/local/hive2.1.1/bin:/root/bin)
SLF4J: Class path contains multiple SLF4J bindings.
SLF4J: Found binding in [jar: file:/usr/local/hive2. 1. 1/lib/log4j - slf4j -
impl - 2. 4. 1. jar! /org/slf4j/impl/StaticLoggerBinder.class]
SLF4J: Found binding in [jar: file:/usr/local/hadoop -2. 7. 4/share/hadoop/
common/lib/slf4j-log4j12-1. 7. 10. jar! /org/slf4j/impl/StaticLoggerBinder.class]
SLF4J: See http://www. slf4j. org/codes. html # multiple _ bindings for an
explanation.
SLF4J: Actual binding is of type [org. apache. logging. slf4j. Log4jLoggerFactory]
Metastore connection URL:    jdbc:mysql://node1:3306/hive?createDatabaseIfNotExist =
true&useUnicode = true&characterEncoding = UTF-8&useSSL = false
Metastore Connection Driver:    com. mysql. jdbc. Driver
Metastore connection User:    root
Starting metastore schema initialization to 2. 1. 0
Initialization script hive-schema-2. 1. 0. mysql. sql
Initialization script completed
schemaTool completed
[root@node1 ~]#
```

注意:初始化 Hive 数据需要提前开启 MySQL 数据的权限,否则会出现元数据初始化失败的异常。

7. 验证 Hive

验证 Hive 是否安装成功,只需要进入 Hive 命令行中查看一下现有的数据库即可,Hive 默认会有一个"default"数据,代码如下。

```
[root@node1 ~]# hive
which: no hbase in (/usr/local/sbin:/usr/local/bin:/usr/sbin:/usr/bin:/usr/
local/jdk1. 8/bin:/usr/local/hadoop -2. 7. 4/bin:/usr/local/hadoop -2. 7. 4/
sbin:/usr/local/flume1.8/bin:/usr/local/hive2.1.1/bin:/root/bin)
```

```
SLF4J: Class path contains multiple SLF4J bindings.
SLF4J: Found binding in [jar:file:/usr/local/hive2.1.1/lib/log4j-slf4j-impl-
2.4.1.jar!/org/slf4j/impl/StaticLoggerBinder.class]
SLF4J: Found binding in [jar:file:/usr/local/hadoop-2.7.4/share/hadoop/
common/lib/slf4j-log4j12-1.7.10.jar!/org/slf4j/impl/StaticLoggerBinder.class]
SLF4J: See http://www.slf4j.org/codes.html#multiple_bindings for an
explanation.
SLF4J: Actual binding is of type [org.apache.logging.slf4j.Log4jLoggerFactory]

Logging initialized using configuration in jar:file:/usr/local/hive2.1.1/
lib/hive-common-2.1.1.jar!/hive-log4j2.properties Async: true
Hive-on-MR is deprecated in Hive 2 and may not be available in the future
versions. Consider using a different execution engine (i.e. spark, tez) or
using Hive 1.X releases.
hive> show databases;
OK
default
Time taken: 2.534 seconds, Fetched: 1 row(s)
hive>
```

到此,Hive 就安装成功了。

3.3.2　Hive 的数据类型

Hive 的数据类型可以分为两大类——基础数据类型与复杂数据类型。

1. 基础数据类型

Hive 的基础数据类型分为基本类型、字符串类型和日期类型三种。

1) 基本类型

Hive 中的基本类型与传统关系型数据库基本一致,如表 3-2 所示。

表 3-2　Hive 的基本类型

数据类型	大小	范围	示例	开始支持版本
TINYINT	1byte	$-128 \sim 127$	100Y	
SMALLINT	2byte	$-32\,768 \sim 32\,767$	100S	
INT	4byte	$-2^{32} \sim 2^{32}-1$	100	
BIGINT	8byte	$-2^{64} \sim 2^{64}-1$	100L	

数据类型	大小	范围	示例	开始支持版本
FLOAT	4byte	单精度浮点数	5.21	
DOUBLE	8byte	双精度浮点数	5.21	
DECIMAL	—	高精度浮点数	DECIMAL(9,8)	Hive 0.11
BOOLEAN	—	布尔型	true/false	
BINARY	—	字节数组	—	Hive 0.8

这里需要说明一下 DECIMAL 类型,"DECIMAL(9,8)"最多代表 9 位数字,后 8 位是小数。此时也就是说,小数点前最多有 1 位数字,如果超过一位则会变成 null。如果不指定参数,那么默认是 DECIMAL(10,0),即没有小数位,此时 0.82 会变成 1。

2) 字符串类型

Hive 中的字符串类型包含三种,如表 3-3 所示。

表 3-3　Hive 的字符串类型

数据类型	长度	示例	开始支持版本
STRING	—	'abc'	
VARCHAR	1～65 535	'abc'	Hive 0.12
CHAR	1～255	'abc'	Hive 0.13

对于 VARCHAR 创建时需指定长度,如果插入的字符串超过了指定的长度,则会被截断,尾部的空格也会作为字符串的一部分,影响字符串的比较。对于 CHAR 类型来说,它是固定长度的,如果插入的字符串长度不如指定的长度,则会用空格补齐,但是尾部的空格不影响字符串的比较。

3) 日期类型

日期类型主要有两种,如表 3-4 所示。

表 3-4　Hive 日期类型

数据类型	格式	示例	开始支持版本
DATE	yyyy-MM-dd	2020-07-04	Hive 0.12
TIMESTAMPS	yyyy-MM-dd HH:mm:ss.fffffffff	2020-07-04 12:36:25.111	Hive 0.8

DATE 类型只支持 yyyy-MM-dd 格式的数据,其余格式都是错误的,会变为 null。TIMESTAMPS 表示 UTC 时间,格式为 yyyy-MM-dd HH:mm:ss.fffffffff,即最多支持纳秒级,如果长度超出,则会变成 null。

2. 复杂数据类型

Hive 的复杂数据类型,又叫作 Hive 集合类型。集合类型主要包括 ARRAY、MAP、STRUCT 等,如表 3-5 所示,Hive 的特性支持集合类型,这个特性是关系型数据库所不支持的,利用好集合类型可以有效提升 Hive SQL 的查询速率。

表 3-5 Hive 复杂数据类型

数据类型	描述	示例
ARRAY	数组是一组具有相同数据类型和名称变量的集合	array('John', 'Doe')
MAP	MAP 是一组键-值对元素集合,使用 key 可以访问元素	map('fisrt': 'John', 'last': 'Doe')
STRUCT	和 C 语言中的 struct 或者"对象"类似,都可以通过"点"符号访问元素内容	struct{'John', 'Doe'}

想要使用 Hive 中的集合类型,需要在建表时指定集合中数据的分隔符。

【知识拓展】

集合类型访问方式:

ARRAY 的访问元素和 java 中是一样的,这里通过索引来访问;

MAP 的访问元素中的 value 和 java 中是一样的,这里通过 key 来访问;

STRUCT 访问元素是通过". 属性名"的方式来访问。

3.3.3 Hive 库表操作

Hive 中的库表操作与 MySQL 数据库基本一致,唯一差异较大的地方就是建表语句,建表语句会在后续章节中单独讲解,下面我们来一起熟悉 Hive 中的基本库表操作,代码如下。

```
# 查看数据库
Show database;
# 创建数据库
Create database database_name;
# 使用数据库
Use database_name;
# 删除数据库
#这种删除,需要将对应数据库中的表全部删除后才能删除数据库
Drop database database_name;
```

```
#强制删除,自行删除库中所有表
Drop database database_name cascade;
# 查看某个数据库下所有表(执行此操作之前需要先指定数据库)
Show tables;
#使用 like 关键字实现模糊匹配
Show tables like 'hive_*';
# 删除表
Drop table table_name;
# 清空表中数据
Trancute table table_name;
# 查看表结构
Desc table_name;
# 查看建表语句
Show create table table_name;
```

Hive 中的表有不同的类型,包括内部表、外部表、分区表、分桶表等,下面来了解在 Hive 中不同类型的表是如何创建与操作的。

【知识拓展】

在 Hive 中执行的 SQL 是不区分大小写的。为了调试 SQL 方便,通常会把 Hive 的关键词进行大写,字段名进行小写。

首先需要先了解一下 Hive 建表语句中各个关键字所代表的含义,建表语句模板如图 3-19 所示,中括号中的内容为可选关键字,关键字介绍如表 3-6 所示。

Create Table

```
CREATE [TEMPORARY] [EXTERNAL] TABLE [IF NOT EXISTS] [db_name.]table_name    -- (Note: TEMPORARY available in Hive 0.14.0 and later)
  [(col_name data_type [column_constraint_specification] [COMMENT col_comment], ... [constraint_specification])]
  [COMMENT table_comment]
  [PARTITIONED BY (col_name data_type [COMMENT col_comment], ...)]
  [CLUSTERED BY (col_name, col_name, ...) [SORTED BY (col_name [ASC|DESC], ...)] INTO num_buckets BUCKETS]
  [SKEWED BY (col_name, col_name, ...)                -- (Note: Available in Hive 0.10.0 and later)]
     ON ((col_value, col_value, ...), (col_value, col_value, ...), ...)
     [STORED AS DIRECTORIES]
  [
   [ROW FORMAT row_format]
   [STORED AS file_format]
     | STORED BY 'storage.handler.class.name' [WITH SERDEPROPERTIES (...)]  -- (Note: Available in Hive 0.6.0 and later)
  ]
  [LOCATION hdfs_path]
  [TBLPROPERTIES (property_name=property_value, ...)]   -- (Note: Available in Hive 0.6.0 and later)
  [AS select_statement];   -- (Note: Available in Hive 0.5.0 and later; not supported for external tables)
```

图 3-19　Hive 建表语句模板

表 3-6 　Hive 建表关键字描述

关键字	描述
CREATE TABLE	创建一个指定名字的表,如果相同名字的表已经存在,则抛出异常;用户可以使用 IF NOT EXISTS 来规避这个异常
EXTERNAL	关键字可以让用户创建一个外部表,在建表的同时指定一个指向实际数据的路径(LOCATION)
COMMENT	为表和列添加注释
PARTITIONED BY	创建分区表,指定分区字段
CLUSTERED BY	创建分桶表,指定分桶字段
SORTED BY	字段分桶内排序字段
ROW FORMAT	指定行分隔符
SKEWED BY	指定数据倾斜字段
STORED AS	指定存储文件类型
LOCATION	指定在 HDFS 上的存储位置

1. 内部表与外部表

EXTERNAL 关键字是区分 HIVE 内部表与外部表的标志,未被 EXTERNAL 修饰的是内部表(MANAGED TABLE),被 EXTERNAL 修饰的为外部表(EXTERNAL TABLE)。

内部表与外部表的区别如表 3-7 所示。

表 3-7 　Hive 内部表与外部表的区别

比较项	内部表	外部表
数据	Hive 自身管理	HDFS 管理
数据存储位置	数据默认存储在 hive. metastore. warehouse. dir（默认:/user/hive/warehouse)	数据的存储位置由自己制定(如果没有 LOCATION,Hive 将在 HDFS 上的/user/hive/warehouse 文件夹下以外部表的表名创建一个文件夹,并将属于这个表的数据存放在这里)
删除表	内部表会直接删除元数据(metadata)及存储数据	删除外部表仅仅会删除元数据,HDFS 上的文件并不会被删除
修改表	对内部表的修改会将修改直接同步给元数据	对外部表的表结构和分区进行修改,则需要修复

下面来验证内部表与外部表的区别。

1) 数据准备

准备一部分测试数据,并上传到 node1 节点的 root 根目录下,次数据用于校验内部表与外部表的区别,数据格式如图 3-20 所示,共有 6 个字段,分隔符为英文逗号。

在 HDFS 上创建内部表与外部表数据的存放目录,并把测试数据上传到指定目录下,操作命令代码如下,执行结果如图 3-21 所示。

```
[root@node1 ~]# head -10 Iris.csv
1,5.1,3.5,1.4,0.2,Iris-setosa
2,4.9,3,1.4,0.2,Iris-setosa
3,4.7,3.2,1.3,0.2,Iris-setosa
4,4.6,3.1,1.5,0.2,Iris-setosa
5,5,3.6,1.4,0.2,Iris-setosa
6,5.4,3.9,1.7,0.4,Iris-setosa
7,4.6,3.4,1.4,0.3,Iris-setosa
8,5,3.4,1.5,0.2,Iris-setosa
9,4.4,2.9,1.4,0.2,Iris-setosa
10,4.9,3.1,1.5,0.1,Iris-setosa
[root@node1 ~]#
```

图 3-20 　测试数据格式

```
hdfs dfs -mkdir /managed_table
hdfs dfs -mkdir /external_table
hdfs dfs -put Iris.csv /managed_table
hdfs dfs -put Iris.csv /external_table
hdfs dfs -ls  /external_table
hdfs dfs -ls  /managed_table
```

```
[root@node1 ~]# hdfs dfs -mkdir /managed_table
[root@node1 ~]# hdfs dfs -mkdir /external_table
[root@node1 ~]# hdfs dfs -put Iris.csv /managed_table
[root@node1 ~]# hdfs dfs -put Iris.csv /external_table
[root@node1 ~]# hdfs dfs -ls  /external_table
Found 1 items
-rw-r--r--   3 root supergroup      5110 2021-06-20 17:53 /external_table/Iris.csv
[root@node1 ~]# hdfs dfs -ls  /managed_table
Found 1 items
-rw-r--r--   3 root supergroup      5110 2021-06-20 17:53 /managed_table/Iris.csv
[root@node1 ~]#
```

图 3-21　上传测试数据到 HDFS 指定目录

2) 创建内部表与外部表

进入 Hive 命令行模式,创建测试数据库,并在测试数据库下分别创建内部表"iris_managed"和外部表"iris_external",代码如下。

```
#创建数据库
CREATE DATABASE hivetest;
#使用数据库
USE hivetest;
#创建内部表
CREATE   TABLE iris_managed(
id string,
sepal_length double,
sepal_width double,
petal_length double,
petal_width double,
class string)
ROW FORMAT DELIMITED FIELDS TERMINATED BY ',';
```

```
#创建外部表
CREATE EXTERNAL TABLE iris_external(
id string,
sepal_length double,
sepal_width double,
petal_length double,
petal_width double,
class string)
ROW FORMAT DELIMITED FIELDS TERMINATED BY ','
LOCATION "hdfs:///external_table/";
```

运行结果如图 3 - 22 所示。

```
hive>
    >
    > CREATE DATABASE hivetest;
OK
Time taken: 0.024 seconds
hive> USE hivetest;
OK
Time taken: 0.013 seconds
hive> CREATE  TABLE iris_managed(
    > id string ,
    > sepal_length double,
    > sepal_width double,
    > petal_length double,
    > petal_width double,
    > class string )
    > ROW FORMAT DELIMITED FIELDS TERMINATED BY ',' ;
OK
Time taken: 0.089 seconds
hive> CREATE EXTERNAL TABLE iris_external(
    > id string ,
    > sepal_length double,
    > sepal_width double,
    > petal_length double,
    > petal_width double,
    > class string )
    > ROW FORMAT DELIMITED FIELDS TERMINATED BY ','
    > LOCATION "hdfs:///external_table/";
OK
Time taken: 0.052 seconds
hive>
```

图 3 - 22　创建内部表和外部表运行结果

3）加载数据

外部表创建完成之后，会自动读取 Location 指定目录下的数据，将数据加载到表中，外部表则需要手动进行加载，加载命令代码如下。

```
LOAD DATA INPATH "hdfs:///managed_table/Iris.csv" INTO TABLE iris_managed;
```

在内部表数据加载完成后,验证一下数据是否加载成功,即表中是否有数据。进行查询,如出现图 3-23 所示的内容,则表明数据已经加载成功了。

【知识拓展】

Hive 加载数据的命令格式为

LOAD DATA [LOCAL] INPATH 'filepath' [OVERWRITE] INTO TABLE tablename [PARTITION (partcol1=val1, partcol2=val2 ...)]

使用 LOCAL 关键字,会从本地文件系统目录中加载数据文件。

使用 OVERWRITE 关键字,会直接覆盖表中的原有数据。

```
hive> select * from iris_managed limit 10;
OK
1       5.1     3.5     1.4     0.2     Iris-setosa
2       4.9     3.0     1.4     0.2     Iris-setosa
3       4.7     3.2     1.3     0.2     Iris-setosa
4       4.6     3.1     1.5     0.2     Iris-setosa
5       5.0     3.6     1.4     0.2     Iris-setosa
6       5.4     3.9     1.7     0.4     Iris-setosa
7       4.6     3.4     1.4     0.3     Iris-setosa
8       5.0     3.4     1.5     0.2     Iris-setosa
9       4.4     2.9     1.4     0.2     Iris-setosa
10      4.9     3.1     1.5     0.1     Iris-setosa
Time taken: 0.094 seconds, Fetched: 10 row(s)
hive> select * from iris_external limit 10;
OK
1       5.1     3.5     1.4     0.2     Iris-setosa
2       4.9     3.0     1.4     0.2     Iris-setosa
3       4.7     3.2     1.3     0.2     Iris-setosa
4       4.6     3.1     1.5     0.2     Iris-setosa
5       5.0     3.6     1.4     0.2     Iris-setosa
6       5.4     3.9     1.7     0.4     Iris-setosa
7       4.6     3.4     1.4     0.3     Iris-setosa
8       5.0     3.4     1.5     0.2     Iris-setosa
9       4.4     2.9     1.4     0.2     Iris-setosa
10      4.9     3.1     1.5     0.1     Iris-setosa
Time taken: 0.076 seconds, Fetched: 10 row(s)
hive>
```

图 3-23　校验内部表与外部表数据

4）验证

查看 HDFS 上数据可以发现，"/external_table"目录下的数据文件依然存在，而"/managed_table"目录下的数据已经不存在了，已经被移到了"/user/hive/warehouse/hivetest.db/iris_managed"目录下，如图 3-24 所示。

```
[root@node1 ~]# hdfs dfs -ls /external_table
Found 1 items
-rw-r--r--   3 root supergroup        5050 2021-06-20 18:49 /external_table/Iris.csv
[root@node1 ~]# hdfs dfs -ls /managed_table
[root@node1 ~]# hdfs dfs -ls /user/hive/warehouse/hivetest.db/iris_managed
Found 1 items
-rwxr-xr-x   3 root supergroup        5050 2021-06-20 18:50 /user/hive/warehouse/hivetest.db/iris_managed/Iris.csv
[root@node1 ~]#
```

图 3-24　验证内部表与外部表数据位置

接下来，我们把 Hive 中的"iris_managed"表与"iris_external"表都删除，代码如下。再次查看 HDFS 上面文件，发现"/external_table"目录下的数据文件依然存在，而"/user/hive/warehouse/hivetest.db/iris_managed"目录已经不存在了，如图 3-25 所示，这就表明了外部表的数据是由 HDFS 来进行管理的，Hive 只是管理的外部表的元数据，在 Hive 中删除外部表，删除的仅仅是元数据，而外部表的原始数据并不会被删除；内部表的数据与元数据都是由 Hive 来进行管理的，一旦删除内部表，元数据和数据都会被删除。

```
drop table iris_managed;
drop table iris_external;
```

```
[root@node1 ~]#  hdfs dfs -ls /external_table
Found 1 items
-rw-r--r--   3 root supergroup        5050 2021-06-20 18:49 /external_table/Iris.csv
[root@node1 ~]# hdfs dfs -ls /user/hive/warehouse/hivetest.db
[root@node1 ~]#
```

图 3-25　验证内部表与外部表删除表的区别

2. 分区表

在 Hive Select 查询中会扫描整个表内容，这会消耗很多时间做不必要的工作。有时候只需要扫描表中的一部分数据，因此建表时引入了 Partition 分区概念。

分区表是指在创建表时指定 Partition 的分区空间。一个表可以拥有一个或者多个分区，每个分区以文件夹的形式单独存在表文件夹的目录下。表和列名不区分大小写。分区是以字段的形式在表结构中存在，通过 Desc Table 命令可以查看到字段存在，但是该字段不存放实际的数据内容，仅仅是分区的表示。

1）创建分区表

我们首先在 Hive 中创建一张分区表，使用的还是"Iris. csv"数据，并指定日期分区"date_s"，代码如下。

```
CREATE   TABLE iris_partiton(
id string,
sepal_length double,
sepal_width double,
petal_length double,
petal_width double,
class string)
PARTITIONED BY(date_s string)
ROW FORMAT DELIMITED FIELDS TERMINATED BY ',' ;
```

【注意事项】

　　分区字段在表中不可存在，否则会抛出异常。

2）加载数据

想要往分区表中加载数据，必须给加载的数据指定一个分区字段，把"Iris. csv"的数据加载的分区表中，并指定"date_s"分区字段的值为"20010101"，本次加载使用"LOCAL"关键字，从本地文件系统中加载数据文件，代码如下。

```
LOAD DATA LOCAL INPATH "/root/Iris. csv" INTO TABLE iris_partiton PARTITION
(date_s = "20010101");
```

加载成功之后，查看一下分区表的数据，发现比之前多了一个分区字段，如图 3 - 26所示。

在数据加载完成后，为了更直观地查看分区表存放的目录，可以使用 HDFS 提供的

```
hive> CREATE  TABLE iris_partiton(
    > id string ,
    > sepal_length double,
    > sepal_width double,
    > petal_length double,
    > petal_width double,
    > class string )
    > PARTITIONED BY(date_s string)
    > ROW FORMAT DELIMITED FIELDS TERMINATED BY ',' ;
OK
Time taken: 0.059 seconds
hive> LOAD DATA LOCAL INPATH "/root/Iris.csv" INTO TABLE iris_partiton PARTITION(date_s="20010101");
Loading data to table hivetest.iris_partiton partition (date_s=20010101)
OK
Time taken: 0.697 seconds
hive> select * from iris_partiton limit 10;
OK
1      5.1      3.5      1.4      0.2      Iris-setosa      20010101
2      4.9      3.0      1.4      0.2      Iris-setosa      20010101
3      4.7      3.2      1.3      0.2      Iris-setosa      20010101
4      4.6      3.1      1.5      0.2      Iris-setosa      20010101
5      5.0      3.6      1.4      0.2      Iris-setosa      20010101
6      5.4      3.9      1.7      0.4      Iris-setosa      20010101
7      4.6      3.4      1.4      0.3      Iris-setosa      20010101
8      5.0      3.4      1.5      0.2      Iris-setosa      20010101
9      4.4      2.9      1.4      0.2      Iris-setosa      20010101
10     4.9      3.1      1.5      0.1      Iris-setosa      20010101
Time taken: 0.124 seconds, Fetched: 10 row(s)
hive>
```

图 3-26　查看分区表数据

web UI 界面,如图 3-27 所示,可以看到分区"date_s＝20010101"被单独创建了一个目录,在进行查询的时候,可以通过指定查询条件"date_s＝20010101"来缩小查询范围。

/user/hive/warehouse/hivetest.db/iris_partiton								Go!
Permission	Owner	Group	Size	Last Modified	Replication	Block Size	Name	
drwxr-xr-x	root	supergroup	0 B	2021/6/20下午7:47:25	0	0 B	date_s=20010101	

Hadoop, 2017.

图 3-27　查看 HDFS 上分区目录

3. 分桶表

对于每一个表(table)或者分区,Hive 可以进一步组织成桶,桶是更细粒度的数据范围划分。Hive 也是针对某一列进行桶的组织。Hive 采用对列值哈希,然后除以桶的个数求余的方式决定该条记录存放在哪个桶当中。把表(或者分区)组织成桶(Bucket)有两个理由:

(1) 获得更高的查询处理效率。桶为表加上了额外的结构,Hive 在处理有些查询时能利用这个结构。具体而言,连接两个在(包含连接列的)相同列上划分了桶的表,可以使用 Map 端连接(Map-side join)得以高效实现。比如 JOIN 操作。对于 JOIN 操作两个表有一个相同的列,如果对这两个表都进行了桶操作。那么将保存相同列值的桶进行 JOIN 操作就可以,可以大大减少 JOIN 的数据量。

(2) 使取样更高效。在处理大规模数据集时,在开发和修改查询的阶段,如果能在数据集的一小部分数据上试运行查询,会带来很多方便。

创建一张分桶表"iris_cluster",并指定分 3 个桶,把"iris_partition"表的数据进行分桶加载到表"iris_cluster"中去,代码如下。

```
CREATE   TABLE iris_cluster(
id string,
sepal_length double,
sepal_width double,
petal_length double,
petal_width double,
class string)
CLUSTERED BY(id)   into 3 buckets
ROW FORMAT DELIMITED FIELDS TERMINATED BY ',';

INSERT INTO TABLE iris_cluster
SELECT id, sepal_length, sepal_width, petal_length, petal_width, class FROM
iris_partition;
```

【注意事项】

进行分桶的字段必须是表中存在的字段,如若不存在,会抛出异常。

进行分桶操作会执行 MapReduce 程序,当 MapReduce 程序执行完成后,可以到 HDFS 上查看分桶结果,如图 3-28 所示。

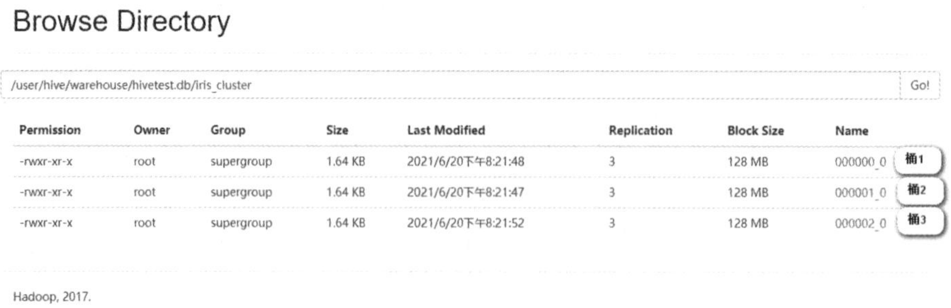

Browse Directory

/user/hive/warehouse/hivetest.db/iris_cluster								Go!
Permission	Owner	Group	Size	Last Modified	Replication	Block Size	Name	
-rwxr-xr-x	root	supergroup	1.64 KB	2021/6/20下午8:21:48	3	128 MB	000000_0	桶1
-rwxr-xr-x	root	supergroup	1.64 KB	2021/6/20下午8:21:47	3	128 MB	000001_0	桶2
-rwxr-xr-x	root	supergroup	1.64 KB	2021/6/20下午8:21:52	3	128 MB	000002_0	桶3

Hadoop, 2017.

图 3-28　分桶结果

【知识拓展】

　在表中插入数据语句规范为

INSERT INTO TABLE tablename1 [PARTITION (partcol1＝val1，partcol2＝val2 ...)] select_statement1 FROM from_statement;

　可以通过查询的方式将其他表中的数据插入到新表中。

3.4 大数据处理技术应用

3.4.1 道路交通信息分析

　　交警理念从大数据存储转向大数据分析，大中型城市卡口每天产生的海量数据可以深度挖掘的领域非常多，但目前市面上的产品极少能够实现深度挖掘，本次主要利用海量卡口数据对交通流和通行机动车辆维度进行研判，主要面向政府、交警实战业务进行研判分析，是有辅助决策效果的研判分析系统。

　　本次任务针对卡口、电子警察和汽车电子标识采集到的海量通行过车数据的基础上进行深度挖掘研判分析，主要包括交通态势监测、机动车总量研判分析、机动车出行频度研判等功能模块。

3.4.2 数据存储解决方案

　　本次案例共有某市交通数据 479 453 条，字段分隔符为英文逗号，将使用 HDFS 进行数据存储，使用 Hive 进行数据分析与统计。

　　首先，确定数据格式，道路交通信息的数据定义如表 3-8 所示。

表 3-8　道路交通信息数据字典

字段名称	字段含义	字段示例
GSID	卡口 ID	3701060004,
CARPLATE	车牌	鲁 P14961,
PLATECOORD	号牌种类	02,
PASSTIME	通过时间	2012 - 10 - 04 16:44:13 001,
CARBRAND	车辆品牌	99,
CARCOLOR	车身颜色	05,
PLATECOLOR	号牌颜色	1,
SPEED	车速	42,
DRIVEDIR	行驶方向	1,
CARSTATE	车辆状态	1,

续表

字段名称	字段含义	字段示例
IMGID1	图片路径	http://172.17.1.57:8888/1_2407/20/1/24927213404,
null1	空值	null,
null2	空值	null,
DRIVEWAY	车道	2,
LOCATIONID	地点编码	610660000000,
CAPTUREDIR	设备抓拍方向	1

数据已上传 node1 节点的"/root"目录,我们需要将数据放到 HDFS 的"/traffic_analysis",如图 3-29 所示。

```
[root@node1 ~]# hdfs dfs -mkdir -p /traffic_analysis
[root@node1 ~]# hdfs dfs -put HTraffic.txt /traffic_analysis
[root@node1 ~]# hdfs dfs -ls /traffic_analysis
Found 1 items
-rw-r--r--   3 root supergroup   92139371 2021-06-20 21:55 /traffic_analysis/HTraffic.txt
[root@node1 ~]#
```

图 3-29　上传案例数据到 HDFS

代码:创建 Hive
数据库

在 Hive 中创建数据库表,并把数据加载到 Hive 表中,相关代码可通过扫描二维码获取。

【知识拓展】

在 Hive 中查询数据,不会显示数据字段名称,并且格式错乱,但只需要执行以下两条配置,便可以解决。

set hive.cli.print.header=true;

et hive.resultset.use.unique.column.names=false;

3.4.3　数据统计与查询

根据数据统计,本次需要实现的需求有 4 个。

1. 全市机动车统计信息

全市机动车统计信息分别有以下几点。

(1) 全天过车流量,当天(0:00～当前时刻)的卡点过车流量或历史全天的卡点过车流量。

(2) 卡点数,域内所有上报车辆信息的卡点总数。

(3) 全天机动车总量,当天(0:00～当前时刻)的机动车总量。

（4）外埠机动车总量，当天（0：00～当前时刻）的外埠机动车总量。

（5）8：00～9：00高峰期机动车总量。

由于本次统计需要按天（日期）进行统计，所以我们需要把数据中的日期信息提取出来作为分区字段，以便于接下来的分析，相关代码可通过扫描二维码获取。

代码：提取日期信息

分区表创建成功之后，可以到HDFS上查看分区结果，如图3-30所示，数据已经按照日期进行分区。

Browse Directory

/user/hive/warehouse/traffic_analysis.db/traffic_data_partition   Go!

Permission	Owner	Group	Size	Last Modified	Replication	Block Size	Name
drwxr-xr-x	root	supergroup	0 B	2021/6/20下午10:48:13	0	0 B	datetime=2012-10-04
drwxr-xr-x	root	supergroup	0 B	2021/6/20下午10:48:13	0	0 B	datetime=2012-10-05
drwxr-xr-x	root	supergroup	0 B	2021/6/20下午10:48:12	0	0 B	datetime=2012-10-06
drwxr-xr-x	root	supergroup	0 B	2021/6/20下午10:48:12	0	0 B	datetime=2012-10-07
drwxr-xr-x	root	supergroup	0 B	2021/6/20下午10:48:13	0	0 B	datetime=2012-10-08
drwxr-xr-x	root	supergroup	0 B	2021/6/20下午10:48:13	0	0 B	datetime=2012-10-09
drwxr-xr-x	root	supergroup	0 B	2021/6/20下午10:48:13	0	0 B	datetime=2012-10-10
drwxr-xr-x	root	supergroup	0 B	2021/6/20下午10:48:13	0	0 B	datetime=2012-10-11
drwxr-xr-x	root	supergroup	0 B	2021/6/20下午10:48:13	0	0 B	datetime=2012-10-12
drwxr-xr-x	root	supergroup	0 B	2021/6/20下午10:48:13	0	0 B	datetime=2012-10-13
drwxr-xr-x	root	supergroup	0 B	2021/6/20下午10:48:13	0	0 B	datetime=2012-10-14
drwxr-xr-x	root	supergroup	0 B	2021/6/20下午10:48:13	0	0 B	datetime=2012-10-15
drwxr-xr-x	root	supergroup	0 B	2021/6/20下午10:48:13	0	0 B	datetime=2012-10-16
drwxr-xr-x	root	supergroup	0 B	2021/6/20下午10:48:13	0	0 B	datetime=2012-10-17
drwxr-xr-x	root	supergroup	0 B	2021/6/20下午10:48:12	0	0 B	datetime=2012-10-18
drwxr-xr-x	root	supergroup	0 B	2021/6/20下午10:48:13	0	0 B	datetime=2012-10-19
drwxr-xr-x	root	supergroup	0 B	2021/6/20下午10:48:13	0	0 B	datetime=2012-10-20

图3-30 数据动态分区结果

【知识拓展】

Hive中的"case when then else end"是条件判断函数，用法如下。

CASE

WHEN 条件表达式 THEN 值1

［WHEN 条件表达式 ［and or］条件表达式 THEN 值2］*

［ELSE 值］

END

举例：

当"gender"字段值为"男"时，返回1，否则返回0

case when gender='男' then 1 else 0 end

代码：计算总数量

开始计算全天过车数量、卡点数量、全天机动车总量、外埠机动车总量、8:00～9:00机动车总量，相关代码可通过扫描二维码获取。

数据统计完成后，可以查看数据分析结果，如图3-31所示，可以看到测试数据分布不均匀，大部分数据都集中在"2012-10-20"这一天。

```
hive> select * from traffic_count;
OK
daycount       kadian  daycar  waibu   8to9_car        passdate
25      1       23      0       0       2012-10-04
240     1       221     21      5       2012-10-05
401     1       353     39      26      2012-10-06
435     1       395     33      27      2012-10-07
582     2       518     57      48      2012-10-08
587     1       508     62      55      2012-10-09
800     1       655     138     63      2012-10-10
1003    1       786     180     85      2012-10-11
408     1       291     125     54      2012-10-12
288     1       173     111     18      2012-10-13
307     1       195     114     22      2012-10-14
392     1       281     118     31      2012-10-15
356     1       259     102     32      2012-10-16
488     2       355     144     34      2012-10-17
383     1       280     117     39      2012-10-18
420     2       302     120     42      2012-10-19
472526  58      258009  40940   45983   2012-10-20
Time taken: 0.05 seconds, Fetched: 17 row(s)
hive>
```

图3-31　全天过车辆等数据统计语句运行结果

代码：统计每天各个
时间段内的通行
机动车总量

2. 每天各时间段（按小时划分）通行机动车总量

想要统计每天各个时间段内的通行机动车总量，需要将"TIME"字段中的小时字段提取出来，并进行分组聚合，相关代码可以通过扫描二维码获取。

处理完成之后可以查看运行结果，如图3-32所示。

```
hive> select * from traffic_time_hours;
OK
passdate        0to1_car        1to2_car        2to3_car        3to4_car        4to5_car        5to6_car        6to7_car        7to8_car        8to9_car        9to10_car       10to11_car      11to12_car      12to13_car
r       19to20_car      20to21_car      21to22_car      22to23_car      23to24_car
2012-10-04      0       0       0       0       0       0       0       0       3       7       4       2       3       1
2012-10-05      0       4       0       0       4       5       10      21      10      15      9       11      13      4
2012-10-06      8       1       1       7       3       14      23      21      23      23      37      27      16      10
2012-10-07      5       3       7       0       4       11      26      27      32      42      30      19      12      10
2012-10-08      0       0       1       0       13      32      48      40      110     15      24      64      34      17
2012-10-09      2       1       4       0       0       24      41      55      57      42      31      38      37      37
2012-10-10      3       0       3       0       2       22      59      63      82      48      43      46      55      57
2012-10-11      2       0       0       5       3       42      55      85      44      76      76      64      59      76
2012-10-12      2       2       6       8       4       0       38      81      54      30      19      19      15      14
2012-10-13      0       0       1       4       0       0       20      28      19      17      17      20      26      21
2012-10-14      2       0       6       0       0       17      33      31      27      36      22      17      25      26
2012-10-15      0       1       1       0       1       17      30      34      112     14      21      28      26      24
2012-10-16      0       4       5       0       0       17      30      34      112     14      21      28      26      24
2012-10-18      0       0       1       2       1       15      30      39      25      16      21      28      26      24
2012-10-19      0       0       4       1       0       16      30      42      16      14      34      48      21      25
2012-10-20      3100    3144    2891    4939    5583    11452   21500   33705   45983   51970   21622   21366   21126   19792
Time taken: 0.107 seconds, Fetched: 17 row(s)
hive>
```

图3-32　按小时统计通行机动车运行结果

3. 按天统计本省外市出行机动车数量

本省外市机动车，即车牌号为"鲁"，但是又不归属于济南市的车辆，首先需要了解山东省各市车牌的分布情况，如表3-9所示。

表 3-9 山东车牌分布情况表

车牌开头	归属地	车牌开头	归属地	车牌开头	归属地
鲁 A	济南	鲁 B	青岛	鲁 C	淄博
鲁 D	枣庄	鲁 E	东营	鲁 F	烟台
鲁 G	潍坊	鲁 H	济宁	鲁 J	泰安
鲁 K	威海	鲁 L	日照	鲁 M	滨州
鲁 N	德州	鲁 P	聊城	鲁 Q	临沂
鲁 R	菏泽	鲁 S	莱芜	鲁 U	青岛增补
鲁 Y	烟台增补	鲁 W	省直机关职工私家车 归为济南		

想要统计本省外市机动车,需要创建一张中间表,以方便接下来的统计,相关代码可以扫描二维码获取。

通过直接查询中间表的方式,按天统计本省外市出行机动车数量,相关代码可以扫描二维码获取。

统计完成后,查看结果数据,如图 3-33 所示。

代码:创建中间表　　代码:查询中间表

```
hive> select * from traffic_belongplace_province;
OK
passdate    count   waishi  jinan   qingdao weihai  yantai  zibo    zhaozhuang      dongying        weifang jining  taian   rizhao  laiwu   dezhou  liaocheng       linyi   heze    wupai   junqv
2012-10-04  23      1       22      0       0       0       0       0       0       0       0       0       0       0       0       0       0       0
2012-10-05  221     23      189     3       0       1       0       0       0       3       2       0       1       3       1       0       0       0
2012-10-06  353     31      316     1       1       0       4       0       1       1       3       2       1       6       1       2       1       0
2012-10-07  395     43      342     6       0       0       1       0       0       4       4       0       0       1       5       2       3       0
2012-10-08  518     51      451     6       1       0       1       1       0       0       4       1       0       1       6       3       3       0
2012-10-09  508     45      451     5       3       3       3       0       0       1       5       0       0       1       1       0       3       0
2012-10-10  655     57      577     8       2       4       7       2       0       1       3       5       2       1       7       1       3       0
2012-10-11  786     79      687     9       1       3       4       2       2       4       4       13      2       1       4       1       7       0
2012-10-12  291     23      256     1       0       0       3       2       0       0       1       1       0       0       1       0       3       0
2012-10-13  173     14      156     2       1       0       0       1       0       0       0       0       0       1       1       0       0       0
2012-10-14  195     19      171     5       1       3       0       0       0       0       2       0       0       0       1       1       0       0
2012-10-15  281     33      233     6       1       2       1       0       1       0       3       0       0       2       5       4       2       0
2012-10-16  259     34      216     4       2       0       1       1       0       3       0       3       0       0       5       0       1       0
2012-10-17  355     26      311     3       1       1       1       0       0       0       0       3       0       1       5       1       2       0
2012-10-18  280     29      233     5       2       1       3       0       0       0       2       1       0       1       3       1       1       0
2012-10-19  302     22      269     2       1       0       1       1       0       0       0       1       0       0       1       1       0       0
2012-10-20  258009  32785   191059  2031    1094    1396    2848    1571    1295    1094    2245    3502    669     1884    3913    2541    1174    1536    1       232
Time taken: 0.063 seconds, Fetched: 17 row(s)
hive>
```

图 3-33 查看本省外市出行机动车数量

4. 近 30 天本省外市出行机动车分布

想要统计近 30 天本省外市出行机动车分布情况,需要使用"date_sub"函数 将日期往前推 30 天,相关代码可以扫描二维码获取。

统计完成之后,查看结果数据,如图 3-34 所示。

代码:统计近 30 天本省外市出行机动车分布情况

```
hive> select * from Vehicle_other_city_Month;
OK
passdate    qingdao weihai  yantai  zibo    zhaozhuang      dongying        weifang jining  taian   rizhao  laiwu   dezhou  liaocheng       linyi   heze    wupai   junqv
2012-10-04  0       0       0       0       0       0       0       0       0       0       0       0       0       0       0       0
2012-10-05  3       0       1       0       0       0       3       2       0       1       3       2       2       1       0       1
2012-10-06  1       1       0       4       0       1       1       3       2       1       6       1       2       1       0       0
2012-10-07  6       0       2       1       0       0       4       4       0       0       1       5       2       3       0       0
2012-10-08  6       1       0       3       1       1       0       4       1       0       1       6       3       3       0       0
2012-10-09  5       3       3       3       0       0       3       1       5       0       0       1       1       0       3       0
2012-10-10  8       2       4       7       2       0       4       3       5       2       1       7       1       3       0       0
2012-10-11  9       1       3       4       2       2       4       4       13      2       1       4       1       7       0       0
2012-10-12  1       0       0       3       0       0       1       1       0       0       0       1       0       3       0       0
2012-10-13  2       1       0       0       1       0       0       0       0       1       1       0       0       0       0       0
2012-10-14  5       1       3       0       0       0       2       0       0       0       1       1       0       0       0       0
2012-10-15  6       2       1       2       0       1       0       3       0       0       2       5       4       2       0       0
2012-10-16  4       2       0       1       1       0       3       0       3       0       0       5       0       1       0       0
2012-10-17  3       1       1       0       0       0       0       3       0       1       5       1       2       0       0       0
2012-10-18  5       2       1       3       0       0       2       1       0       1       3       1       1       0       0       0
2012-10-19  2       1       0       1       1       0       0       0       1       0       0       1       1       0       0       0
2012-10-20  2031    1094    1396    2848    1571    1295    1094    2245    3502    669     1884    3913    2541    1174    1536    1       232
Time taken: 0.065 seconds, Fetched: 17 row(s)
hive>
```

图 3-34 查看近 30 天本省外市出行机动车分布结果

【知识拓展】

Hive 中的"date_sub"函数可以从日期减去指定的天数,用法如下。

date_sub(date,days)

举例:

2021-06-20 往前推一周时间的写法为:

date_sub("2021-06-20",7)

将会返回"2021-06-13"

习 题

1. 以下不属于 Hive 复杂数据类型的是(　　)。

A. MAP　　　　B. DOUBLE　　　　C. ARRAY　　　　D. STRUCT

2. 简述 Flume 的数据采集流程。

第4章

基于 Python 的数据处理技术

本章知识点

（1）了解网络爬虫与数据采集的概念。

（2）理解 NumPy 数值计算库。

（3）理解 Pandas 数据分库。

（4）掌握网络爬虫与数据采集的方法。

（5）掌握 NumPy 和 Pandas 应用。

网络爬虫，顾名思义，就是从互联网上采集数据的一种软件程序。与之紧密相关的工作流程有数据采集、数据存储和数据处理。本章通过网络爬虫以及数据采集的简单代码实现去理解网络爬虫、数据采集的基本概念及方法。

4.1 网络爬虫与数据采集

4.1.1 网络爬虫

网络爬虫是一种数据采集的主要方式，也是通过网络获取数据信息的主要手段和工具。谈起网络爬虫，离不开搜索引擎，搜索引擎是伴随互联网的发展而产生和发展的，几乎每个人上网都会使用搜索引擎，例如百度就是大家常用的搜索引擎。搜索引擎的工作过程可以简单视为从互联网上抓取信息、建立索引、搜索信息三个部分，而抓取信息的主要方式就是网络爬虫。

网络爬虫，又称为网络蜘蛛，是一种按照一定的规则，自动地抓取互联网信息的程序或者脚本。网络蜘蛛（Web Spider）是一个非常形象的名字，把互联网比喻成一个蜘蛛网，那么 Spider 就是在网上爬来爬去的蜘蛛。网络蜘蛛是通过网页的链接地址来寻找网页，从网站某一个页面（通常是首页）开始，读取网页的内容，找到在网页中的其他链接地址，然后通过这些链接地址寻找下一个网页，这样一直循环下去，直到把这个网站所有的网页都抓取完为止。如果把整个互联网当成一个网站，那么网络蜘蛛就可以用这个原理把互联网上所有的网页都抓取下来。这样看来,网络蜘蛛就是一个爬行程序,一个抓取网页的程序。网络蜘蛛实际上是一种电脑"机器人"(Computer Robot),专门用于检索信息的"机器人"程序,就像蜘蛛一样在网络间爬来爬去,反反复复,不知疲倦。所以,网络爬虫也叫网络机器人。网络爬虫除了通过页面进行数据采集,也可以通过各种网络接口采集数据,例如通过 Restful API 接口访问数据,这样获取的数据格式更加规范,也更加易于处理。

有网络爬虫就有反爬虫。有些网站为了避免数据被爬取,会采用各种各样的反爬虫措施。反爬虫技术主要分为两个环节,一是识别爬虫;二是对爬取信息做出限制。对应我们的网站也可以设置网络爬虫的规则,这里就涉及 Robots 协议。

Robots 协议(也称为爬虫协议、机器人协议等)的全称是网络爬虫排除标准(Robots Exclusion Protocol),网站通过 Robots 协议告诉搜索引擎哪些页面可以抓取,哪些页面不能抓取。其目的是保护网站数据和敏感信息,确保用户个人信息和隐私不被侵犯。robots.txt 是一种存放于网站根目录下的 ASCII 编码的文本文件,对搜索引擎访问的内容进行限制。

为什么需要 Robots 协议呢?互联网上的网页是通过超级链接互相关联起来的,从而形成了网页的网状结构。爬虫的工作方式就像蜘蛛在网上沿着链接爬来爬去,对于网站的管理者来说,就存在这样的需求,某些路径下是个人隐私或者网站管理使用,不想被搜索引擎抓取,比如说商品数据;网站内容的所有者是网站管理员,搜索引擎应该尊重所有者的意愿,为了满足以上要求,就需要提供一种网站和爬虫进行沟通的途径,给网站管理员表达自己意愿的机会。那么 Robots 协议就此诞生,通过 Robots 协议设置允许网络爬虫爬取信息的权限和范围。

4.1.2 数据采集

数据采集的概念更宽泛,上节所述的网络爬虫只是数据采集的一种方式。数据采集是进行大数据分析的前提条件,也是必要条件,在整个流程中占据重要地位。数据采集的流程从网络爬虫的方式来讲涉及几个环节,一是通过网络爬虫爬取数据;二是爬取数据后,需要把数据存储起来;三是存储的数据进行数据的清洗;等等。

常见的数据采集方式有系统日志采集法、数据库采集、网络数据采集法以及其他数据采集法等。网络数据采集法就是本章网络爬虫涉及的内容。

系统日志采集法就是采集日志信息。在操作系统中,我们使用的各种应用与服务,大部分都有日志文件、系统日志、应用日志、安全日志等。例如,Linux 操作系统在服务器中应用非常广泛,Linux 有非常完备的日志管理系统,用于记录 Linux 操作系统中各种运行的消息。不同的日志文件记载了不同类型的信息,如 Linux 内核消息、用户登录事件、程序错误等。Linux 系统上运行的各种应用程序也提供日志管理,例如 Web 应用服务系统 Nginx 或者 Tomcat 应用,我们可以从 Nginx 或者 Tomcat 应用服务器中采集到每个访问用户的来源 IP 地址、访问时间、浏览的页面、用户使用的浏览器信息等,通过这些信息,我们可以用来通过页面点击量分析哪些页面更受用户喜欢。

【知识拓展】

　　Nginx：*Nginx*（engine x）是一个高性能的免费的开源 HTTP 和反向代理 web 服务器，同时也提供了 IMAP/POP3/SMTP 服务。简单来说，如果你想做一个 HTML 的静态网站，可以采用 Nginx 作 HTTP 服务器进行托管。

　　Tomcat：Tomcat 服务器也是一个免费的开放源代码的 Web 应用服务器，属于轻量级应用服务器，主要托管采用 Java 语言开发的 Web 应用系统。

　　数据库采集主要从数据库系统中采集数据，传统企业会使用传统的关系型数据库 MySQL 和 Oracle 等来存储数据。随着大数据时代的到来，Redis、MongoDB 和 HBase 等 NoSQL 数据库也常用于数据的采集。企业通过在采集端部署大量数据库，并在这些数据库之间进行负载均衡和分片，来完成大数据采集工作。关于数据库，我们知道有关系型数据库和非关系型数据库之分，关系型数据库的数据结构定义是严格和约束严谨的，数据存储的单元是数据库表，数据库表有各种数据类型的字段，数据库表之间通过外键形成关系。我们把关系型数据库存储的数据称为结构化数据。非关系型数据库存储的是非结构化的数据，什么是非结构化的数据？我们常见的文档、图片、视频这类数据就是非结构化数据。互联网上浏览更多的就是这类数据，网络爬虫主要针对这类非结构化的数据。网络采集到的数据需要进行存储，就需要技术人员选择存储的方式，是选择关系型数据库还是非关系型数据库，需要技术人员对这两种不同类型的数据库优势、劣势非常清楚才能做出合理和正确的选型。

　　其他数据采集包括感知设备数据采集，通过传感器，摄像头和其他智能终端自动采集信号、图片或录像来获取数据等。

4.1.3　网络爬虫与数据采集相关知识

　　本节从网络上爬取未来 7 天的天气数据，通过代码来展示网络爬虫和数据采集的过程，让读者能够通过代码扩展更多的概念，掌握一些入门的技术。主要涉及的知识有 Python 编程语言、网络请求、Restful API 编程接口、Python 网络相关软件模块等。下面逐一进行介绍。

　　1. Python 编程语言

　　Python 编程语言在大数据、人工智能技术中应用非常广泛，Python 代码实现相对简单，读者可以自行安装一个 Python 编程环境，通过代码来认识 Python，从而掌握最基本的 Python 语言程序结构。让我们认识一下基本的程序结构，代码示例如下。

```
# -*- coding:UTF-8 -*-
```

```
def say_hello():
  greet_string = "hello,world!" #定义一个字符串
  print(greet_string) #打印字符串
if __name__ == '__main__': #程序入口
    say_hello()
```

保存文件为 helloWorld. py,运行程序命令:python. \helloWorld. py,就会输出 hello, world! 字符串。在这个简单的程序中,我们定义了一个函数 say_hello(),在 main 主程序体中调用了该函数,并对程序做了部分的注释。

2. 网络请求

网络爬虫需要访问互联网,因此我们需要了解访问互联网所使用的协议 http、https、页面的请求(request)与响应(response)的概念。我们通过浏览器访问一个常用的网站(https://www.baidu.com)。打开浏览器开发者工具,访问截图如图 4-1 所示。

图 4-1　百度访问截图

通过开发者工具查看截图,我们可以看到请求网页的详细信息,例如,请求、响应的数据,可以查看到 cookie、session,也可以查询到网页使用的 css 样式文件、js 文件以及图片等数据。

刚才我们访问的详细地址是"https://www.baidu.com",使用的就是 HTTPS 协议。HTTP 和 HTTPS 是实现网络通信的网络协议,网络协议是计算机之间为了实现网络通

信而达成的一种"约定"或者"规则",有了这种"约定",不同厂商的生产设备,以及不同操作系统组成的计算机之间,就可以实现通信。超文本传输协议(Hyper Text Transfer Protocol,HTTP)是从WEB服务器传输超文本标记语言(HTML)到本地浏览器的传送协议。HTTP协议支持客户端/服务端模式,也是一种请求/响应模式的协议。请求方法常用的有GET、POST、PATCH、DELETE。从刚才请求的截图中就能看到采用的请求方法是GET。

HTTPS是HTTP协议的安全版本,HTTP协议的数据传输是明文的,不安全的,HTTPS使用了SSL/TLS协议进行了加密处理。HTTPS协议(HyperText Transfer Protocol over Secure Socket Layer),一般理解为HTTP+SSL/TLS,通过SSL证书来验证服务器的身份,并为浏览器和服务器之间的通信进行加密来实现数据的安全性。SSL(Secure Socket Layer,安全套接字层)为数据通信提供安全支持。HTTP和HTTPS使用连接方式不同,默认端口也不一样,HTTP是80,HTTPS是443。

通过开发者工具可以看到请求头和响应头,这是在网络请求、web前端开发中经常用到的知识。请求头是指客户端发送给服务器端的一些信息,使用键值对表示,常见的请求头及其含义如表4-1所示。响应头是用来说明响应的数据,也是使用键值对的形式,服务器端将信息以键值对的形式返回给客户端(见表4-2)。

表4-1 常见的请求头及其含义

常见请求头	描　述
Referer	浏览器通知服务器当前请求来自何处,如果是直接访问,则不会有这个头。常用于防盗链
If-Modified-Since	浏览器通知服务器本地缓存的最后变更时间,与另一个响应头组合控制浏览器页面的缓存
Cookie	与会话有关技术,用于存放浏览器缓存的cookie信息
User-Agent	浏览器通知服务器,客户端浏览器与操作系统相关信息
Connection	保持连接状态。Keep-Alive连接中,close已关闭
Host	请求的服务器主机名
Content-Length	请求体的长度
Content-Type	如果是POST请求,会有这个头,默认值为application/x-www-form-urlencoded,表示请求体内容使用url编码
Accept	浏览器可支持的MIME类型。文件类型的一种描述方式。 MIME格式:大类型/小类型[;参数] 例如: 　　text/html,html文件 　　text/css,css文件 　　text/javascript,js文件 　　image/*,所有图片文件
Accept-Encoding	浏览器通知服务器,浏览器支持的数据压缩格式。如:GZIP压缩
Accept-Language	浏览器通知服务器,浏览器支持的语言。各国语言(国际化i18n)

表 4-2　常见的响应头及其含义

常见请求头	描　述
Location	指定响应的路径,需要与状态码 302 配合使用,完成跳转
Content-Type	响应正文的类型(MIME 类型) 取值:text/html;charset=UTF-8
Content-Disposition	通过浏览器以下载方式解析正文 取值:attachment;filename=xx. zip
Set-Cookie	与会话相关技术。服务器向浏览器写入 cookie
Content-Encoding	服务器使用的压缩格式 取值:gzip
Content-length	响应正文的长度
Refresh	定时刷新,格式:秒数;url=路径。url 可省略,默认值为当前页 取值:3;url=www. itcast. cn　//三秒刷新页面到 www. itcast. cn
Server	指的是服务器名称,默认值:Apache-Coyote/1. 1,可以通过 conf/server. xml 配置进行修改,<Connector port="8080" ... server="itcast"/>
Last-Modified	服务器通知浏览器,文件的最后修改时间,与 If-Modified-Since 一起使用

3. RESTful API 接口与 JSON 数据格式

刚才了解了 HTTP、HTTPS 以及网络请求和响应的概念,我们进一步来了解访问接口的概念,这里介绍常用的 RESTful API 接口,以及使用到的 JSON 数据格式。要弄清楚什么是 RESTful API,首先要知道 REST 是什么。

1) 表示性状态转移(representation state transfer,REST)

用 URI 表示资源,用 HTTP 的方法(GET,POST,PUT,DELETE)表征对这些资源进行操作。

(1) Resource:资源,即数据,存在互联网上的可被访问的实体。

(2) Representation:数据的某种表现形式,如 HTML,JSON。

(3) State Transfer:状态变化,HTTP 方法实现。

RESTful API 就是 REST 风格的 API。现在终端平台多样,移动、平板、PC 等许多媒介向服务端发送请求后,如果不适用 RESTful API,需要为每个平台的数据请求定义相应的返回格式,以适应前端显示。但是 RESTful API 要求前端以一种预定义的语法格式发送请求,那么服务端就只需要定义一个统一的响应接口,不必像之前那样解析各种请求。

2) RESTful 是典型的基于 HTTP 的协议

RESTful 有以下设计原则和规范。

(1) 资源。首先要明确资源就是网络上的一个实体,可以是文本、图片、音频、视频。资源总是以一定的格式来表现自己。文本用 txt、html;图片用 JPG、JPEG 等。而 JSON 是 RESTful API 中最常用的资源表现格式。

(2) 统一接口。对于业务数据的 CRUD,RESTful 用 HTTP 方法与之对应。

(3) URI。统一资源标识符,它可以唯一标识一个资源。注意,URL(统一资源定位符)是一种 URI,因为它可以唯一标志资源。但 URL! =URI。应该说 URL 是 URI 的子集。因为 URL 使用路径来唯一标识资源,这只是唯一标识资源的一种方式。还可以用一个唯一编号来标识资源,如 example. html. fuce2da23。只不过这种方式并不被广泛使用。总之,要在概念上对 URL 和 URI 有所区分。

(4) 无状态。所谓无状态是指所有资源都可以用 URI 定位,而且这个定位与其他资源无关,不会因为其他资源的变动而变化。这里引入一个幂等性的概念,即无论一个操作被执行一次还是多次,执行后的效果都相同。比如对某资源发送 GET 请求,如果访问一次和访问十次获得的数据一样,那么就说这个请求具有幂等性。

3) JSON(JavaScript Object Notation) 是一种轻量级的数据交换格式

JSON 采用完全独立于语言的文本格式,这些特性使 JSON 成为理想的数据交换语言。易于人阅读和编写,同时也易于机器解析和生成。JSON 数据格式有两种结构。

(1) "名称/值"对的集合(A collection of name/value pairs)。不同的语言中,它被理解为对象(object)、记录(record)、结构(struct)、字典(dictionary)、哈希表(hash table)、有键列表(keyed list)或关联数组 (associative array)。示例:{ " firstName": " Jack", "lastName":"Smith", " email": "smith@xxx. com" }。

(2) 值的有序列表(An ordered list of values)。在大部分语言中,它被理解为数组(array)。

示例如下。

```
{ "people": [
{ "firstName": "Brett", "lastName":"McLaughlin", "email": "aaaa" },
{ "firstName": "Jason", "lastName":"Hunter", "email": "bbbb"},
{ "firstName": "Elliotte", "lastName":"Harold", "email": "cccc" }
]}
```

4) RESTful API 接口以及 JSON 数据格式

接下来我们了解如何调用一个 http 接口。这里有一个免费开放的天气应用程序接口(application programming interface,API),大家可以注册一个免费账号进行测试。接口代码如下。

```
https://www. tianqiapi. com/free/week? appid = 53487633&appsecret = eQs06GRV&city
= 北京
```

接口解释:① Url：https://www. tianqiapi. com/free/weekhttps://www. tianqiapi.

com/api；②方法(method)：GET；③请求的参数：appid、appsecret、city，其中，appid 和 appsecret 是注册用户的 ID 和密钥，用于安全认证使用。

我们采用 Postman 软件访问该接口，Postman 是一款非常不错的接口测试工具，支持几乎所有类型的 HTTP 请求，操作简单且方便。官网地址为 https://www. postman. com/downloads/。

查看返回结果，如图 4-2 所示。

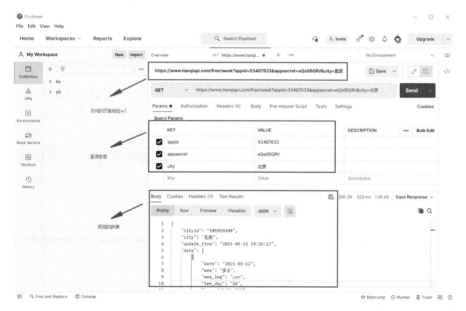

图 4-2　返回结果

4.1.4　网络爬虫及数据采集应用

本节主要介绍采用 Python 语言进行程序编写，使用 Python 网络请求模块进行网络请求，采集到的数据存储到本地 JSON 格式文件。数据源来自 http://tianqiapi. com/，通过网络请求获取未来 7 天的天气情况。本案例不采集所有城市的数据，仅选择 10 个城市采集未来 7 天的天气情况，城市包括：北京、上海、广州、深圳、南宁、桂林、天津、重庆、哈尔滨、拉萨。采集的接口如下：

请求地址(URL)为 https://tianqiapi. com/free/week

请求方法：GET

请求参数说明如表 4-3 所示。

表 4-3　请求参数说明

参数名	必选	类型	说明	备注(示例)
appid	是	string	用户 appid	需要注册免费账号，查看 appid
appsecret	是	string	用户 appsecret	需要注册免费账号，查看 appsecret

续表

参数名	必选	类型	说明	备注(示例)
cityid	否	string	城市 ID	请参考 城市 ID 列表
city	否	string	城市名称	不要带市和区，支持市区县，不支持乡镇级别；如:青岛、铁西
ip	否	string	IP 地址	查询 IP 所在城市天气
callback	否	string	jsonp 参数	如:jQuery. callbacks
vue	否	string	跨域参数	如果您使用的是 react、vue、angular 请填写值：1

响应参数说明如表 4-4 所示。

表 4-4　响应参数说明

参数名	类型	说明	备注
cityid	String	城市 ID	
city	String	城市名称	
update_time	String	更新时间	
date	String	预报日期	
wea	String	天气情况	
wea_img	String	天气对应图标	
tem_day	String	白天温度(高温)	
tem_night	String	白天温度(低温)	
win	String	风向	
win_speed	String	风力等级	

我们先采用 postman 软件工具测试一个城市接口,采集"北京"未来 7 天的天气情况:请求地址:

https://www. tianqiapi. com/free/week? appid ＝ 53487633&appsecret ＝ eQs06GRV&city＝北京

下面使用 Python 程序进行 10 个城市的数据采集,先简单写一个城市的数据采集代码,具体如下。

```
# -*- coding:UTF-8 -*-
import requests
if __name__ == '__main__':
url = 'https://www. tianqiapi. com/free/week? appid = 53487633&appsecret =
eQs06GRV&city = 北京'
response = requests.get(url = url).json()
print(response)
```

程序文件保存在本地,文件名称为 dataCollecting. py。这里需要解释几个知识点。

(1) Python 的程序运行体在前面介绍过,执行该程序首先需要 Python 运行环境,执行过程只需要一个命令:python. \dataCollecting. py。

(2) requests 模块 Python 的一个软件库,一个常用 HTTP 请求的模块,它使用 python 语言编写,可以方便地对网页进行爬取,是学习 Python 爬虫较好的 http 请求模块。安装也非常简单:pip install requests。

(3) json()是 Python 的内置函数,是把 Python 对象转化成 JSON 数据格式的函数。运行结果如下。

python. \dataCollecting. py

{'cityid': '101010100', 'city': ' 北京 ', 'update_time': '2021-05-12 17:54:01', 'data': [{'date': '2021-05-12', 'wea': ' 多云 ', 'wea_img': 'yun', 'tem_day': '26', 'tem_night': '15', 'win': ' 东北风 ', 'win_speed': '3－4 级转＜3 级 '}, {'date': '2021-05-13', 'wea': ' 多云 ', 'wea_img': 'yun', 'tem_day': '26', 'tem_night': '16', 'win': ' 东南风 ', 'win_speed': '3－4 级转＜3 级 '}, {'date': '2021-05-14', 'wea': ' 多云转阴 ', 'wea_img': 'yun', 'tem_day': '28', 'tem_night': '18', 'win': ' 东南风 ', 'win_speed': '3－4 级转＜3 级 '}, {'date': '2021-05-15', 'wea': ' 小雨 ', 'wea_img': 'yu', 'tem_day': '22', 'tem_night': '14', 'win': ' 北风 ', 'win_speed': '3－4 级 '}, {'date': '2021-05-16', 'wea': ' 多云转晴 ', 'wea_img': 'yun', 'tem_day': '25', 'tem_night': '15', 'win': ' 北风 ', 'win_speed': '＜3 级 '}, {'date': '2021-05-17', 'wea': ' 晴 ', 'wea_img': 'qing', 'tem_day': '28', 'tem_night': '14', 'win': ' 北风 ', 'win_speed': '＜3 级 '}, {'date': '2021-05-18', 'wea': ' 晴 ', 'wea_img': 'qing', 'tem_day': '28', 'tem_night': '16', 'win': ' 西南风 ', 'win_speed': '＜3 级 '}]}

目前只是调用了一个城市的数据,下面我们把北京、上海、广州、深圳、南宁、桂林、天津、重庆、哈尔滨、拉萨 10 个城市都采集一遍,并保存为 JSON 格式的文件,文件名 alldata. json,程序代码如下。

```
# - * - coding:UTF-8 - * -
import requests #导入 requests 模块
import json #导入 json 模块
if __name__ == '__main__':
```

```
cities = ['北京','上海','广州','深圳','南宁','桂林','天津','重庆',
'哈尔滨','拉萨'] #定义一个列表
 alldata = [] #定义一个空列表
 for city in cities:
    url = 'https://www.tianqiapi.com/free/week?appid = 53487633&appsecret =
eQs06GRV&city = '+ city
    response = requests.get(url = url).json()
    alldata.append(response) #增加一个列表元素
filename = 'alldata.json'
#把数据写入 alldata.json 本地文件
with open(filename,'w') as file_obj:
     json.dump(alldata,file_obj)
```

　　上面的程序增加了一些编程知识,选择 10 个城市定义为一个 list(列表)。编写了一段 for 循环,遍历 10 个城市,逐一采集相关城市的天气数据。这里使用了 Python 的 JSON 模块来编码和解码 JSON 对象,函数如表 4-5 所示。程序采用了 dump 函数将 Python 对象编码为 JSON 字符串。

表 4-5　JSON 模块的函数说明

函数	描述
json. dump	将 Python 对象编码成 JSON 字符串
json. load	将已编码的 JSON 字符串解码为 Python 对象

　　接下来,再写一个程序,读取刚才保存的 alldata.json 文件。程序代码如下。

```
# - * - coding:UTF-8 - * -
import json #导入 json 模块
if __name__ == '__main__': #主程序体
  filename = 'alldata.json'  #定义一个文件名
  with open(filename) as file_obj: #打开文件
    data = json.load(file_obj) #把 JSON 格式数据解码为 Python 对象
  print(data) #打印输出数据
```

以上两个程序使用了 Python 语言进行文件操作，即文件的写入和读取文件。

4.2 数据处理

数据处理有两个非常强大的 Python 软件库，一个是 NumPy，另一个是 Pandas。NumPy 是 Python 语言的一个扩充程序库，支持高级大量的维度数组与矩阵运算，此外也针对数组运算提供大量的数学函数库。Pandas 是基于 NumPy 的一种工具，该工具是为了解决数据分析任务而创建的。Pandas 纳入大量库和一些标准的数据模型，提供了高效操作大型数据集所需的工具。Pandas 提供了大量能使我们快速便捷地处理数据的函数和方法。

4.2.1 NumPy 数值计算库

NumPy 是一个功能强大的 Python 库，主要用于对多维数组执行计算。NumPy 这个词来源于 Numerical 和 Python 这两个单词。NumPy 可以帮助程序员轻松地进行数值计算。这类数值计算广泛用于以下任务。

（1）机器学习模型：在编写机器学习算法时，需要对矩阵进行各种数值计算。例如矩阵乘法、换位、加法等。NumPy 提供了一个非常好的库，用于简单（在编写代码方面）和快速（在速度方面）计算。NumPy 数组用于存储训练数据和机器学习模型的参数。

（2）图像处理和计算机图形学：计算机中的图像表示为多维数字数组。NumPy 成为同样情况下最自然的选择。实际上，NumPy 提供了一些优秀的库函数来快速处理图像。例如，镜像图像、按特定角度旋转图像等。

（3）数学任务：NumPy 对于执行各种数学任务非常有用，如数值积分、微分、内插、外推等。因此，当涉及数学任务时，它形成了一种基于 Python 的 MATLAB 的快速替代。

NumPy 的安装就像安装其他 Python 库一样简单，最快也是最简单的方法是在 shell 上使用以下命令：pip install numpy。

NumPy 围绕这些数组展开，创建数组的 4 种不同方法的代码如下。

```
a = np.array([0, 1, 2, 3, 4])
b = np.array((0, 1, 2, 3, 4))
c = np.arange(5)
d = np.linspace(0, 2 * np.pi, 5)
print(a) # >>>[0 1 2 3 4]print(b) # >>>[0 1 2 3 4]print(c) # >>>[0 1 2 3 4]print(d) # >>>[ 0.    1.57079633   3.14159265   4.71238898   6.28318531]
print(a[3]) # >>>3
```

最基本的方法是将序列传递给 NumPy 的 array()函数;可以传递任何序列(类数组),而不仅仅是常见的列表(list)数据类型。

请注意,当打印具有不同长度数字的数组时,会自动将它们填充出来,这对于查看矩阵很有用。对数组进行索引就像列表或任何其他 Python 序列一样。接下来我们将展示如何使用多维数组表示矩阵和更多的信息。

```
a = np.array([[11, 12, 13, 14, 15],
              [16, 17, 18, 19, 20],
              [21, 22, 23, 24, 25],
              [26, 27, 28 ,29, 30],
              [31, 32, 33, 34, 35]])
print(a[2,4]) # >>>25
```

为了创建一个 2D(二维)数组,我们传递一个列表的列表(或者是一个序列的序列)给 array()函数。如果我们想要一个 3D(三维)数组,我们就要传递一个列表的列表的列表,如果是一个 4D(四维)数组,那就是列表的列表的列表的列表,以此类推。请注意 2D 数组是如何按行和列排列的。要索引 2D 数组,我们只需引用行数和列数即可。

4.2.2 Pandas 数据分析库

Pandas 是基于 NumPy 的一种工具,该工具是为解决数据分析任务而创建的。Pandas 本质上是 Python 的一个数据分析包,最初由 AQR Capital Management 于 2008 年 4 月开发,并于 2009 年底开源出来。Pandas 最初被作为金融数据分析工具而开发出来,因此,Pandas 为时间序列分析提供了很好的支持。Pandas 的名称来自面板数据(panel data)和 Python 数据分析(data analysis)。panel data 是经济学中关于多维数据集的一个术语,在 Pandas 中也提供了 panel 的数据类型。

Pandas 的主要数据结构是 Series(一维数据)与 DataFrame(二维数据),这两种数据结构足以处理金融、统计、社会科学、工程等领域里的大多数典型用例。Series 是一种类似于一维数组的对象,它由一组数据(各种 NumPy 数据类型)以及一组与之相关的数据标签(即索引)组成(见图 4-3)。DataFrame 是一个表格型的数据结构,它含有一组有序的列,每列可以是不同的值类型(数值、字符串、布尔型值)。DataFrame 既有行索引也有列索引,它可以被看作由 Series 组成的字典(共同用一个索引),具体如图 4-4 所示。

DataFrame 构造方法如下。

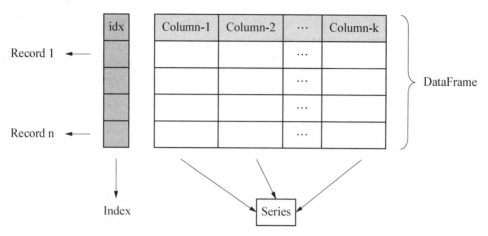

图 4-3　Series 数据结构

图 4-4　DataFrame 数据结构

```
pandas.DataFrame(data,index,columns,dtype,copy)
```

参数说明：

data：一组数据（ndarray、series、map、lists、dict 等类型）。

index：索引值，或者可以称为行标签。

columns：列标签，默认为 RangeIndex（0，1，2，…，n）。

dtype：数据类型。

copy：拷贝数据，默认为 False。

Pandas DataFrame 是一个二维的数组结构，类似二维数组。

本节主要以处理一个城市数据为例，把 JSON 数据转换成 Pandas 的 DataFrame 数据结构进行展示，相关代码可扫描二维码获取。

代码：JSON 数据转换
为 Pandas 的数据结构

4.2.3　NumPy 与 Pandas 数据处理应用

使用 Pandas 方法分析 10 个城市 1～7 天的天气数据。

1. 具体要求

(1) 每个城市不下雨,以及最高温度为 25℃以上有多少天?

(2) 连续 4 天以上不下雨,且最高温度维持在 25℃以上的城市有哪些?

2. 基本思路

(1) 按照城市进行分组统计,将天气字段字符串中不包含"雨"的记录展示出来,进行计数;将最高温度≥25℃的记录展示出来,并进行计数,最后输出统计结果。

(2) 按照城市进行分组统计,对分组数据进行循环遍历,判断条件为天气字段(字符串中不包含"雨")且最高温度≥25℃,符合上述条件,且日期连续,则计数增加 1,达到 4 天则把对应的城市名称存储在变量中,最后输出统计结果。相关代码可以扫描二维码获取。

代码:分组数据
循环遍历

习　题

1. 以下不属于 Python 特点的是(　　)。

A. 免费开源　　　B. 可移植性强　　　　C. 丰富的类库　　　D. 编译型语言

2. 以下 HTTP 请求方法的是(　　)。

A. GET　　　　　B. POST　　　　　　C. PUT　　　　　　D. DELETE

3. 以下哪个 Python 库适合做数值计算(　　)。

A. Matplotlib　　B. NumPy　　　　　C. Pandas　　　　　D. Request

4. 简述 NumPy 和 Pandas 的区别是什么。

第5章

基于 Python 的数据统计与可视化

本章知识点

（1）掌握数据的计量尺度。

（2）掌握数据的度量。

（3）掌握常用距离公式。

（4）掌握常用概率分布。

（5）掌握可视化图表认知。

（6）掌握 Python 数据可视化。

（7）掌握使用 Matplotlib 绘制常用图表。

在数据运营工作中，统计基础和数据可视化是必须了解的知识，本章第一节主要介绍数据的计量尺度、数据的度量、常用的距离公式和概率分布这些最基本的统计学知识；第二节主要介绍数据可视化的意义和特性，常用可视化图表的特点和应用场景以及如何使用 Python 的 Matplotlib 库绘制常用图表。

5.1 统计基础

大数据运营需要以数据分析为基础，从数据中得到相应的指标影响运营决策，而数据分析背后充满了概率统计的知识，本节内容主要介绍数据分析中常用的统计学基础以及概率分布基础知识。

5.1.1 数据的计量尺度

数据的计量尺度是指对计量对象量化时采用的具体标准，统计学中的计量尺度可分为 4 类，分别是定类尺度、定序尺度、定距尺度、定比尺度。其中，定类尺度和定序尺度属于定性数据；定距尺度、定比尺度属于定量数据。

【知识拓展】

定性数据：指一组表示事物性质、规定事物类别的数据。

定量数据：指以数量形式存在，可以进行测量的数据。

1. 定类尺度

定类尺度，亦称分类尺度，是最粗略、计量层次最低的尺度。定类尺度只将测量对象分类，数据间不存在大小或高低顺序，可以用来比较相等或不相等，但不能进行四则算术运算。性别、宗教信仰、民族、职业类型等都属于定类尺度。

2. 定序尺度

定序尺度也称等级尺度、顺序尺度，它是指对测量对象的属性和特征的类别进行鉴别，并能比较类别大小的一种测量方法。

定序尺度也是用来描述对象的类别，但是和定类尺度不同的是，定序尺度不仅可以确定事务类别，而且还可以确定类别的优劣或顺序，即定序尺度不仅可以比较是否相等，而且可以比较大小。年级、产品等级、满意程度、健康状况等都属于定序尺度。

3. 定距尺度

定距尺度是按照某一数量标志将总体划分为若干顺序排列的部分或组，对相同数量、相同数量范围的总体单位或其标志值进行计量的方法。定距尺度是对事物类别或次序之间间距的测度，不仅可以区分不同类型，而且可以进行排序并且准确指出类别之间的差距是多少。

定距尺度通常使用自然或物理单位作为计量尺度，"0"作为比较标准，代表尺度上的一个点，不代表"不存在"，所以定距尺度可以进行加、减运算，但不能进行乘除运算。

定距尺度数据的差值有意义，但比例无意义。比如年份，你可以说2000年比1000年多1000年，但是不能说2000年是1000年的2倍。年份、摄氏温度等都属于定距尺度。

4. 定比尺度

定比尺度也称比率尺度，是指一种用于描述对象计量特征的计量尺度。定比尺度是在定距尺度的基础上，同时还具有绝对或自然的起点，即存在可以作为比较的共同起点或基数。

在定距尺度中，"0"代表某一数值，而不是"没有"；在定比尺度中有绝对零点，即"0"代表"没有"或"不存在"，所以定比尺度不仅可以进行加、减运算，还可以进行乘、除运算。例如，摄氏温度是典型的定距尺度，0摄氏度表示水的结冰点；销售量是典型的定比尺度，小张5月份的销售量为0，即代表5月份他没有卖出去东西。

定比尺度数据差值和比例都有意义，比如A绳子长5米，B绳子长10米，你可以说B绳子比A绳子长5米，也可以说B绳子长度是A绳子的2倍。长度、质量、产值等都属于定比尺度。4种数据的计量尺度的总结如表5-1所示。

表 5-1　数据的计量尺度总结

分类	计量尺度	举例	特点
定性数据	定类尺度	性别、宗教信仰	可比较是否相等
	定序尺度	年级、产品等级	(1) 可比较是否相等 (2) 可比较大小
定量数据	定距尺度	年份、摄氏温度	(1) 可比较是否相等 (2) 可比较大小 (3) 可进行加、减操作 (4) 差值有意义,比例无意义
	定比尺度	长度、质量、产值	(1) 可比较是否相等 (2) 可比较大小 (3) 可进行加、减操作 (4) 可进行乘、除操作 (5) 差值有意义,比例有意义

5.1.2　数据的度量

数据的度量可以分为数据集中趋势的度量和数据离散程度的度量。平均数、中位数、众数都是针对数据集中趋势的度量;方差、标准差、协方差、极差等都是针对数据离散程度的度量。

1. 数据集中趋势的度量

在统计学中,集中趋势是指一组数据向某一中心值靠拢的程度,可反映一组数据的中心点位置。了解数据的集中趋势,有助于发现事物的本质特征,掌握事物的发展变化,在数据分析前期阶段的数据探索中有非常重要的作用。集中趋势度量就是寻找数据水平的中心值或代表值,对应的衡量指标即为平均数、中位数、众数。

1) 平均数

平均数是统计学中最基本、最常用的衡量数据集中趋势的一项指标。平均数主要适用于定量数据,而不适用于定性数据。根据具体数据的不同,平均数有不同的计算公式,这里主要介绍简单算术平均数和加权算术平均数。

简单算术平均数又称均值,是指在一组数据中所有数据之和再除以这组数据的个数,是统计学中最常用的平均指标。公式为

$$\bar{x} = \frac{x_1 + x_2 + \cdots + x_n}{n} \text{ 或 } \bar{x} = \frac{\sum_{i=1}^{n} x_i}{n} \tag{5-1}$$

加权算术平均数主要用于处理经分组整理的数据,即将各数值乘以相应的权数,然后加总求和得到总体值,再除以总的单位数。加权平均值的大小不仅取决于总体中各单位的数值大小,而且取决于各数值出现的次数(权数)。公式为

$$\bar{x} = \frac{x_1 f_1 + x_2 f_2 + \cdots + x_k f_k}{n} \quad (n = f_1 + f_2 + \cdots + f_k) \tag{5-2}$$

在 NumPy 中实现均值和加权均值的函数分别是 mean() 和 average(),接下来举一个

例子。扫描二维码获取案例 5-1 的相关资料。

案例 5-1　计算平均成绩和小明的综合成绩

2）中位数

中位数，又称中值，是一组数据按照大小顺序排列后，居于中间位置的数。中位数将全部数据等分为两部分，每部分占比 50%，一组数据中只有一个中位数。中位数适用于探索定量数据的集中趋势，但是不适用于分类数据。假设有一组数据（n 个）从小到大排序，那么这组数据中位数的计算有如下两种情况：

（1）当 n 为奇数时，中位数等于第 $(n+1)/2$ 个数对应的值。

（2）当 n 为偶数时，中位数位于第 $n/2$ 和 $(n/2)+1$ 的两个数的平均值。

3）众数

众数是指在一组数据中出现次数最多的数值，代表数据的一般水平。众数是描述分类数据集中趋势最常用的测度值，一般只有在数据量较大的情况下，众数才有意义。众数的主要特点是不受极端值影响，在一组数据中众数不唯一，有可能没有众数或有多个众数，如图 5-1 所示。

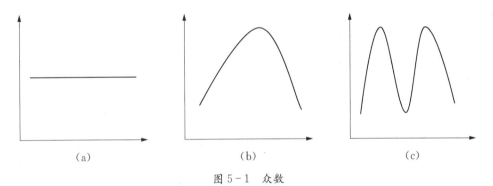

图 5-1　众数

(a) 没有众数；(b) 有 1 个众数；(c) 有多个众数

【注意事项】

NumPy 中没有专门的函数用来实现众数，可以自己想办法试一下怎样求一组数的众数。

2. 数据离散程度的度量

与数据的集中趋势度量对应的是数据的离散程度度量，即一组数据向某一中心值分散的程度。其中极差是测量数据离散程度的一个简便方法，极差是一组数据中最大值与最小值的差距，它能说明数据的最大变动范围，但由于它是两个极端值进行计算得到的结果，没有考虑中间值的变动情况，所以只是一个较粗糙的计算离散程度的方法。除了极差以外，平均差、方差、标准差、协方差都是针对数据离散程度的度量方法。

1) 平均差

平均差（Mean Deviation，MD）是指各个变量值同平均数的离差绝对值的算术平均数。平均差越大，表明各标志值与算术平均数的差异程度越大，该算术平均数的代表性就越小；平均差越小，表明各标志值与算术平均数的差异程度越小，该算术平均数的代表性就越大。平均差的公式为

$$MD = \frac{\sum |x - \bar{x}|}{n} \tag{5-3}$$

其中，x 为变量，$\bar{x}$ 为算术平均数。平均差受极端值影响较小，所以在对数据的离散程度进行度量时比较有代表性。

2) 方差和标准差

方差是各个数据分别与其平均数之差的平方的和的平均数，用 σ^2 表示（也可用 var 表示），由于方差是数据的平方，与检测值本身相差太大，人们难以直观的衡量，所以常用方差的算术平方根来度量变量和均值之间的偏离程度。方差的算术平方根就是我们常说的标准差，用 σ 表示，方差和标准差都是常用的数据离散程度的度量方法。

方差的公式为

$$\sigma^2 = \frac{\sum_{i=1}^{n}(x_i - x)^2}{n} \tag{5-4}$$

标准差的公式为

$$\sigma = \sqrt{\frac{\sum_{i=1}^{n}(x_i - x)^2}{n}} \tag{5-5}$$

案例 5-2 比较两组数据的离散程度

其中，x 表示样本的平均数，n 表示样本数量，x_i 表示个体。平均数相同的两组数据，标准差越大，说明数据离散程度越大。

假设有 A、B 两组数据，A 组数据 [0, 6, 8, 15, 16]，B 组数据 [7, 8, 9, 10, 11]，两组数据的平均值都是 9，根据公式可计算得到 A 组数据的标准差约为 5.9，B 组数据的标准差约为 1.4，说明 A 组数据较 B 组数据离散，从数据的排列上我们也可看出，A 组数据间隔较大，B 组数据较密集。在 NumPy 中实现方差和标准差的函数分别是 var() 和 std()。扫描二维码获取案例 5-2 的相关资料。

3) 协方差

协方差表示两个变量的总体误差，如果两个变量的变化趋势一致，也就是说如果其中一个大于自身的平均值，另外一个也大于自身的平均值，那么两个变量之间的协方差就是正值。如果两个变量的变化趋势相反，即其中一个大于自身的平均值，另外一个却小于自身的平均值，那么这两个变量之间的协方差就是负值。协方差的公式为

$$Cov(x, y) = \frac{\sum_{i=1}^{n}(x_i - x)(y_i - y)}{n} \tag{5-6}$$

通俗解释：当 X 变大，同时 Y 也变大，说明 X、Y 两个变量是同向变化的，这时协方差是正的；X 变大，同时 Y 变小，说明 X、Y 两个变量是反向变化的，这时协方差是负的。

总体来说，如果协方差结果为正值，说明两者是正相关；如果协方差结果为负值，则说明两者是负相关；如果协方差结果为 0，就是统计上的"相互独立"。

方差是协方差的一种特殊情况（可以理解为：方差描述一维数据，协方差描述二维数据）。协方差的运算性质可总结如下。

$$\mathrm{Cov}(X, Y) = \mathrm{Cov}(Y, X)$$

$$\mathrm{Cov}(aX, bY) = ab\mathrm{Cov}(X, Y), (a、b \text{ 是常数})$$

$$\mathrm{Cov}(X_1 + X_2, Y) = \mathrm{Cov}(X_1, Y) + \mathrm{Cov}(X_2, Y)$$

协方差只能处理二维的问题，如果维数增加，就需要计算它们两两之间的协方差，这时就用到了协方差矩阵，以三维数据为例，数据集 $\{x, y, z\}$ 的协方差矩阵为

$$\boldsymbol{C} = \begin{pmatrix} \mathrm{Cov}(x, x) & \mathrm{Cov}(x, y) & \mathrm{Cov}(x, z) \\ \mathrm{Cov}(y, x) & \mathrm{Cov}(y, y) & \mathrm{Cov}(y, z) \\ \mathrm{Cov}(z, x) & \mathrm{Cov}(z, y) & \mathrm{Cov}(z, z) \end{pmatrix}$$

可见，协方差矩阵是一个对称的矩阵，而且对角线是各个维度上的方差。

4）相关系数

相关系数最早是由统计学家卡尔·皮尔逊设计的统计指标，它是研究变量之间线性相关程度的量，一般用字母 r 表示。由于研究对象的不同，相关系数有多种定义方式，常见的相关系数为简单相关系数，简单相关系数又称皮尔逊相关系数或者线性相关系数，公式为

$$r(X, Y) = \frac{\mathrm{Cov}(X, Y)}{\sigma X \sigma Y} \tag{5-7}$$

从公式中可以看出，X、Y 两个变量的相关系数就是用 X、Y 的协方差除以 X 的标准差和 Y 的标准差，所以相关系数也可以看成是一种剔除了两个变量量纲影响后的特殊协方差。

案例 5-3　使用 NumPy 实现同向变化的两组数据的协方差和相关系数

r 值的绝对值介于 0～1 之间，通常来说，r 越接近 1，表示 X、Y 两个量之间的相关程度就越强，反之，r 越接近于 0，X、Y 两个量之间的相关程度就越弱。扫描二维码获取案例 5-3 的相关资料。

3. NumPy 中常用的数据度量函数总结

NumPy 中常用的数据度量函数如表 5-2 所示。

表 5-2　NumPy 中常用的数据度量函数

分类	度量指标	概念	NumPy 中对应方法
集中趋势度量	平均值	一组数据中所有数据之和再除以这组数据的个数	mean()
	加权均值	各数值乘以相应的权数，然后加总求和得到总体值，再除以总的单位数	average()
	中位数	一组数据按照大小顺序排列后，居于中间位置的数	median()

续表

分类	度量指标	概　　念	NumPy中对应方法
离散程度度量	方差	各个数据分别与其平均数之差的平方的和的平均数	var()
	标准差	方差的算术平方根	std()
	协方差	表示两个变量的总体误差,协方差结果为正值,说明两者是正相关,协方差结果为负值,则说明两者是负相关,如果协方差结果为0,就是统计上的"相互独立"	cov()
	相关系数	研究变量之间线性相关程度的量,可以看成是一种剔除了两个变量量纲影响后的特殊协方差	corrcoef()

5.1.3　常用距离公式

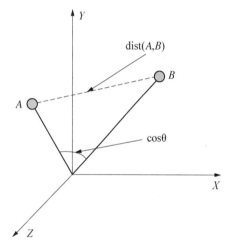

图 5-2　欧式距离

在数据分析过程中,经常需要计算变量之间的距离,本节主要介绍欧式距离、曼哈顿距离、马氏距离这 3 种常见的距离。

1. 欧式距离

欧式距离,也称欧几里得度量(euclidean metric),是指在 m 维空间中两个点之间的真实距离,或者向量的自然长度(即该点到原点的距离)。在二维和三维空间中的欧氏距离就是两点之间的实际距离,如图 5-2 所示。

二维空间欧式距离公式为

$$\rho = \sqrt{(x_2 - x_1)^2 + (y_2 - y_1)^2} \quad (5-8)$$

其中,ρ 为点 $a(x_2, y_2)$ 与点 $b(x_1, y_1)$ 之间的欧氏距离,点 (x_2, y_2) 到原点的欧氏距离为 $\sqrt{x_2^2 + y_2^2}$。式(5-8)可以变为 $C = \sqrt{a^2 + b^2}$,是不是很熟悉,这就是我们熟知的勾股定理。

三维空间欧式距离公式为

$$\rho = \sqrt{(x_2 - x_1)^2 + (y_2 - y_1)^2 + (z_2 - z_1)^2} \quad (5-9)$$

式(5-9)表示三维空间点 $a(x_1, y_1, z_1)$ 与 $b(x_2, y_2, z_2)$ 间的欧氏距离,其中点 $b(x_2, y_2, z_2)$ 到原点的欧式距离为 $\sqrt{x_2^2 + y_2^2 + z_2^2}$。

N 维空间欧式距离公式为

$$\rho(x, y) = \sqrt{(x_1 - y_1)^2 + (x_2 - y_2)^2 + \cdots + (x_n - y_n)^2} = \sqrt{\sum_{i=1}^{n} (x - y_i)^2} \quad (5-10)$$

式(5-10)表示 N 维空间点 $a(x_{11}, x_{12}, \cdots, x_{1n})$ 与 $b(x_{21}, x_{22}, \cdots, x_{2n})$ 间的欧氏距离。

扫描二维码获取案例 5-4 的相关资料。

2. 曼哈顿距离

在介绍曼哈顿距离之前,我们先看图 5-3。

图 5-3　曼哈顿距离

案例 5-4　使用 NumPy 求解一维数组、二维数组的欧式距离

图中黑线代表曼哈顿距离,灰色代表欧氏距离,也就是直线距离,而虚线代表等价的曼哈顿距离。

曼哈顿距离(Manhattan Distance),又称为出租车几何,是由 19 世纪的赫尔曼·闵可夫斯基所创词汇,是一种使用在几何度量空间的几何学用语,用以标明两个点在标准坐标系上的绝对轴距总和。

二维空间曼哈顿距离公式为

$$d(i, j) = |x_1 - x_2| + |y_1 - y_2| \tag{5-11}$$

公式表示坐标为(x_1, y_1)的 i 点与坐标(x_2, y_2)的 j 点的曼哈顿距离,对于一个具有正南正北、正东正西方向规则布局的城镇街道,从一点到达另一点的距离正是在南北方向上旅行的距离加上在东西方向上旅行的距离,因此曼哈顿距离又称为出租车距离,曼哈顿距离不是距离不变量,当坐标轴变动时,点间的距离就会不同。

N 维空间曼哈顿距离公式为

$$d(i, j) = \sum_{k=1}^{n} |x_{1k} - x_{2k}| \tag{5-12}$$

式(5-12)表示 N 维空间点 $i(x_{11}, x_{12}, \cdots, x_{1n})$ 与 $j(x_{21}, x_{22}, \cdots, x_{2n})$ 的曼哈顿距离。

扫描二维码获取案例 5-5 的相关资料。

3. 马氏距离

马氏距离(Mahalanobis Distance)是由印度统计学家马哈拉诺比斯(P. C. Mahalanobis)提出的,表示数据的协方差距离,它是一种有效计算两个未知样本集的相似度的方法。

案例 5-5　使用 NumPy 求解曼哈顿距离

马氏距离是基于样本分布的一种距离,物理意义就是在规范化的主成分空间中的欧氏距离。所谓规范化的主成分空间就是利用主成分分析对一些数据进行主成分分解,再对所有主成分分解轴做归一化,形成新的坐标轴,由这些坐标轴形成的空间就是规范化的主成分空间,如图 5-4 所示。

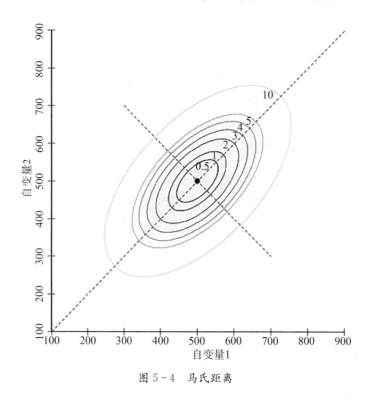

图 5-4　马氏距离

马氏距离的公式为

$$D(X) = \sqrt{(X-\mu)^T S^{-1}(X-u)} \tag{5-13}$$

式(5-13)表示有 M 个样本向量 $\boldsymbol{X}_1 \sim \boldsymbol{X}_m$,协方差矩阵记为 S,均值记为 μ,则其中样本向量 $\boldsymbol{X}$ 到 μ 的马氏距离。

欧氏距离虽然很常用,但也有明显的缺点,即将样品的不同属性之间的差别等同看待,即极易受量纲影响,这一点有时不能满足实际要求。马氏距离不受量纲的影响,两点之间的马氏距离与原始数据的测量单位无关,马氏距离可以排除变量之间的相关性的干扰。欧式距离与马氏距离的对比如图 5-5 所示。

举个例子来说明,如果我们以 cm 为单位来测量人的身高,以 g 为单位测量人的体重。每个人被表示为一个二维向量,如一个人身高 173 cm,体重 50 000 g,表示为(173,50 000),根据身高体重的信息来判断体型的相似程度。我们已知小明(160,60 000);小王(160,59 000);小李(170,60 000)。根据常识可以判断小明和小王的体型相似。但是如果根据欧几里得距离来判断,小明和小王的距离要远远大于小明和小李之间的距离,即小明和小李体型相似。这是因为不同特征的度量标准之间存在差异而导致判断出错。以 g 为单位测量人的体重,数据分布比较分散,即方差大,而以 cm 为单位来测量人的身高,数据分布就相对集中,方差小。马氏距离的目的就是把方差归一化,使得特征之间的关系更加符合

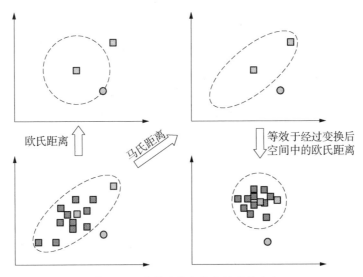

欧氏距离　马氏距离　等效于经过变换后空间中的欧氏距离

图 5-5　欧式距离和马氏距离的对比

实际情况。

在 scipy. spatial. distance 模块下的 pdist 函数可以实现马氏距离。扫描二维码获取案例 5-6 的相关资料。

案例 5-6　使用 SciPy 实现欧式距离与马氏距离对比

5.1.4　常用概率分布

概率分布,是指用于表述随机变量取值的概率规律介绍,简单理解就是在统计图中表示概率,横轴是数据的值,纵轴是横轴上对应数据值的概率。概率分布可以很好地展现数据的内在规律,这里介绍几种常用的概率分布。

1. 0—1 分布(伯努利分布)

0—1 分布又称伯努利分布(Bernouli Distribution)、两点分布,它是一个最简单的分布,即只先进行一次事件试验,该事件发生的概率为 p,不发生的概率为 $q=1-p$,0—1 分布也就是在 $n=1$ 情况下的二项分布,任何一个只有两种结果的随机现象都服从 0—1 分布。

$$P\{X=k\}=p^k(1-p)^{(1-k)} \tag{5-14}$$

当 $k=0$ 时,$P\{X=0\}=1-p$;$k=1$ 时,$P\{X=1\}=p$。其中,$0<p<1$,则称 X 服从 0—1 分布。

2. **二项分布(n 重伯努利分布)**

二项分布(Binomial distribution)是指重复 n 次独立的伯努利试验。在每次试验中只有两种可能的结果,而且两种结果发生与否互相对立,并且相互独立,与其他各次试验结果无关,事件发生与否的概率在每一次独立试验中都保持不变,则这一系列试验总称为 n 重伯努利实验,当试验次数为 1 时,二项分布服从 0—1 分布。

二项分布的公式如下:

$$P\{X=k\}=C_n^k p^k (1-p)^{n-k} \qquad (5-15)$$

其中，X 指的是试验的次数，指的是组合，这个公式表示一个伯努利分布中得 1 的概率为 p，0 的概率为 $1-p$，那么连续试验 n 次，出现 p 的情况恰好是 k 次的概率。

通俗理解，当你遇到一个事情，如果该事情发生次数固定，而你感兴趣的是成功的次数，那么就可以用二项分布的公式快速计算出概率来。

我们举一个生活中的例子，假如小明参加英语四级考试，每次考试通过的概率是 1/3，如果他连续考试 4 次，恰好通过 2 次的概率是多少？

这个例子中 $p=1/3$，$n=4$，$k=2$，代入式(5-15)得

$$C_n^k p^k (1-p)^{n-k}=C_4^2 \times \left(\frac{1}{3}\right)^2 \times \left(\frac{2}{3}\right)^{4-2}=\frac{8}{27}$$

所以小明连续考试 4 次，恰好通过 2 次的概率是 8/27。

【知识拓展】

SciPy 是一个基于 NumPy 的用于数学、工程等领域的常用软件包，可以高效处理统计、积分、优化、图像处理等问题。SciPy 使用的基本数据结构是由 NumPy 模块提供的多维数组，SciPy 与 NumPy 结合使用，可以提高科学计算的效率。

SciPy 中包含了统计函数、线性代数、优化算法等常用模块，其中 stats 模块即是统计函数模块，这个模块中不仅包括一些统计分析函数，还支持多种概率分布，包括正态分布、泊松分布、二项分布等。

案例 5-7　使用 SciPy 求解小明通过四级考试的概率

接下来我们可以试着使用 SciPy 来实现二项分布。扫描二维码获取案例 5-7 的相关资料。

3. 正态分布

正态分布(Normal Distribution)，也称"常态分布"，又名高斯分布(Gaussian distribution)，最早由德国的数学家和天文学家 Moivre 于 1733 年在求二项分布的渐近公式中得到，但由于德国数学家 Gauss 率先将其应用于天文学家研究，故正态分布又叫高斯分布。

正态分布是一个在数学、物理及工程等领域都非常重要的概率分布，在统计学的许多方面有着重大的影响力。正态曲线呈钟形，两头低，中间高，左右对称因其曲线呈钟形。因此人们又经常称之为钟形曲线。正态分布的公式为

$$f(x)=\frac{1}{\sqrt{2\pi}\sigma}\exp\left(-\frac{(x-u)^2}{2\sigma^2}\right) \qquad (5-16)$$

式(5-16)表示若随机变量 X 服从一个数学期望为 μ (数学期望可以理解为均值)，方差为 σ^2 的正态分布，记为 $N(\mu, \sigma^2)$。其概率密度函数为正态分布的期望值 μ 决定了其位

置,其标准差 σ 决定了分布的幅度。当 $\mu=0$,$\sigma=1$ 时的正态分布是标准正态分布。

标准正态分布公式为

$$f(x)=\frac{1}{\sqrt{2\pi}}\exp\left(-\frac{x^2}{2}\right) \tag{5-17}$$

正态分布是用来描述统计对象的,如果统计对象的分布特性符合正态分布,那么所有针对正态分布的定理和"经验值"都能全部套用。正态分布在自然界的应用是很普遍的,它的特点可总结为:"一般般的很多,极端的很少",正态分布曲线如图 5-6 所示。

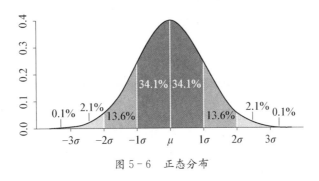

图 5-6　正态分布

从图 5-6 的曲线中我们可知,这个函数的峰值在 $x=\mu$ 的位置,此时函数值 y 为 $1/\sqrt{2\pi}\sigma$,函数在 $x=\mu$ 的左右两侧是对称的,x 在 $\mu-\sigma$ 和 $\mu+\sigma$ 之间的样本数量占到整个样本数量的 68.2%。μ 较大,则整个函数图像的中轴向右挪动比较多,当 μ 较小,则整个函数图像的中轴向左挪动比较多;当 σ 较大,则整个曲线绵延比较长,整个坡度显得平缓,当 σ 较小,则整个曲线比较窄,整个坡度比较陡峭。

举一个具体的例子,假如对某一地区的女性身高做了一个随机抽样,一共 1 000 人,结果发现她们的身高是一个 $\mu=160\,\mathrm{cm}$,$\sigma=10\,\mathrm{cm}$ 的正态分布,则可总结出如下几点。

(1) 身高 150～160 cm 和身高 160～170 cm 的人分别有 341 名,共计 682 名($\mu-\sigma$ 和 $\mu+\sigma$ 之间)。

(2) 身高 140～150 cm 和身高 170～180 cm 的人分别有 136 名,共计 272 名。

(3) 身高 130～140 cm 和身高 180～190 cm 的人分别有 21 名,共计 42 名。

这些数量已经涵盖了统计总人数的 99.6%,同样地,正态分布我们也可以使用 SciPy 实现。扫描二维码获取案例 5-8 的相关资料。

4. 泊松分布

泊松分布(Poisson Distribution),是一种统计与概率学里常见到的离散概率分布,由法国数学家西莫恩·德尼·泊松(Siméon-Denis Poisson)在 1838 年时发表。泊松分布为

案例 5-8　使用 SciPy 实现某地区女性身高的正态分布

$$P(X=k)=\frac{\lambda^k}{k!}\mathrm{e}^{-\lambda},\ k=0,\ 1,\ \cdots \tag{5-18}$$

式中,参数 λ 是单位时间(或单位面积)内随机事件的平均发生率,泊松分布适合于描述单位时间内随机事件发生的次数。简单来说就是在一个标准的时间里,一件事的发生率是 λ

次,那发生 k 次的概率是多少。

泊松分布曲线如图 5-7 所示。

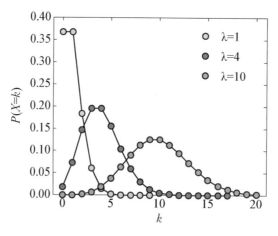

图 5-7　泊松分布

泊松分布适用的事件需满足如下 3 个条件。

（1）事件是小概率事件。

（2）事件的每次发生都是独立的,不会互相影响。

（3）事件的概率是稳定的。

案例 5-9　使用 SciPy 实现每 5 分钟会来 2 辆公交车的泊松分布

举例:假设在一个公交站台有很多不同线路的公交车,而且平均每 5 分钟会来 2 辆公交车,那么 5 分钟内来 5 辆公交车的概率是多少呢?

在这里 $\lambda=2$, $k=5$,代入式(5-18),计算得

$$P(X=K=5)=\frac{2^5}{5!}\mathrm{e}^{-2}=\frac{2^5}{5\times4\times3\times2\times1}\times2.718\,28^{-2}\approx0.036\,1$$

所以,5 分钟内来 5 辆公交车的概率是 3.61%。

案例 5-9 可通过扫描二维码获取。

5.2　数据可视化

大数据时代,探索数据的价值对企业运营有着重大的意义,而数据大多是烦琐枯燥的,为了使管理者或非数据分析人员能够从枯燥的数据中看到所反映的业务问题,这就是数据可视化的价值和意义。

5.2.1　可视化图表认知

可视化图表是利用点、线、面、体等要素绘制而成,用于呈现数据的大小关系、变动情况、分布情况等信息的图形。数据可视化具有形象生动、通俗易懂、简洁明了等优点,在大

数据时代,数据可视化可以和数据仓库、数据挖掘等技术结合使用实现商业智能。

【知识拓展】

　　商业智能是指用现代数据仓库技术、线上分析处理技术、数据挖掘和数据展现技术进行数据分析以实现商业价值。商业智能可提供使企业快速分析数据的概念、技术和方法来辅助商业决策的制定。

　　1. 数据可视化特性

　　数据在可视化过程中要遵循以下 5 大特性。

　　(1) 真实性:可视化结果应该准确地反映数据的本质。

　　(2) 直观性:数据呈现要直观、形象,这有利于人们认知数据背后所蕴藏的现象和规律。

　　(3) 关联性:可视化要突出地呈现数据之间的关联性。

　　(4) 艺术性:可视化要充分考虑大众审美,使数据呈现更高的艺术性。

　　(5) 交互性:数据呈现时要方便用户控制数据,实现用户和数据的可交互性。

　　2. 可视化图表分类

　　现在能够接触到的可视化图表有很多,常见的有散点图、饼图、柱形图、折线图等,还有在商务、财务领域应用较多的雷达图,以及在交通领域应用较多的热力图等。为了方便理解和记忆,我们可以按照功能将图表分为 5 类,如表 5-3 所示。

表 5-3　可视化图表分类

分类	图表名字	作　　用
类别比较型 (比较类别之间的不同)	柱形图	柱形图适用于二维数据集中(x 轴、y 轴),一个维度数据的比较,利用柱子的高度,反映数据的差异;文本维度/时间维度通常作为 x 轴,数值型维度作为 y 轴
	饼图	饼图适用于二维数据中,一个维度数据的占比情况(各项占总体的占比),多用于反映某个部分占整体的比重;数据不精细,不适合分类较多的情况
	雷达图	雷达图适用于多维数据(四维以上),且每个维度必须可以排序,常用于多项指标的综合分析,可用于经营状况,财务健康程度分析;但是雷达图数据点最多 6 个,否则无法辨别
数据关系型 (查看两个或两个以上变量之间的关系)	散点图	适用于二维数据(2 个连续字段分别映射到 x、y 轴),观察数据的分布情况;也可用于三维数据,可以用形状或颜色标识第三维度
	气泡图	气泡图是散点图的一种变体,通过每个点的面积大小,反映第三维度;因为用户不善于判断面积大小,所以气泡图只适用不要求精确辨识第三维度的场合

分类	图表名字	作　　用
数据分布型（查看数据的分布情况）	直方图	直方图用于展示数据在不同区间内的分布情况；柱形图矩形长度代表频数，宽度代表类别，面积无意义；直方图矩形长度代表频数，宽度代表组距，面积有意义
	箱线图	箱线图是一种用于显示一组数据分布情况的统计图，用最大值、最小值、中位数、下四分位数、上四分位数共 5 个数字对分布进行概括
	热力图	适用于三维数据（3 个连续字段，2 个分布映射到 x、y 轴，第 3 个映射到颜色），以高亮形式展现数据，常和地图组合用于表现道路交通状况
时间序列型（数据随着时间的变化趋势）	折线图	适合多个二维数据集的比较，适合数据量较大的数据
地理空间型（代表地理分布）	地图	需要用到坐标维度，可以是经纬度、地域名称，与散点图、热力图、曲线图等结合使用

3. 常用图表介绍

下面将对柱形图、饼图、散点图、直方图、箱线图、热力图、折线图等 7 种常用图表进行介绍。

1）柱形图

柱形图，又称柱状图、长条图，是最常用的图表之一，旨在利用柱子的高度反映数据的差异，适用于二维数据集中（x 轴、y 轴），一个维度数据的比较。文本维度/时间维度通常作为 x 轴，数值型维度作为 y 轴。

柱形图按照呈现方式可分为基础柱形图、横向柱形图、多柱形图、堆积柱形图等，以某服装品牌近五年的销售额为例，如图 5-8 所示。

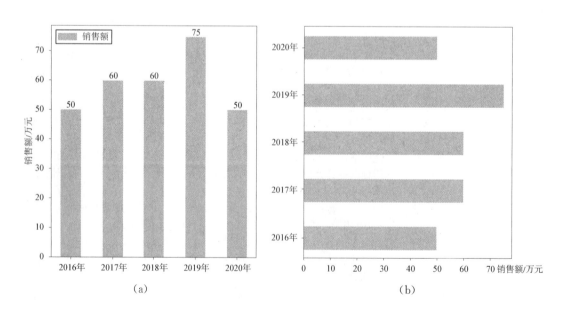

(a) 　　　　　　　　　　　　(b)

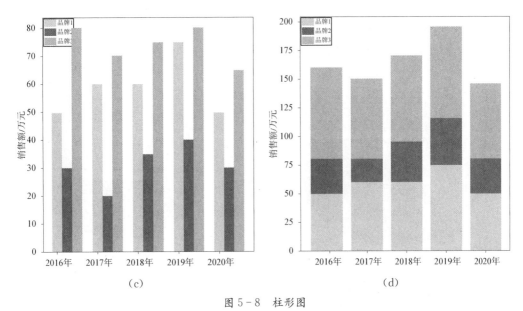

图 5-8　柱形图

(a) 基础柱形图；(b) 横向柱形图；(c) 多柱形图；(d) 堆积柱形图

2）饼图

饼图经常表示一组数据的占比，可以用扇面、圆环，或者多圆环嵌套。饼图适用于二维数据，一个维度数据的占比情况（各项占总体的占比），多用于反映某个部分占整体的比重，但饼图数据不够精细，不适合分类较多的情况。饼图按照呈现方式可分为基础饼图、分裂饼图、阴影饼图、环形饼图等，以 2020 年各类剧集的占比为例如图 5-9 所示。

3）雷达图

雷达图也叫蛛网图，常用于企业经营状况，财务健康程度的分析。在财务分析领域，雷达图是重要的工具，可以将本单位的各种财务比率和友商或整个行业的财务比率进行

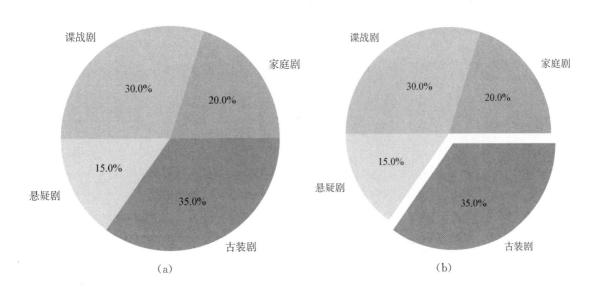

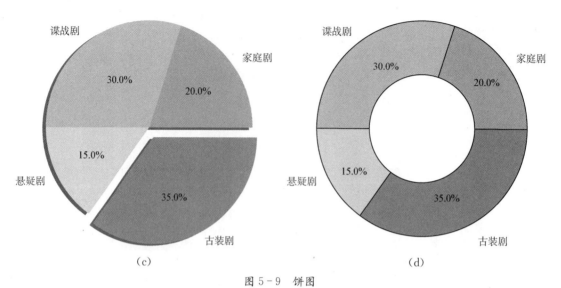

图 5 - 9 饼图

(a)基础饼图;(b)分裂饼图;(c)阴影饼图;(d)环形饼图

横向对比,也可以将当前的财务比率和之前的财务比率进行纵向对比。图 5 - 10 为某单位 2006 年和 2010 年主要财务支出的对比图。

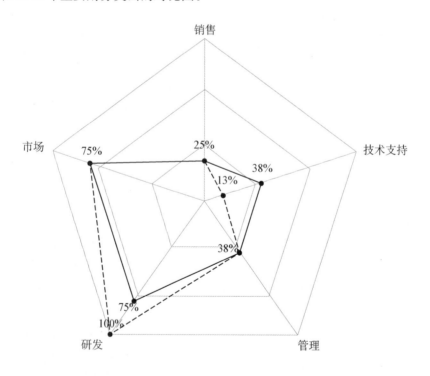

图 5 - 10 雷达图

4）散点图

散点图也叫 $X-Y$ 图,它将所有的数据以点的形式展现在直角坐标系上,以显示变量之间的相互影响程度,点的位置由变量的数值决定。

散点图主要用于查看数据的分布情况,对于那些变量之间存在密切关系,但是这些关系又不像数学公式和物理公式那样能够精确表达的,散点图是一种很好的图形工具。散点图适用于二维数据,两个连续字段分别映射到 x、y 轴,然后观察数据的分布情况;散点图也可用于三维数据,可以用形状或颜色标识第三维。图 5-11 为散点图示例。

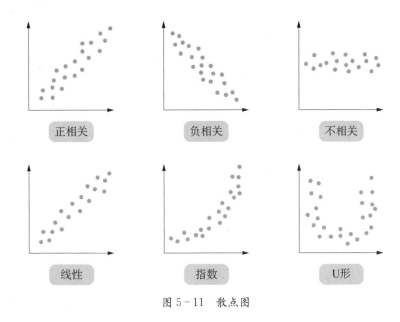

图 5-11　散点图

从图 5-11 中可以看出,散点图能让我们发现变量之间隐藏的关系,可以为做决策提供重要的引导作用。

5）直方图

直方图又称质量分布图,是一种统计报告图,由一系列高度不等的纵向条纹或线段表示数据分布的情况,一般用横轴表示数据类型,纵轴表示分布情况,如图 5-12 所示。

直方图和柱形图很类似,两者之间的区别可总结如下。

(1) 直方图用于展示数据在不同区间内的分布情况。

(2) 柱形图矩形长度/高度代表频数,宽度代表类别、面积无意义。

(3) 直方图矩形长度/高度代表频数,宽度代表组距、面积有意义。

6）箱线图

箱线图又称为盒须图、盒式图或箱形图,是一种用于显示一组数据分布情况的统计图。箱线图主要用于反映原始数据分布的特征,还可以进行多组数据分布特征的比较。箱线图用 5 类数字对分布进行概括,即一组数据的最大值、最小值、中位数、下四分位数及上四分位数,对于数据集中的异常值,通常会以单独的点的形式绘制,如图 5-13 所示。

从箱线图中我们可以观察到的信息是:数据集的最大值、最小值、中位数等关键信息;

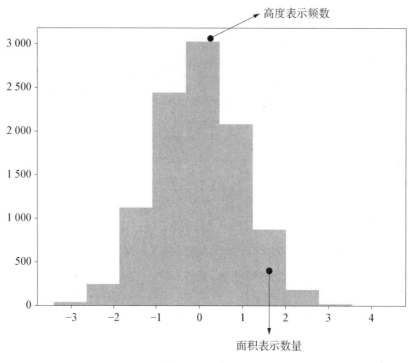

图 5 - 12　直方图

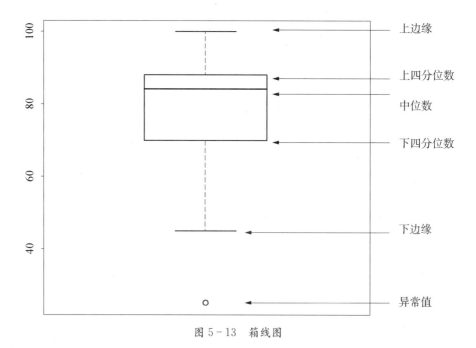

图 5 - 13　箱线图

数据集中是否存在异常值;数据的分布情况(分散还是集中,是否对称等)。

7) 热力图

热力图以高亮形式展现数据,用来描述一个 2D 显示实时金融市场信息。经过多年的演化,如今的热力图更规范,常用来表示道路交通状况和 App 用户行为分析等。图 5 - 14

为热力图示例。

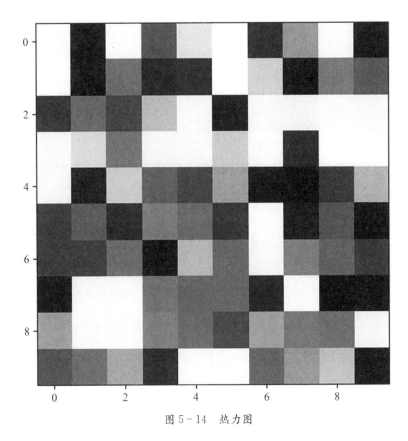

图 5-14 热力图

5.2.2 Python 数据可视化

可以实现数据可视化的工具很多,包括 Tableau、ECharts 等。这里主要介绍使用 Python 的 Matplotlib 库实现数据可视化。Matplotlib 是 Python 中最基础也是最核心的 数据可视化库,它不仅提供散点图、折线图、饼图等常用的图表绘制函数,而且还提供丰富 的画布设置、颜色设置等方法。

【知识拓展】

Python 中另一个比较常用的可视化库是 Seaborn,它是在 Matplotlib 的基础上进 行了更高级的 API 封装,Seaborn 可以使作图更加容易,在大多数情况下使用 Seaborn 能做出很具有吸引力的图,而使用 Matplotlib 就能制作具有更多特色的图,可以把 Seaborn 视为 Matplotlib 的补充。

绘制图表的步骤一般可总结为设置画布(可不设置,采用默认),绘制图像(折线图、散点图、柱形图等),设置标题、网格线、图例等。

1. 设置画布

在 Matplotlib 的 pyplot 包中的 figure 方法用于设置画布,代码如下。

```
matplotlib.pyplot.figure(num,figsize,dpi,facecolor,edgecolor,frameon = True)
```

figure 方法的参数说明如表 5 - 4 所示。

表5-4　figure 方法的参数说明

参数	描　述
num	图像编号或名称
figsize	指定画布的大小,单位为英寸
dpi	分辨率,即每英寸包含多少像素,默认为 80
facecolor	背景颜色
edgecolor	边框颜色
frameon	是否显示边框,默认为 True

2. 绘制一个图像

Matplotlib 的 pyplot 包中封装了很多画图的函数,包括折线图、柱形图、饼图等。其中 plot 是最基本的绘图函数,用于绘制折线图,下面用 plot 函数演示如何绘制一个图表。

```
import numpy as np
import matplotlib.pyplot as plt
# 设置画布
plt.figure(num = '001',figsize = (5,6),dpi = 150,edgecolor = 'b',frameon = False)
# 构建 x 轴、y 轴数据
x = np.arange(100)
y = np.square(x)
# 使用 plot 函数绘制图表
plt.plot(x,y)
# 展示图像
plt.show()
```

运行结果如图 5 - 15 所示。

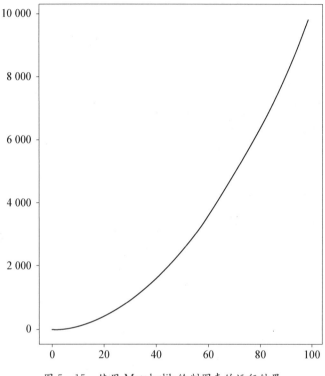

图 5 - 15　使用 Matplotlib 绘制图表的运行结果

3. 设置标题、图例

图表的标题、图例等其他设置的相关方法总结如表 5 - 5 所示。

表5-5　图表设置举例

函数	说明	举例
title()	设置图表标题	plt. title("折线图",{'fontsize':15,'va':'bottom'})
xlabel()	设置 x 轴标题	plt. xlabel("x 轴")
ylabel()	设置 y 轴标题	plt. ylabel("y 轴")
xticks()	设置 x 轴刻度	plt. xticks([2,4,6,8])
grid()	设置网格线	plt. grid(color='#191970',axis='x')
legend()	设置图例	plt. legend(('图例',),loc='upper left',fontsize=10)
text()	设置文本标签	plt. text(0,19,'19',ha='center',va='bottom',fontsize=9)

有了这些设置,我们就可以画一个内容相对丰富的图像。代码如下。

```
import numpy as np
```

```
import matplotlib.pyplot as plt
# 设置正常显示中文标签、符号
plt.rcParams['font.sans-serif'] = ['SimHei']
plt.rcParams['axes.unicode_minus'] = False
# 1-设置画布
plt.figure(figsize = (5,5),dpi = 100)
# 2-构建 x 轴、y 轴数据
x = np.arange(4)
y1 = np.array([15,18,25,26])
y2 = np.array([25,24,26,30])
y3 = np.array([19,24,28,33])
# 3-绘制图像
plt.plot(x,y1,marker = 'o')
plt.plot(x,y2,marker = 'o')
plt.plot(x,y3,marker = 'o')
# 4-设置文本标签
# ha:水平对齐方式,可选 center、right、left
# va:垂直对齐方式,可选 center、top、bottom、baseline
# 指定坐标设置
plt.text(0,19,'19',ha = 'center',va = 'bottom',fontsize = 9)
plt.text(2,28,'28',ha = 'center',va = 'bottom',fontsize = 9)
plt.text(3,33,'33',ha = 'center',va = 'bottom',fontsize = 9)
# 循环设置
for a,b in zip(x,y1):
    plt.text(a,b,format(b,','),ha = 'center',va = 'bottom',fontsize = 9)
for a,b in zip(x,y2):
    plt.text(a,b,format(b,','),ha = 'center',va = 'bottom',fontsize = 9)
# 5-设置标题
plt.title('三大服装品牌2020年4个季度销售额对比')
# 6-设置 x 轴、y 轴标题
plt.xlabel('2020年')
plt.ylabel('销售额(万元)')
# 7-设置 x 轴刻度
plt.xticks(x,['第1季度','第2季度','第3季度','第4季度'])
```

```
#8-设置网格线
plt.grid()
#9-设置图例
plt.legend(('品牌1','品牌2','品牌3',))
#10-显示图像
plt.show()
```

三大服装品牌2020年4个季度销售额对比的结果如图5-16所示。

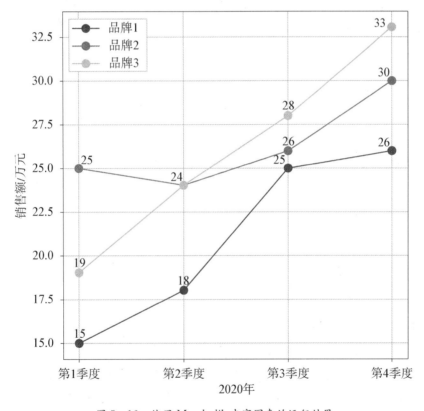

图5-16　使用Matplotlib丰富图表的运行结果

4. 绘制子图

Matplotlib可以绘制子图,即把很多张图画到一个显示界面,在做对比分析的时候非常有用。Matplotlib绘制子图最常用的两种方式分别是通过matplotlib.pyplot的subplot方法和matplotlib.pyplot.figure的add_subplot方法。代码如下。

```
import numpy as np
import pandas as pd
import matplotlib.pyplot as plt
# 正常显示中文标签、符号
plt.rcParams['font.sans-serif'] = ['SimHei']
plt.rcParams['axes.unicode_minus'] = False
plt.figure(figsize = (10,6),dpi = 100)
# 使用 plt 的 subplot 方法
# 画第 1 个图
x1 = np.arange(1,100)
plt.subplot(221)
plt.title('绘制 y = x * x 图像')
plt.plot(x1,x1 * x1)
# 画第 2 个图
plt.subplot(222)
plt.title('绘制 y = 1/x 的图像')
plt.plot(x1,1/x1)
# 使用 figure 的 add_subplot 方法
fig = plt.figure(figsize = (10,6),dpi = 100)
# 画第 3 个图
x2 = np.arange(0,  3  *  np.pi,  0.1)
ax1 = fig.add_subplot(221)
plt.title('绘制正弦函数')
ax1.plot(x2,np.sin(x2))
# 画第 4 个图
ax2 = fig.add_subplot(222)
plt.title('绘制余弦函数')
ax2.plot(x2,np.cos(x2))
plt.show()
```

运行结果如图 5 - 17 所示。

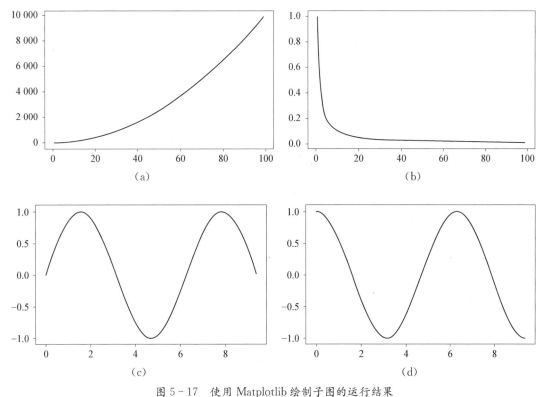

图 5-17　使用 Matplotlib 绘制子图的运行结果

(a) $y=x*x$ 图像；(b) $y=1/x$ 的图像；(c) 正弦函数；(d) 余弦函数

5.2.3　使用 Matplotlib 绘制常用图表

Matplotlib 可以绘制多种图表，折线图、柱形图、饼图、散点图等常用图表的实现方法总结如表 5-6 所示。

表 5-6　Matplotlib 绘制常用图表的方法总结

方法	说明	描　述
plot()	折线图	可通过参数设置曲线颜色、线条格式、标记样式等属性
bar()	柱形图	可绘制多柱形图、堆积柱形图、横向柱形图等多种形式的柱形图
pie()	饼图	可绘制分裂饼图、阴影饼图、环形图等多种形式的饼图
scatter()	散点图	可通过参数设置散点的大小、颜色、形状等属性
hist()	直方图	可绘制纵向、横向直方图，可设置箱子个数、颜色等属性
boxplot()	箱线图	可绘制凹口和非凹口形式的箱线图
imshow()	热力图	可设置颜色地图和索引位置

接下来就上述 7 种图表的绘制方法进行展开介绍。

1. Matplotlib 绘制折线图

plot 方法是指 Matplotlib 的 pyplot 包中用于绘制折线图的方法，也是 Matplotlib 中最基本的绘图方法,plot 方法的语法如下。

```
matplotlib.pyplot.plot(x, y, format_string, **kwargs)
```

plot 方法的参数说明如表 5-7 所示。

表 5-7　plot 方法的参数说明

参数	描　述
x	x 轴数据
y	y 轴数据
format_string	用于控制曲线格式,包括曲线颜色、线条格式、标记样式
**kwargs	键值参数

曲线颜色、线条格式、标记样式的相关设置参数如表 5-8 所示。

表 5-8　曲线格式设置相关参数

分类	设置值	说明
color （曲线颜色）	'b'	蓝色
	'g'	绿色
	'r'	红色
	'y'	黄色
	'c'	青色
	'k'	黑色
	'm'	洋红色
	'w'	白色
	'#FFB6C1'（采用十六进制颜色值）	浅粉红
linestyle （线条格式）	'-' 或 'solid'	实线,默认值
	':' 或 'dotted'	点虚线
	'-.' 或 'dashdot'	点划线
	'--' 或 'dashed'	双划线
	'' 或 'None'	什么都不画
marker （标记样式）	','	像素,默认值
	'.'	点
	'o'	实心圆
	'v'	朝下的三角形
	'^'	朝上的三角形
	'<'	朝左的三角形
	'>'	朝右的三角形

续表

分类	设置值	说明
	'1'	下花三角
	'2'	上花三角
	'3'	左花三角
	'4'	右花三角
	's'	实心正方形
	'p'	实心五角形
	'*'	星形
	'h'	竖六边形
	'H'	横六边形
	'+'	加号
	'x'	叉号
	'D'	大菱形
	'd'	小菱形
	'|'	垂直线
	'_'	水平线

接下来用具体的例子演示 plot 的使用，代码如下。

```python
import numpy as np
import matplotlib.pyplot as plt
plt.rcParams['font.sans-serif'] = ['SimHei']
plt.rcParams['axes.unicode_minus'] = False
plt.figure(figsize = (10,12),dpi = 100)
x = np.arange(7)
y1 = np.array([56,62,70,65,71,73,69])
y11 = np.array([25,20,28,26,31,30,22])
y12 = np.array([20,30,33,32,28,38,30])
y13 = np.array([11,12,9,7,12,5,17])
# 绘制基础折线图
plt.subplot(221)
plt.plot(x,y,color = '#7B68EE',marker = 'o')
plt.title('某商店一周水果销售量')
```

```
plt.xticks(x,['星期一','星期二','星期三','星期四','星期五','星期六','星期日'])
plt.ylabel('销量(kg)')
# 设置标签
for a,b in zip(x,y):
    plt.text(a,b+0.2,format(b,','),ha='center',va='bottom',fontsize=10)


# 绘制多折线图
plt.subplot(222)
plt.plot(x,y11,color='#00BFFF',marker='1',linestyle=':')
plt.plot(x,y12,color='#2F4F4F',marker='s',linestyle='dashdot')
plt.plot(x,y13,color='#2E8B57',marker='p',linestyle='dashed')
plt.title('某商店一周水果销售量')
# 设置标签
for y in [y11,y12,y13]:
    for a,b in zip(x,y):
        plt.text(a,b+0.2,format(b,','),ha='center',va='bottom',fontsize=10)
# 设置图例
# loc设置图例显示位置,0:best,1:upper right,2:upper left,3:lower left,4:lower right
# 5:right,6:center left,7:center right,8:lower center,9:upper center,10:center
plt.legend(('苹果','香蕉','香梨',),loc=2)
plt.xticks(x,['星期一','星期二','星期三','星期四','星期五','星期六','星期日'])
plt.ylabel('销量(kg)')
plt.show()
```

运行结果如图 5-18 所示。

2. Matplotlib 绘制柱形图

Matplotlib 的 pyplot 包中的 bar 方法用于绘制柱形图,代码如下。

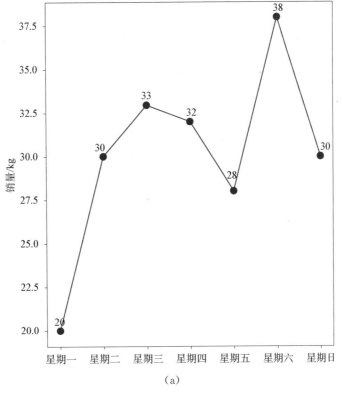

（a）

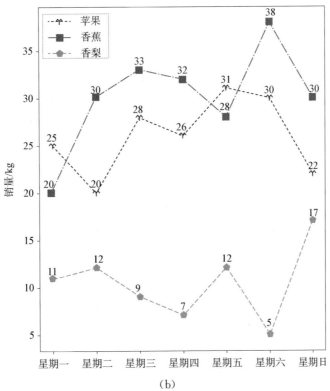

（b）

图 5-18　使用 Matplotlib 绘制折线图的运行结果
（a）某商店一周水果销售量；（b）某商店一周水果销售量

```
matplotlib.pyplot.bar(x, height, width, bottom, align = 'center', **kwargs)
```

bar 方法的参数说明如表 5-9 所示。

表 5-9　bar 方法的参数说明

参数	描　述
x	x 轴数据
height	y 轴数据，柱形图的高度
width	柱形图的宽度，默认为 0.8
bottom	柱形图的 y 坐标，默认为 None
align	对齐方式，默认值为 'center'
**kwargs	其他可选参数，如 color、alpha、label 等

下面用 bar 函数演示如何绘制柱形图，代码如下。

```
import numpy as np
import pandas as pd
import matplotlib.pyplot as plt
# 设置正常显示中文标签、符号
plt.rcParams['font.sans-serif'] = ['SimHei']
plt.rcParams['axes.unicode_minus'] = False
plt.figure(figsize = (12,12), dpi = 100)
# 读取数据 注意：首先需要将数据上传到 Jupyter Notebook 上
df = pd.read_excel('fruits_sales.xlsx')
index = df.columns
index2 = np.arange(7)
width = 0.25
y2 = df.loc['合计']
y21 = df.loc['苹果']
y22 = df.loc['香蕉']
y23 = df.loc['香梨']
# 绘制基础柱形图
```

```
plt.subplot(221)
plt.bar(index,y2,alpha = 0.6)
plt.title('某商店一周水果销售量 - 基础柱形图',fontsize = 10,color = 'red')
plt.ylabel('销量(kg)')
for a,b in zip(index,y2):
    plt.text(a,b,format(b,','),ha = 'center',va = 'bottom',fontsize = 10)


# 绘制多柱形图
plt.subplot(222)
plt.bar(index2,y21,width = width,color = '#4682B4',alpha = 0.7)
plt.bar(index2 + width,y22,width = width,color = '#008080',alpha = 0.7)
plt.bar(index2 + 2 * width,y23,width = width,color = '#3CB371',alpha = 0.7)
plt.title('某商店一周水果销售量 - 多柱形图',fontsize = 10,color = 'red')
plt.ylabel('销量(kg)')
plt.xticks(index2,['星期一','星期二','星期三','星期四','星期五','星期六',
'星期日'])
plt.legend(('苹果','香蕉','香梨',),loc = 0)
for a,b in zip(index2,y21):
    plt.text(a,b + 0.3,format(b,','),ha = 'center',va = 'bottom',fontsize = 10)


for a,b in zip(index2,y22):
    plt.text(a + width,b + 0.3,format(b,','),ha = 'center',va = 'bottom',fontsize =
10)


for a,b in zip(index2,y23):
    plt.text(a + width * 2,b + 0.3,format(b,','),ha = 'center',va = 'bottom',
fontsize = 10)
# 绘制横向柱形图(使用 plt.barh 函数)
plt.subplot(223)
height = 0.8
plt.barh(index,y2,color = 'green',height = height,alpha = 0.7)
plt.title('某商店一周水果销售量 - 横向柱形图',fontsize = 10,color = 'red')
plt.xlabel('销量(kg)')
for y,x in enumerate(y2):
```

```
    plt.text(x, y, "%s" % x)
# 绘制堆积柱形图
plt.subplot(224)
p41 = plt.bar(index, y21, color = 'green', bottom = 0, alpha = 0.6)
p42 = plt.bar(index, y22, color = 'blue', bottom = y21, alpha = 0.5)
p43 = plt.bar(index, y23, color = '#3CB371', bottom = y21 + y22, alpha = 0.6)
plt.title('某商店一周水果销售量 - 堆积柱形图', fontsize = 10, color = 'red')
plt.legend(('苹果', '香蕉', '香梨', ), loc = 0)
for y in [y21, y21 + y22, y21 + y22 + y23]:
    for a, b in zip(index, y):
        plt.text(a, b + 0.2, format(b, ','), ha = 'center', va = 'bottom', fontsize = 10)
plt.show()
```

某商店一周的水果销售量的运行结果如图 5 - 19 所示。

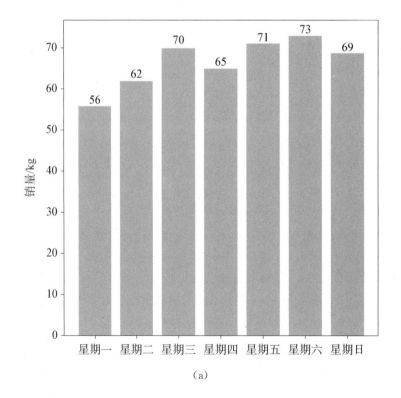

（a）

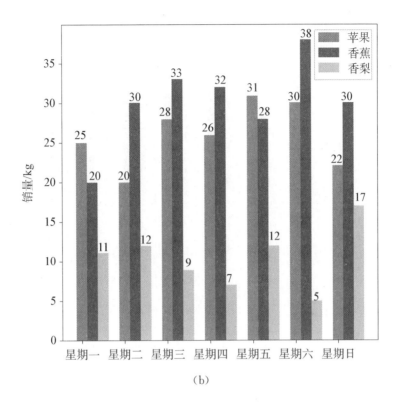

（b）

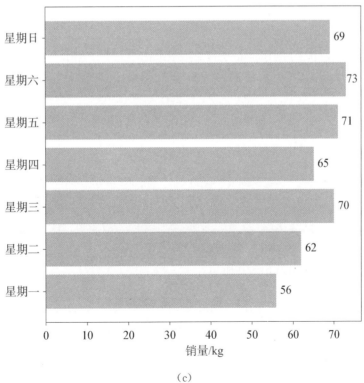

（c）

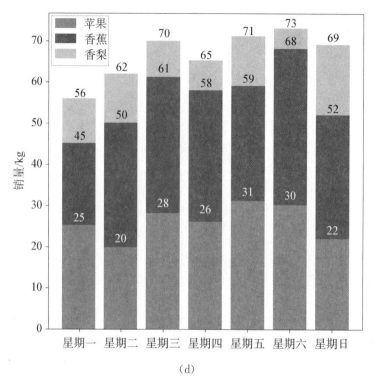

（d）

图 5-19　使用 Matplotlib 绘制柱形图的运行结果

（a）基础柱形图；（b）多柱形图；（c）横向柱形图；（d）堆积柱形图

3. Matplotlib 绘制饼图

Matplotlib 的 pyplot 包中的 pie 方法用于绘制饼图，语法如下。

```
matplotlib. pyplot. pie（x, explode, labels, colors, autopct, pctdistance,
                shadow,
                labeldistance, radius, counterclock, wedgeprops,
                textprops, center, frame, rotatelabels）
```

pie 方法的参数说明如表 5-10 所示。

表 5-10　pie 方法参数说明

参数	描　述
x	每一块饼图的比例
explode	每一块饼图距离中心的位置，默认为 None
labels	标签，可设置每一块饼图外侧显示的文字说明，默认为 None

参数	描　述
colors	设置每一块饼图的颜色,默认为 None
autopct	设置饼图百分比,默认为 None
pctdistance	指定百分比的位置刻度,默认值为 0.6
shadow	饼图下面绘制阴影,默认为 False
labeldistance	指定绘制标记的位置,默认为 1.1
radius	饼图半径,默认为 1
counterclock	指针方向,True 表示逆时针,False 表示顺时针,默认为 True
wedgeprops	可用于设置 wedge 线宽,字典类型,默认为 None
textprops	设置标签和比例文字的格式,字典类型,默认为 None
center	表示图表中心的位置,默认为(0,0)
frame	是否显示轴框架,默认为 False(不显示)
rotatelabels	旋转标签角度,默认为 False

下面用 pie 函数演示如何绘制饼图,代码如下。

```python
import numpy as np
import pandas as pd
import matplotlib.pyplot as plt
plt.rcParams['font.sans-serif'] = ['SimHei']
plt.rcParams['axes.unicode_minus'] = False
x = np.array([0.3,0.2,0.4,0.1])
colors1 = ['#9370DB','#FF69B4','#DDA0DD','#FFC0CB']
colors2 = ['#808000','#DAA520','#FFA07A','#BC8F8F']
labels = ['粤港澳','京津冀','长三角','其他']
plt.figure(figsize = (10,10),dpi = 100)
# 1-基础饼图
plt.subplot(221)
plt.pie(x,colors = colors1,labels = labels,autopct = '%1.1f%%')
plt.title('2020 年各区销量占比-基础饼图')
# 2-分裂饼图
plt.subplot(222)
explode = (0,0,0.2,0)
# 通过设置 explode 参数实现分裂饼图
```

```
plt.pie(x, colors = colors2, labels = labels, autopct = '%1.1f%%', explode =
explode)
plt.title('2020年各区销量占比-分裂饼图')
#3-阴影饼图
plt.subplot(223)
#将shadow设置为True即可实现阴影效果
plt.pie(x, colors = colors2, labels = labels, autopct = '%1.1f%%', explode =
explode, shadow = True)
plt.title('2020年各区销量占比-阴影饼图')
#4-环形图
plt.subplot(224)
#通过wedgeprops设置饼图圈内外边界的属性,如环的宽度,环边界颜色
wedgeprops = {'width':0.4,'edgecolor':'#87CEFA'}
plt.pie(x, colors = colors1, labels = labels, autopct = '%1.1f%%', pctdistance
= 0.8, wedgeprops = wedgeprops)
plt.title('2020年各区销量占比-环形图')
plt.show()
```

2020年各区销量的占比运行结果如图5-20所示。

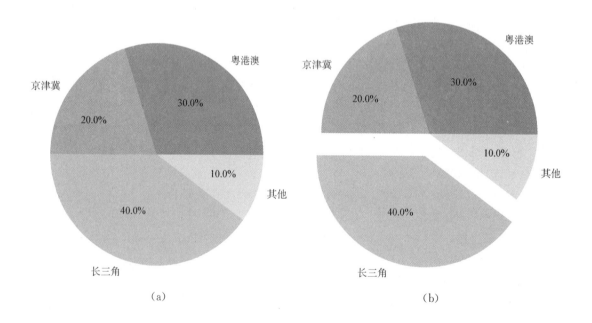

(a)　　　　　(b)

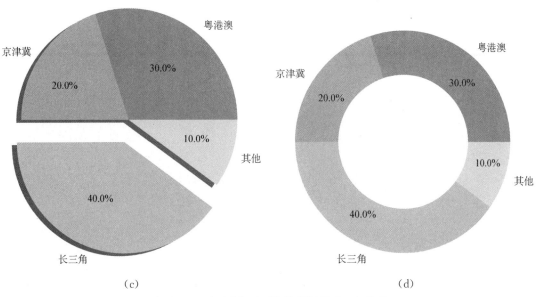

（c）　　　　　　　　　　　　　　　　（d）

图 5-20　使用 Matplotlib 绘制饼图的运行结果
（a）基础饼图；（b）分裂饼图；（c）阴影饼图；（d）环形饼图

4. Matplotlib 绘制散点图

Matplotlib 的 pyplot 包中的 scatter 方法用于绘制散点图，语法如下。

```
matplotlib.pyplot.scatter(x, y, s, c, marker, cmap, norm, vmin, vmax, alpha,
                          linewidths, edgecolors, **kwargs)
```

scatter 方法的参数说明如表 5-11 所示。

表 5-11　scatter 方法参数说明

参数	描　述
x，y	数据
s	标记大小
c	标记颜色，默认为蓝色
marker	标记样式，默认为 'o'
cmap	颜色地图，默认为 None
norm，vmin，vmax	norm 与 vmin，vmax 一起使用来设置亮度，如果传递 norm 实例，vmin 和 vmax 将被忽略，默认为 None
alpha	用于设置透明度（0～1 之间的数），默认为 None
linewidths	线宽，标记边缘宽度，默认为 None
edgecolors	轮廓颜色，默认为 None
**kwargs	其他参数

下面用 scatter 函数演示如何绘制散点图，代码如下。

```python
import numpy as np
import pandas as pd
import matplotlib.pyplot as plt
plt.rcParams['font.sans-serif'] = ['SimHei']
plt.rcParams['axes.unicode_minus'] = False
plt.figure(figsize = (8,8),dpi = 100)
x1 = np.random.randint(20,size = (20,))
y1 = np.random.randint(30,size = (20,))
# 1-基础散点图
plt.subplot(221)
plt.scatter(x1, y1)
plt.title('基础散点图')
# 2-设置散点大小、颜色
plt.subplot(222)
# 设置随机大小
s = (18 * np.random.rand(20)) ** 2
# 设置随机颜色
c = np.random.rand(20)
plt.scatter(x1, y1,s = s,c = c)
plt.title('设置散点大小、颜色')
# 3-设置散点大小、颜色、透明度
plt.subplot(223)
# 设置透明度
plt.scatter(x1, y1,s = s,c = c,alpha = 0.5)
plt.title('设置散点大小、颜色、透明度')
# 4-绘制两组数据的散点图
plt.subplot(224)
x2 = np.random.randint(20,size = (20,))
y2 = np.random.randint(50,size = (20,))
plt.scatter(x1, y1,marker = '1')
plt.scatter(x2, y2,marker = '2')
plt.title('绘制两组数据的散点图')
plt.show()
```

运行结果如图 5-21 所示。

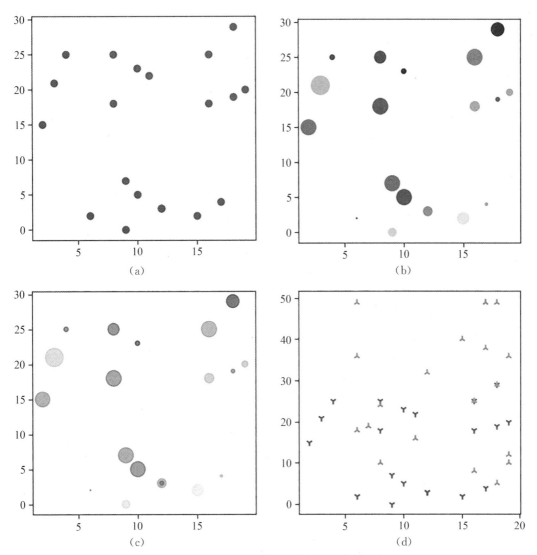

图 5-21 使用 Matplotlib 绘制散点图的运行结果

(a) 基础散点图；(b) 设置散点的大小、颜色；(c) 设置散点的大小、颜色、透明度；(d) 绘制两组数据的散点图

5. Matplotlib 绘制直方图

Matplotlib 的 pyplot 包中的 hist 方法用于绘制直方图，代码如下。

```
matplotlib.pyplot.hist(x, bins, range, density, weights, cumulative, bottom,
                histtype, align, orientation, rwidth, log, color,
                label, stacked)
```

hist 方法的参数说明如表 5-12 所示。

表 5-12　hist 方法的参数说明

参数	描　　述
x	数据集,用于指定每个柱状图(箱子)的数据,对应 x 轴
bins	用于指定柱状图(箱子)的个数,默认是 10
range	用于指定显示的区间,默认为 None
density	显示频率统计结果,默认为 False
weights	用于设置权重,默认为 None
cumulative	用于设置是否累计计数,默认为 False
bottom	用于设置每个箱子底部的位置,默认为 None
histtype	直方图类型,默认值为 bar,可选 bar、barstacked、step、stepfilled
align	设置水平分布,默认值为 mid,可选 left、right、mid
orientation	用于设置柱状图的方向,默认为 vertical,可选 vertical、horizontal
rwidth	相对宽度,默认为 None
log	设置 y 轴是否选择指数刻度,默认值为 False
color	用于指定柱状图的颜色,默认为 None
label	用于设置标签,默认为 None
stacked	用于设置是否为堆积条状,默认为 False

下面用 hist 函数演示如何绘制直方图,代码如下。

```
import numpy as np
import pandas as pd
from scipy import stats
import matplotlib.pyplot as plt
plt.rcParams['font.sans-serif'] = ['SimHei']
plt.rcParams['axes.unicode_minus'] = False
plt.figure(figsize = (10,8),dpi = 100)
# μ = 1.6,σ = 0.1 的正态分布
data1 = stats.norm.rvs(1.6, 0.1, size = 1000)
plt.subplot(221)
plt.hist(data1,color = '#6A5ACD',density = True,alpha = 0.8)
plt.title('μ = 1.6,σ = 0.1 的正态分布')
# μ = 100,σ = 10 的正态分布
u = 100
sigma = 10
x = u + sigma * np.random.randn(10000)
num_bins = 50
```

```
# 画正态分布拟合曲线
plt.subplot(222)
# 获取直方图的返回值
n, bins, patches = plt.hist(x, num_bins,density = True,alpha = 0.8)
# 获取正态分布的概率密度
y = stats.norm.pdf(bins, u, sigma)
plt.plot(bins, y,linestyle = '--')
plt.title('μ = 100,σ = 10 的正态分布')
plt.show()
```

运行结果如图 5 - 22 所示。

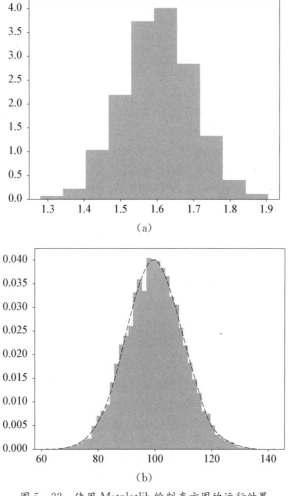

(a)

(b)

图 5 - 22　使用 Matplotlib 绘制直方图的运行结果

(a) $\mu=1.6$, $\sigma=0.1$ 的正态分布；(b) $\mu=100$, $\sigma=10$ 的正态分布

6. Matplotlib 绘制箱线图

Matplotlib 的 pyplot 包中的 boxplot 方法用于绘制箱线图，代码如下。

```
matplotlib.pyplot.boxplot (x, notch, sym, vert, whis, positions, widths, patch
                           _artist,
                           bootstrap, usermedians, conf_intervals, meanline,
                           showmeans, showcaps, showbox, showfliers,
                           boxprops, labels, flierprops, medianprops,
                           meanprops, capprops, whiskerprops, manage_ticks
                           autorange, zorder)
```

boxplot 方法的常用参数说明如表 5-13 所示。

表 5-13　boxplot 方法的参数说明

参数	描　　述
x	指定要绘制箱线图的数据
notch	是否以凹口的形式展现箱线图，默认为 False
sym	指定异常点的形状，默认为'＋'显示
vert	是否需要将箱线图垂直摆放，默认为 True
whis	指定上下限与上下四分位的距离，默认值为 1.5
positions	指定箱线图的位置，默认范围为(1,N＋1)
widths	指定箱线图的宽度，默认为 0.5
patch_artist	是否填充箱体的颜色，默认为 None
meanline	是否用线的形式表示均值，默认为 False，用点的形式表示
showmeans	是否显示均值，默认为 False
showcaps	是否显示箱线图顶端和末端的两条线，默认为 True
showbox	是否显示箱线图的箱体，默认为 True
showfliers	是否显示异常值，默认为 True
boxprops	设置箱体的属性，如边框色、填充色等，默认为 None
labels	为箱线图添加标签，类似于图例的作用，默认为 None
flierprops	设置异常值的属性，如异常点的形状、大小、填充色等，默认为 None
medianprops	设置中位数的属性，如线的类型、粗细等，默认为 None
meanprops	设置均值的属性，如点的大小、颜色等，默认为 None
capprops	设置箱线图顶端和末端线条的属性，如颜色、粗细等，默认为 None
whiskerprops	设置须的属性，如颜色、粗细、线的类型等，默认为 None

下面用 boxplot 函数演示如何绘制箱线图，代码如下。

```python
import numpy as np
import pandas as pd
import matplotlib.pyplot as plt
plt.rcParams['font.sans-serif'] = ['SimHei']
plt.rcParams['axes.unicode_minus'] = False
plt.figure(figsize = (10,10),dpi = 100)
x31 = np.random.randint(40,size = (1000,))
x32 = np.random.randint(40,80,size = (10,))
x33 = np.random.randint(80,100,size = (100,))
# patch_artist = True 描点上色
colors = ['pink', 'lightblue', 'lightgreen']
labels = ['数据1','数据2','数据3']
plt.subplot(221)
bplot = plt.boxplot([x31, x32, x33], patch_artist = True, showmeans = True,
labels = labels)
# 设置颜色
for patch, color in zip(bplot['boxes'], colors):
    patch.set_facecolor(color)
plt.subplot(222)
bplot = plt.boxplot([x31,x32,x33],showmeans = True,notch = True,labels = labels)
plt.show()
```

运行结果如图 5-23 所示。

从图 5-23 中可以看出，数据 2 在 60～80 间的数据较 40～60 间的数据少，导致上四分位数和中位数较接近。

7. Matplotlib 绘制热力图

Matplotlib 的 pyplot 包中的 imshow 方法用于绘制热力图，语法如下。

```python
matplotlib.pyplot.imshow(x, cmap, norm, aspect, interpolation, alpha, vmin
                vmax, origin, extent, shape, filternorm, filterrad,
                imlim, resample, url, hold)
```

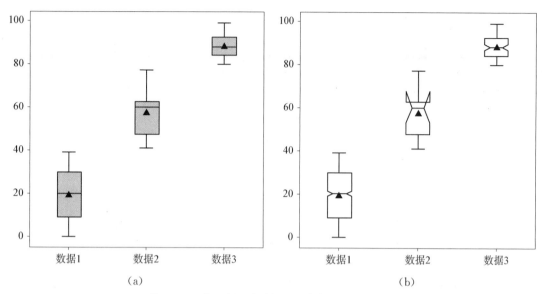

图 5-23　使用 Matplotlib 绘制箱线图的运行结果

imshow 方法的核心参数说明如表 5-14 所示。

表 5-14　imshow 方法的参数说明

参数	描　述
x	指定要绘制热力图的数据
cmap	颜色地图，默认为 None，可选 Greys、Purples、Blues、Greens、Oranges、Reds、PuRd、BuPu、PuBuGn 等
norm	将数据值缩放到(0,1)，以便输入到 cmap，默认为 None
aspect	用于控制轴的纵横比，默认为 None
interpolation	用于显示图像的插值方法，默认为 None，可选 nearest、bilinear、bicubic、spline16、spline36、hanning' 等
vmin，vmax	vmin 和 vmax 与 norm 一起使用来规范亮度数据，默认为 None
origin	设置将[0,0]索引放置在轴的左上角或左下角
extent	设置数据坐标中的边界框，默认为 None，可选 left，right，bottom，top

下面用 imshow 函数演示如何绘制热力图，代码如下。

```
import numpy as np
import pandas as pd
import matplotlib.pyplot as plt
plt.rcParams['font.sans-serif'] = ['SimHei']
plt.rcParams['axes.unicode_minus'] = False
```

```
plt.figure(figsize = (10,8),dpi = 100)
plt.subplot(221)
x41 = np.random.randint(40,80,size = (10,10))
# cmap 可选参数：Greys、Purples、Blues、Greens、Oranges、Reds、PuRd、BuPu、
PuBuGn 等
# origin:设置将[0,0]位置放在左下角
plt.imshow(x41,cmap = plt.cm.BuPu,origin = 'lower')
# 显示颜色条
plt.colorbar()
plt.title('显示随机数')
plt.subplot(222)
score = np.array([[72,89,68],[88,66,94],[69,96,93],[82,85,90]])
plt.xticks(range(3),['语文','数学','英语'])
plt.yticks(range(4),['张三','李四','王五','赵六'])
plt.imshow(score,cmap = 'PuRd')
plt.colorbar()
plt.title('某小组其中考试成绩')
plt.show()
```

运行结果如图 5-24 所示。

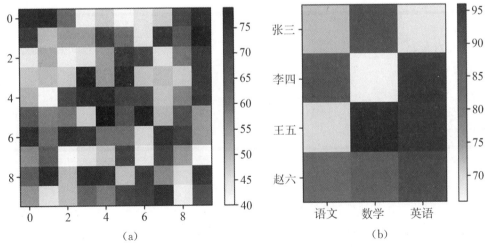

(a)　　　　　　　　　　　　(b)

图 5-24　使用 Matplotlib 绘制热力图的运行结果

(a) 显示随机数；(b) 某小组期中考试成绩

5.2.4 使用 Python 实现鸢尾花数据探索

鸢尾花卉数据集是 1936 年由英国遗传学家罗纳德·费希尔(Ronald Fisher)收集整理的经典数据集,数据集中共包括 3 类数据,每类数据均有 50 条,共计 150 条。每条数据包含花萼长度、花萼宽度、花瓣长度、花瓣宽度 4 个特征属性和一个标签属性,标签属性分别对应 Setosa-山鸢尾、Versicolour-杂色鸢尾、Virginica-维吉尼亚鸢尾 3 个鸢尾花的分类,如图 5-25 所示。

(a) (b) (c)

图 5-25 鸢尾花分类

(a) 杂色鸢尾;(b) 山鸢尾;(c) 维吉尼亚鸢尾

1. 了解鸢尾花数据的基本信息

1) 读取数据

首先将鸢尾花数据集 'iris.csv' 上传到 Jupyter Notebook 上,然后使用 pandas 中的 read_csv 方法读取数据。

```
# 1-读取数据
import numpy as np
import pandas as pd
df = pd.read_csv('iris.csv')
```

2) 查看数据基本信息

查看数据的形状和属性,如图 5-26 所示。

从上面的运行结果可以看出,此鸢尾花数据集共有 150 条数据,每条数据有 5 个属性,其中有 4 个是特征属性,1 个是标签属性。4 个特征属性为:sepal_length:花萼长度;sepal_width:花萼宽度;petal_length:花瓣长度;petal_width:花瓣宽度。

目前标签属性查看不全,还需要继续探索,如图 5-27 所示。

```
# 2-查看数据基本信息
# 查看数据形状
df.shape
```

```
(150, 5)
```

```
# 查看前5条数据
df.head()
```

	sepal_length	sepal_width	petal_length	petal_width	species
0	5.1	3.5	1.4	0.2	setosa
1	4.9	3.0	1.4	0.2	setosa
2	4.7	3.2	1.3	0.2	setosa
3	4.6	3.1	1.5	0.2	setosa
4	5.0	3.6	1.4	0.2	setosa

图 5-26　查看鸢尾花数据基本信息

```
# 查看标签属性
df['species'].value_counts()
```

```
setosa        50
versicolor    50
virginica     50
Name: species, dtype: int64
```

图 5-27　查看鸢尾花标签属性

从上面运行结果可看出,鸢尾花数据集共有 3 个标签属性:setosa,山鸢尾,50 条数据;versicolor,杂色鸢尾,50 条数据;virginica,维吉尼亚鸢尾,50 条数据。

3) 查看数据统计信息

Pandas 中的 describe 方法可以查看数值属性的基本统计信息,使用起来非常方便,如图 5-28 所示。从上面的运行结果可以看出,数据没有缺失值,具体可总结如下。

(1) 花萼长度(sepal_length)的平均值约为 5.8,最小值是 4.3,最大值是 7.9,标准差约为 0.83,数据相对较集中。

(2) 花萼宽度(sepal_width)的平均值约为 3.1,最小值是 2.0,最大值是 4.4,标准差约为 0.44,数据相对较集中。

(3) 花瓣长度(petal_length)的平均值约为 3.8,最小值是 1.0,最大值是 6.9,标准差约为 1.77,数据相对较离散。

(4) 花瓣宽度(petal_width)的平均值约为 1.2,最小值是 0.1,最大值是 2.5,标准差约为 0.76,数据相对较集中。

上面是对 150 条 3 类数据的统计信息进行查看,接下来我们可以分别查看每一类鸢尾花的统计数据。

```
#3-查看数据统计信息
df.describe()
```

	sepal_length	sepal_width	petal_length	petal_width
count	150.000000	150.000000	150.000000	150.000000
mean	5.843333	3.057333	3.758000	1.199333
std	0.828066	0.435866	1.765298	0.762238
min	4.300000	2.000000	1.000000	0.100000
25%	5.100000	2.800000	1.600000	0.300000
50%	5.800000	3.000000	4.350000	1.300000
75%	6.400000	3.300000	5.100000	1.800000
max	7.900000	4.400000	6.900000	2.500000

图 5-28　查看鸢尾花数据统计信息

根据标签获取相应的鸢尾花数据,代码如下。

```
# 根据标签获取相应的鸢尾花数据
iris_setosa = df[df['species'] == 'setosa']
iris_versicolor = df[df['species'] == 'versicolor']
iris_virginica = df[df['species'] == 'virginica']
```

查看每一类鸢尾花的统计数据,如图 5-29、图 5-30、图 5-31 所示。

4) 统计数据推断

通过上面每类鸢尾花的统计数据可初步推断。

(1) 山鸢尾的花萼长度平均值约为 5.0,最小值是 4.3,最大值是 5.8,标准差约为 0.35;杂色鸢尾的花萼长度平均值约为 5.9,最小值是 4.9,最大值是 7.0,标准差约为 0.52;维吉尼亚鸢尾的花萼长度平均值约为 6.6,最小值是 4.9,最大值是 7.9,标准差约为 0.64;三类鸢尾花的花萼长度平均值相差较小,最小值和最大值区间有重合。

(2) 山鸢尾的花萼宽度平均值约为 3.4,最小值是 2.3,最大值是 4.4,标准差约为 0.38;杂色鸢尾的花萼宽度平均值约为 2.8,最小值是 2.0,最大值是 3.4,标准差约为 0.31;维吉尼亚鸢尾的花萼宽度平均值约为 3.0,最小值是 2.2,最大值是 3.8,标准差约为 0.32;三类鸢尾花的花萼宽度很类似,平均值相差很小,最小值和最大值区间有很大重合。

(3) 山鸢尾的花瓣长度平均值约为 1.5,最小值是 1.0,最大值是 1.9,标准差约为 0.17;杂色鸢尾的花瓣长度平均值约为 4.3,最小值是 3.0,最大值是 5.1,标准差约为 0.46;维吉尼亚鸢尾的花瓣长度平均值约为 5.6,最小值是 4.5,最大值是 6.9,标准差约为 0.55;三类鸢尾花的花瓣长度相差很大,平均值相差较大,最小值和最大值区间没有重合。

(4) 山鸢尾的花瓣宽度平均值约为 0.25,最小值是 0.1,最大值是 0.6,标准差约为 0.11;杂色鸢尾的花瓣宽度平均值约为 1.33,最小值是 1.0,最大值是 1.8,标准差约为 0.20;维吉尼亚鸢尾的花瓣宽度平均值约为 2.03,最小值是 1.4,最大值是 2.5,标准差约为 0.27;三类鸢尾花的花瓣宽度相差较大,最小值和最大值区间有小部分重合。

```
# 查看山鸢尾(setosa)的统计数据
iris_setosa.describe()
```

	sepal_length	sepal_width	petal_length	petal_width
count	50.00000	50.000000	50.000000	50.000000
mean	5.00600	3.428000	1.462000	0.246000
std	0.35249	0.379064	0.173664	0.105386
min	4.30000	2.300000	1.000000	0.100000
25%	4.80000	3.200000	1.400000	0.200000
50%	5.00000	3.400000	1.500000	0.200000
75%	5.20000	3.675000	1.575000	0.300000
max	5.80000	4.400000	1.900000	0.600000

图 5-29　山鸢尾(setosa)的统计数据

```
# 查看杂色鸢尾(versicolor)的统计数据
iris_versicolor.describe()
```

	sepal_length	sepal_width	petal_length	petal_width
count	50.000000	50.000000	50.000000	50.000000
mean	5.936000	2.770000	4.260000	1.326000
std	0.516171	0.313798	0.469911	0.197753
min	4.900000	2.000000	3.000000	1.000000
25%	5.600000	2.525000	4.000000	1.200000
50%	5.900000	2.800000	4.350000	1.300000
75%	6.300000	3.000000	4.600000	1.500000
max	7.000000	3.400000	5.100000	1.800000

图 5-30　杂色鸢尾(versicolor)的统计数据

```
# 查看维吉尼亚鸢尾(virginica)的统计数据
iris_virginica.describe()
```

	sepal_length	sepal_width	petal_length	petal_width
count	50.00000	50.000000	50.000000	50.00000
mean	6.58800	2.974000	5.552000	2.02600
std	0.63588	0.322497	0.551895	0.27465
min	4.90000	2.200000	4.500000	1.40000
25%	6.22500	2.800000	5.100000	1.80000
50%	6.50000	3.000000	5.550000	2.00000
75%	6.90000	3.175000	5.875000	2.30000
max	7.90000	3.800000	6.900000	2.50000

图 5-31 维吉尼亚鸢尾(virginica)的统计数据

从上面的分析可初步推断,鸢尾花种类与花萼长度、宽度关联不大,但与花瓣长度、宽度关联较大。

2. 使用散点图探索鸢尾花数据

为了能够直观显示各个特征对分类的影响,接下来就用散点图来观察,代码如下。

```
# 4-画散点图
import matplotlib.pyplot as plt
plt.rcParams['font.sans-serif'] = ['SimHei']
plt.rcParams['axes.unicode_minus'] = False
plt.figure(figsize = (15,15),dpi = 100)
# 取前四列(特征)
iris_setosa_fea = np.array(iris_setosa.iloc[:,[0,1,2,3]])
iris_versicolor_fea = np.array(iris_versicolor.iloc[:,[0,1,2,3]])
iris_virginica_fea = np.array(iris_virginica.iloc[:,[0,1,2,3]])
# 运用 numpy.hsplit 水平分割,将特征分为 4 列
iris_setosa_fea_4 = np.hsplit(iris_setosa_fea,4)
iris_versicolor_fea_4 = np.hsplit(iris_versicolor_fea,4)
iris_virginica_fea_4 = np.hsplit(iris_virginica_fea,4)
```

```
label_text = ['花萼长度', '花萼宽度', '花瓣长度', '花瓣宽度']
# 设置散点大小、颜色
size = 5
setosa_color = 'r'
versicolor_color = 'g'
virginica_color = 'b'
# 设置标题
plt.suptitle('鸢尾花散点图:山鸢尾-红色,杂色鸢尾-绿色,维吉尼亚鸢尾-蓝色')
# 循环画散点图
for i in range(0, 4):
    for j in range(0, 4):
        # 创建子画布,第1个参数是图的行数,
        # 第2个参数是图的列数,第3个参数是指第几行第几列的第几幅图
        plt.subplot(4, 4, i * 4 + j + 1)
        # 如果行标签和列标签一样,不画图,显示列标签
        if i == j:
            plt.text(0.1, 0.4, label_text[i], size = 18)

        else:
            # 画山鸢尾散点图
            plt.scatter(iris_setosa_fea_4[j], iris_setosa_fea_4[i],
c = setosa_color, s = size)
            # 画杂色鸢尾散点图
            plt.scatter(iris_versicolor_fea_4[j], iris_versicolor_fea_
4[i],
c = versicolor_color, s = size)
            # 画维吉尼亚鸢尾散点图
            plt.scatter(iris_virginica_fea_4[j], iris_virginica_fea_4[i],
c = virginica_color, s = size)
            # 画出行标签
            plt.xlabel(label_text[j])
plt.show()
```

运行结果如图 5-32 所示。

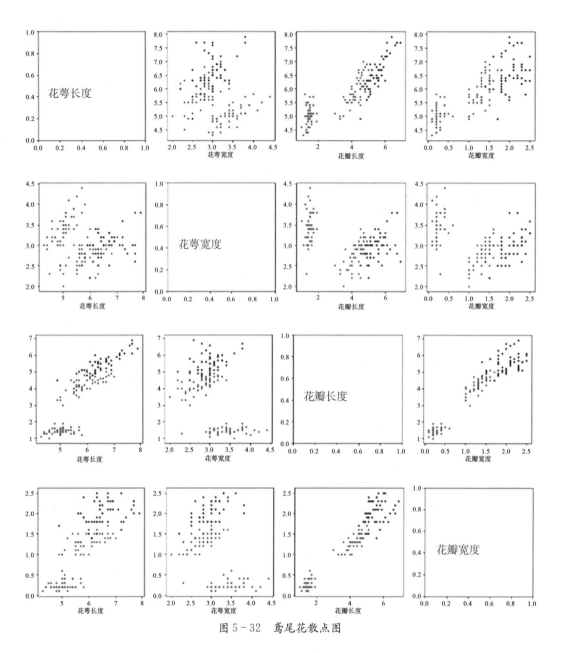

图 5-32 鸢尾花散点图

从图 5-32 中可以看出,在花萼长度和花萼宽度两个维度的散点图中,杂色鸢尾和维吉尼亚鸢尾交叉点比较多,如图 5-33 所示。

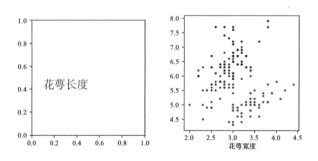

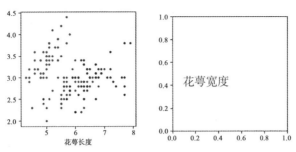

图 5-33　花萼长度和花萼宽度维度散点图

花瓣长度和花瓣宽度维度的散点图中交叉点较少,如图 5-34 所示。

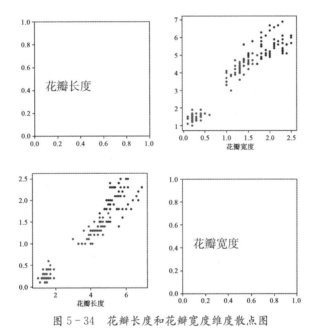

图 5-34　花瓣长度和花瓣宽度维度散点图

综上,可以推测花萼长度和花萼宽度对分类影响较小,花瓣长度和花瓣宽度对分类影响较大,与上面统计分析得到的结果一致。

【知识拓展】

鸢尾花数据集是经典数据集,这个数据集已经被集成到 Python 的机器学习库 sklearn 里面了,后续使用可以直接从 sklearn 库中加载。

习 题

1. 以下不属于对数据离散程度度量的是(　　)。

A. 方差　　　　　B. 平均差　　　　　C. 众数　　　　　D. 标准差

2. 以下用于描述定性数据的计量尺度是(　　)。

A. 定序尺度、定类尺度　　　　　　B. 定类尺度、定距尺度

C. 定距尺度、定类尺度　　　　　　D. 定距尺度、定比尺度

3. 请描述正态分布和泊松分布的概念及适用场景,并用 Python 实现。

4. 请用 Python 实现 3 组数据的欧式距离、曼哈顿距离和马氏距离并说明它们之间的区别。

5. 以下属于数据分布型图表的是(　　)。

A. 柱形图　　　　　B. 箱线图　　　　　C. 饼图　　　　　D. 折线图

6. Matplotlib 中的 imshow()方法用于绘制什么图?

A. 雷达图　　　　　B. 箱线图　　　　　C. 散点图　　　　　D. 热力图

7. 请描述柱形图和直方图的区别。

8. 请针对一个年级的期中考试成绩进行可视化分析。

第 6 章

大数据运营综合应用

本章知识点

(1) 了解数据分析思维。
(2) 了解大数据运营指标体系。
(3) 掌握大数据运营分类。
(4) 掌握网贷平台逾期用户分析。

在企业中做数据运营,数据分析思维、指标体系和大数据运营的基本分类是必须要掌握的知识。而实现数据分析的技术手段目前主流的有 Python 和 Hadoop/Spark/Flink 两种体系,它们的数据处理流程是一样的,都涉及数据采集、数据清洗、数据分析、数据可视化等。本章主要介绍基于 Python 体系的大数据运营综合案例。

6.1 大数据运营思维与分类

6.1.1 数据分析思维

数据本身是没有价值的,是数据分析让数据变得有价值,数据分析的过程就是在运营产生的一系列结构化或非结构化的数据中挖掘出有价值的信息。在对数据进行具体分析之前,需要掌握一些数据分析思维的方法。

1. 对比

在对数据进行分析时,如果单独看某一天或某一类数据的信息,其实并没有什么价值,比如某商店 2020 年 10 月份的销售额为 5 万元,如果单独出现并不能代表什么,如果是和上个月的数据进行对比,数据才变得有意义。

对比是最基本的数据分析方法,是寻找事物的相同点和不同点的方法。对比思维可分为目标对比、时间对比、横向对比和纵切对比四种。

(1) 目标对比:主要用于对目标、进度的管理,如完成率。

(2) 时间对比:按照时间维度进行对比,如同比、环比。

（3）横向对比：按照横向维度进行对比，比如某公司产品各个地区的销量。

（4）纵向对比：根据细分中的纵向维护进行对比，比如漏斗不同阶段的转化率。

2. 演绎推理

演绎推理思维一般是从整体出发，寻找事物之间的逻辑，从而得到某个个体的特性。在数据分析中，我们会经常用到演绎推理思维。比如某品牌于前一晚发放了优惠券，第二天销售量就得到了提升，因此我们可以推断发放优惠券这个运营活动提高了产品的销量，这就是演绎推理思维。

3. 假设

假设思维其实是从演绎思维中延伸出来的一种逆向思维，简单来说就是在数据分析过程中，在不清楚结果时，通过不断假设、不断论证、不断推理、不断推翻原假设的方式，找到最终的真实原因或者结论。

4. 拆分

某个数据指标若是由多种因素共同得出的，我们就可以对指标进行分解。比如某服装品牌当月销售额下降，此时可以将销售额拆分为成交用户数＊客单价，成交用户数又等于访客数＊转化率，在客单价不变的情况下，就可以通过分析访客数和转化率来得出销售额下降的原因。

5. 降维

当分析维度过多时，可以选择去掉一些可由其他维度计算得到的维度。比如有总用户数、男性用户数、女性用户数3个属性数据，由于总用户数＝男性用户数＋女性用户数，可以从3个属性数据中选择2个属性留下。

6. 增维

当已有的指标不能很好地解释问题时，就可以通过原有指标计算得出新的指标。比如原有数据中有访客数、转化率和客单价，若想知道销售额，可通过公式计算得出。

7. 漏斗分析

漏斗分析是一套能够科学地反映用户行为状态的流程式数据分析，其可以揭示每个关键环节的转化率、流失率，并锁定主要问题所在，为全流程的改善提供参考建议。漏斗思维在日常数据运营中有广泛应用，包括产品转化、流量监控、购买流程、销售管道、浏览路径等。

假如一个产品运营部门想要提升其购物 App 的用户活跃度，需要数据分析师给予决策依据。业务分析师接到此任务，首先需要知道的就是一般用户的购买路径，如"下载App、注册账号、查看商品、加入购物车、购买商品"，数据分析师此时就可以采用漏斗分析的方式针对这几个关键步骤开展数据分析。在进行漏斗分析时，先在每个步骤中选取一个关键页面，然后在每个页面中选取页面访客数（page view，PV）、平均停留时间这两个的指标。假设在分析中，我们发现在步骤3、步骤4的关键页面中，客户流失率较大，但步骤3的页面停留时间较长，这就说明该商品已推送给目标用户，但是可能由于商品价格、规格等因素客户没有加入购物车，因此运营部门可以在步骤3中分析原因，给出改善策略。

6.1.2　大数据运营指标体系

数据分析师在指标体系搭建的时候,常遇到不知道关注哪些指标的困扰,下面列举一些在用户运营、产品运营中常用的指标,供大家参考。

1. 用户类指标

对于用户数据相关的指标包括新增用户数、活跃率和留存率。

1) 新增用户数

新增用户数包括日新增用户数、月新增用户数等。新增用户数是用来衡量一个产品能否持续运营的依据。如果一个产品新增用户数随着时间推移慢慢减少,而老用户的活跃度又不断降低,那么产品将很难继续"生存"下去。

2) 活跃率

活跃率是基于活跃用户数量的,而活跃用户数按时间又分为日活跃用户数(DAU)、周活跃用户数(WAU)和月活跃用户数量(MAU)等。DAU 是指一天之内活跃的用户数;WAU 是指一周之内至少活跃一次的用户总数;MAU 是指一个月之内至少活跃一次的用户总数。

活跃率是活跃用户在总用户中的占比,计算时用活跃用户数除以总用户数。所以按照时间也可分为日活跃率、周活跃率、月活跃率等。

3) 留存率

留存是指开始使用产品的用户,经过一段时间后还继续使用,即指留下来的用户。留存可以评估产品功能对用户的黏性,也可以看出不同时期获得新用户的流失情况,如果留存低,就要找到用户流失的原因。留存率是反映用户留存的指标,是指留存用户占当时新增用户的比例。

留存率按照时间可分为次日留存率、第 3 日留存率、第 7 日留存率、第 30 日留存率等。次日留存率＝在第 2 天使用过产品的用户数/第 1 天新增总用户数;第 3 日留存率＝在第 3 天使用过产品的用户数/第 1 天新增总用户数。

2. 电商网站运营类指标

电商网站运营类指标包括 PV、UV、转化率、GMV、销售金额、客单价、销售毛利、毛利率等。接下来主要对 PV、UV、转化率、GMV 做具体介绍。

1) PV

PV 表示一定时间内某个页面的浏览次数,用户每访问一次网页可以看作是一个 PV。如果某网页一天的 PV 为 1 000,则代表该网页在 1 天中被打开了 1 000 次。

2) UV

独立访客数(unique visitor,UV),表示一定时间内访问某个页面的人数。比如某网页 1 天中被打开了 100 次,可是这 100 次都是被 1 个人打开的,那么此时 UV 为 1,PV 为 100。

3) 转化率

转化率是指在一个统计周期内,完成转化行为的次数占推广信息总点击次数的比率。如下单转化率＝下单人数/UV;支付转化率＝支付人数/UV。

4) GMV

商品交易总额(gross merchandise volume，GMV)表示一定时间内的成交总额，一般包含拍下未支付订单金额。

3. 产品类指标

产品类指标包括 SPU、SKU、品牌数、在线品牌数、上架商品数、上架商品 SPU 数、首次上架商品数等。接下来主要介绍 SPU、SKU、销售转化类指标。

1) SPU

标准化产品单元(Standard Product Unit，SPU)是商品信息聚合的最小单位，其是一组可复用、易检索的标准化信息的集合，该集合描述了一个产品的特性。通俗理解，属性值、特性相同的商品就可以称为一个 SPU。

2) SKU

库存量单元(Stock Keeping Unit，SKU)是库存进出计量的单位，以件、盒等为单位，在服装、鞋类商品中使用最多最普遍。例如纺织品中一个 SKU 通常表示：规格、颜色、款式。通俗理解，SPU 是一个商品，而 SKU 是该商品的不同的规格。

4. 销售转化类指标

销售转换类指标包括加入购物车次数、购物车支付转化率、下单金额、下单数量、下单支付时长、浏览下单转化率、交易成功订单数、退款率等。

5. 网贷平台类指标

网贷平台类指标包括新增借款、待收金额、资金净流入、平均借款期限、逾期率、逾期用户性别比例等。

6.1.3 大数据运营分类

1. 内容运营

1) 如何通过数据促进内容质量

随着国家对知识产权的重视，"内容为王"的时代已经开启。互联网时代，不缺内容，缺的是精品内容，怎样打造精品内容，使其成为产品的重要竞争力，是作为产品运营人员最核心的问题之一。大数据＋解决两大关键问题：一个是找到用户，另一个是内容优化。

(1) 找到用户。我们看腾讯 DMP 管理平台这个例子，它就是通过大数据的加工和管理，使得平台具备了数据管理、保证数据安全的同时进行用户画像分析、进行人群管理以及相似人群扩展，进而帮助跨屏、跨媒体控制等。

找到消费者之后，面对日益挑剔的消费者，怎么能够通过数据挖掘来传达你的信息和产品的内容？除了腾讯 DMP 这样数据管理平台，DSP 平台也成为品牌方青睐的选择。一些跨国公司在 DSP 平台上的投放甚至占所有广告费投入的半数，甚至更高。这么做，一方面是解决投放的精准性；另一方面是展示的保障。正如现在腾讯提出要打造品效合一的广告平台，也是为了实现产品的展示和效果的统一。

(2) 如何实现内容优化。找到消费者和渠道之后，如何实现内容优化？海量数据的出现，数据化管理平台的诞生，让我们在对用户行为进行研究的时候，能够运用的动态的非结构化数据，实时把握用户不断变化的需求。而以往的非结构化数据则能够解决用户的聚合类型,相关性分析,让我们了解到用户的固有属性。这二者结合,能够帮助品牌方预测和把握未来的趋势变化。对于内容营销来讲,这意味着能够精准地找到有这方面内容需要的用户,并且根据行业变化和发展趋势,有针对性地生产符合消费者需求的内容。

大数据+内容,让内容营销迈入了一个新的时代。其中,最重要的是通过大数据,可以找到精准的消费者。消费者洞察,也不是只有创意就够了,而是根据实实在在客户留下的痕迹、数据,通过算法使得"消费者洞察"真正有迹可循。

内容的分类可以是热点性内容、即时性内容、持续性内容,促销性内容等。以即时性内容举例,比如《奇葩说》,里面的"花市口播广告"就是内容品牌与内容驱动的合力之作。毫无疑问它做得非常成功,马东在打造奇葩说的时候说过,内容营销怎么做,其实就是把做内容当作产品一样,把内容做好。奇葩说平台和宝洁公司的海飞丝,尝试了一次内容营销。马东在奇葩说广告时段进行花式表达,金句频出,比如"废话就像头皮屑,消灭就用海飞丝。"与此同时,官微启动转发即送海飞丝的活动。当时转发量7万多条,所以最后也就送出去了7万多瓶海飞丝。

2) 如何做内容推荐

在做内容推荐之前,我们需要做的一件事就是:数据的收集、上报。不同于内容质量和用户画像的数据统计维度,应用于推荐的数据统计维度更多,它是两者的超集,除此以外,一些操作系统、App版本、网络环境、用户操作访问路径的分析、漏斗的模型的转化等都与推荐行为息息相关。此处关于数据上报的维度需要针对不同平台、不同推荐业务、不同场景做具体分析。

我们把每个用户想象成一个独立的点,每个用户背后都带有各种各样的用户属性,我们把具有相同属性的用户之间建立一条连线,众多的用户间的连线也错综复杂,由此形成了一个独立的用户面。同样的原理,把每条内容也想成一个独立的点,每条内容背后也都带有各种各样的内容聚类标识,我们把具有相同类别的内容之间建立一条连线,众多的内容间的连线也错综复杂,由此形成了一个独立的内容面。

有了"用户面"和"内容面"的概念以后,我们的每一个用户之间都彼此产生着联系,每个内容之间也都彼此产生着联系,那如何把我们的"用户面"和"内容面"打通,其实就是所谓的用户行为。我把用户行为比作"通道",通道用于连接"用户面"和"内容面",每一次用户行为,都是两个面之间一次数据的传输交流。至此,两个面之间互相打通,形成了一个三维模型。这个三维模型建立在数据上,每时每刻任意两点之间都在进行着数据传输,因为彼此间相互联系,一个用户的行为可能最终影响周围多个用户的结果,类似蝴蝶效应。

最后就是"a/b test"和"关于 a/b test",适中要遵循一个原则,明确目的,保持变量唯一。所有的推荐都是持续的过程,不同的推荐算法需要时间学习矫正,a/b test 就是很好的辅助工具和方法,关于如何构建 a/b test 系统,此处不做详细说明,只阐述其重要性。

2. 用户运营

1) 如何进行用户画像分析

什么是用户画像?从中文概念来讲,用户画像与用户角色非常相近,是用来勾画用户(用户背景、特征、性格标签、行为场景等)和联系用户需求与产品设计的。简单来讲,就是想要在海量用户行为数据中炼银挖金。它根据用户在互联网留下的种种数据,主动或被动地收集,然后尽可能全面细致地抽出一个用户的信息全貌,从而帮助解决如何把数据转化为商业价值的问题。比如:猜测用户是男是女、哪里人、工资多少、有没有谈恋爱、喜欢什么、准备购物吗?

从英文概念角度,用户画像(user portrait)、用户角色(user personal)、用户属性(user profile)这三个概念其实都是各有侧重和容易混淆的。用户画像倾向于对同一类用户进行不同维度的刻画。例如,对同一个电商的买家进行用户画像设计,就是将买家进一步细分和具象,可细分为闲逛型用户、收藏型用户、比价型用户、购买型用户等。用户角色倾向于业务系统中不同用户的角色区分。例如,学校教务管理系统、老师审核、设置选课、学生查看选课和成绩,这里老师、学生就是不同的用户角色。用户属性倾向于对属性层面的刻画和描述,特别是基本属性的内涵居多,包括性别、年龄、地域等。用户属性是用户画像的子集。

(1) 用户画像分类,主要有虚拟用户画像和数据用户画像。

① 虚拟用户画像是没有数据参与构建的,自然粒度也比较粗,仅仅只是用虚拟的用户画像代表真实的用户。

② 数据用户画像。虽然通过虚拟用户画像定义用户的性别、年龄等这些基本特征。但"画虎画皮难画骨,知人知面不知心。"若想要深入了解用户核心层面的信息,可采用数据用户画像。数据用户画像是随着互联网的不断发展,积累的用户信息、行为记录越来越丰富,同时通过大数据处理和分析技术可以计算出每一个用户的特征。特征是从人口基本属性、社会属性、生活习惯、消费行为等信息抽象出来的一个个具体的标签表示,标签是某一用户特征的符号化表示。

为每个用户计算用户画像,这样更加贴近真实的用户,每个用户都是独一无二,通过数据用户画像精准计算。

用户画像用标签集合来表示,例如:王某,男,33 岁,河南人,北京工作,银行业,投资顾问,年收入 50 万元,已婚,两套房,有孩子,喜欢社交,不爱运动,喝白酒,消费力强等。其中,基础信息可以通过用户的注册信息获得,但像是否有孩子、喜欢社交、喝白酒、消费能力等级等,用户不会告诉我们,这就需要建立数据模型才能计算出来。当然,用户标签的体系是需要根据业务领域去设计的(银行和电商用户标签体系就有所不同)。

(2) 数据用户画像的用途。用途主要有精准营销、数据应用、数据分析、辅助产品设计、匹配度判断和用户分析等 6 个方面。

① 精准营销。这是运营最熟悉的策略,从粗放式到精细化,将用户群体切割成更细的粒度,辅以短信、推送、邮件、活动等手段,驱以关怀、挽回、激励等策略。这样就避免了全量投放造成的浪费,而且可以针对某次吸引新用户的活动进行分析,评估活动效果,看是否和预期相符。

② 数据应用。用户画像是很多数据产品的基础,诸如耳熟能详的推荐系统、广告系统。操作过各大广告投放系统的同学想必都清楚,广告投放基于一系列人口统计相关的标签,性别、年龄、学历、兴趣偏好、手机等。比如:电商网站为准妈妈推荐婴儿用品,为摄影爱好者推荐镜头。在个性化推荐中,计算出用户标签是其中一环,还需要有协同过滤等推荐算法实现物品的推荐。精准广告可以根据年龄、区域、人群、天气、游戏爱好、内容偏

好、购物行为、搜索行为等定向选择进行投放。例如,腾讯的广点通可以支持用户在微信、QQ 精准投放。

③ 数据分析。用户画像可以理解为业务层面的数据仓库,各类标签是多维分析的天然要素,数据查询平台会和这些数据打通。

④ 辅助产品设计。数据用户画像可用于辅助产品设计,评价需求是否有价值。把用户进行分群,依据不同用户群特性进行产品设计和测试验证,使产品满足核心用户的需求。

⑤ 匹配度判断。查看某次市场推广的用户画像,事后分析是否和预期一致,判断推广渠道和产品目标用户群的匹配度。

⑥ 用户分析。产品早期,产品经理通过用户调研和访谈的形式了解用户。在产品用户量扩大后,调研的效用降低,这时候就会辅以用户画像配合研究,用来分析新增的用户有什么特征,核心用户的属性是否变化等。

2) 如何通过数据建立用户运营

流程化和精细化是运营人员需要具备的基本思维,如果说流程化的思考是运营人员对运营目标的定性思考,那么数据化就是对这个目标实现路径和效果的定量描述,它将你的工作思路落实在具体的数据指标上以衡量你的工作效果和目标实现情况。

建立数据化用户运营的必要性有两点:一是在于定量衡量你工作的价值;二是实现精细化运营的基础,比如建立在数据基础上的用户分层分类和用户画像就是精细化运营的前提。

数据化用户运营是利用用户运营的思路,结合数据分析的思想,业务指导数据,数据驱动业务,实现对用户的精细化运营,这是数据化用户运营的核心思想。用户运营数据化的循环流程如下:

(1) 用户数据收集。用户数据的收集主要包括用户的基本数据、行为数据和流量数据。用户基本数据是指用户的静态数据,包括性别、年龄、地区、工作等,这类数据描述了用户是谁,主要靠基本信息填写来实现。用户行为数据是用户在产品上一系列操作行为的集合,哪个用户在哪个时间点、哪个地方以哪种方式完成了哪类操作,包括用户浏览、购买、内容贡献、邀请传播、社交等行为,这类数据描述了用户干了什么,主要靠数据埋点来实现。用户流量数据是用户的来源,它是基于用户访问的网页端产生的,包括设备、运营商、端口、时间等,这类数据描述用户从哪儿来。但目前的流量数据统计主要来源于 GA、百度统计等第三方工具,无法记录在数据库中,也就是还做不到与上述提到的用户基本数据、行为数据一一对应。

以上数据都是从产品或第三方工具里得到的原始数据,要实现运营目标还需要在原始数据基础上做数据挖掘和数据分析,结合运营目标和路径构建数据化运营指标体系。

(2) 构建用户数据化运营指标体系。如果你不能用指标来描述业务,那么你就不能有效增长它。那么在本环节要做的就是将你的业务指标化。数据指标不是恒定不变的,它依托于你产品的业务流程或功能流程,和目标及目标实现路径密切相关。用户运营的目的是最大化提升用户价值,如果你是电商产品,那你的目的就是让用户付费购买商品;如果你是社区产品,那你的目的就是让用户贡献传播内容。但是产品目标和用户价值的实现是个循序渐进的过程,也是个动态演变的过程,有的从潜在用户注册成为活跃用户,有的从活跃转为流失,还有的从流失回流到活跃。

(3) 数据驱动用户运营。数据本身是没有价值的,变成策略才有价值。我们构建出来的数据指标都是为决策服务的,帮助制定和优化运营策略。通过数据我们不仅要知道"是什么"和"有多少"的问题,更重要的是要知道"为什么"? 这才是数据驱动业务的关键。数据驱动业务体现在两个方面:一是用数据优化运营策略,比如用户留存率低,而留存率与用户质量和产品吸引力有关系,通过渠道分析发现用户质量没有问题,而通过用户流失分析发现主要流失阶段在初始接触期,这就找到了原因,于是在产品稳定性、易用性和新用户引导上做优化。二是数据验证运营策略,比如你想上线一个新的用户激励措施,但不确定和原有方式相比是否会有更好的结果,这时候通过合理的 AB 测试得出的对比数据可以为你提供决策依据。

3. 产品运营

1) 如何通过数据驱动产品力提升

(1) 定目标。无论是部门还是项目,在做产品工作的时候,都需要有一个非常明确的目标。在定目标时,对于一个全新的业务或者产品,我们在没有已有数据做参考的时候,可以参考同类竞品,然后估算可以达到的数据。

这个数据具体取什么,也很重要。一般都会取你所负责项目对公司、业务贡献最突出的地方。在目标一旦明确后,产品经理所做的工作,就是朝着这个目标努力思考,因此效果就会更加聚焦,结果也可以量化。

(2) 产品迭代。在做需求、设计产品时,首先思考的是这个改动要达成什么目标,是提升转化率,优化用户体验,或是增长某些业务数据。在明确了目标后,再去思考如何改动会提升相关数据。比如强制用户注册登录,是否可以提高用户注册数,是否会影响新用户的留存率等。可能在上线前做出一系列假设,这些假设在没有看到数据前,都只是推断,并不能反映用户的真实行为。互联网产品迭代速度快,主要是通过小步快跑的迭代方式,可以反复地试错、纠正、优化。保证始终是朝着好的方向尝试着。如果是大的功能,上线后,观察整体的各项指标是否发生变化。如果发生了变化,是否是因为这个功能引起的。如果数据变好了,说明印证了我们的猜想,符合我们的预期;如果数据不好,就要进一步细化数据,定位原因,再次进行优化,直到得出明确结论。

(3) A/B 测试。A/B 测试是指同时上线 A 方案和 B 方案,观察两个方案的数据好坏,从而决定使用哪个方案。这是最常见的数据驱动手段,由于它可以控制除改动点之外的其他变量,因此它的对比比较客观,结论也会非常准确。

2) 如何通过数据做品类管理

在零售行业,不论是哪一种产品,如饮料、日用品、奶粉等,货架陈列是非常重要的,在商超里面,好的陈列位置也是卖家必争之地,谁有实力谁就可以拿到最好的位置,那么如果没有好位置,对于货架陈列要注重什么,怎么才可以进行更好的货架管理,新的数据分析工具可以帮助品牌进行更好的品类管理、设计、陈列以及优化。

在货架管理中引入大数据分析就是为了可以更好地用科学的方法来进行货架管理,将客户最想要优先购买的产品放在客户的面前,以及做出更好的预测性的品类管理决策。利用数据分析进行品类管理,主要衡量标准有陈列是不是客户想要的产品,陈列的价格是不是最新的价格,是不是最新包装产品,是不是活动中的产品,陈列出来的品类库存还有多少,以及预期的毛利是多少,能不能达到以上的几个目标,都是需要已有的数据支持。

现有基于数据分析的品类管理很多都是针对销售的情况是什么样的,主要提取销售的数据,根据长尾理论,销售量高的产品总是会被排列得最多,销售量低的产品会被少部分排列或者还有可能会被下架,在品类管理中,我们不能只是看重销售的数据,也要考虑每一个品类之间的互动关系,一个企业也可能只单独生产一种品类的产品,好的基于数据的品类管理要以客户的需要为中心,根据客户的真实购买情况,结合客户的信息,找出核心的产品,如果是比较重点的门店可以挖掘更有深度的产品,一些额外的品类还可以根据每一个门店的不同的投入情况,以及重点的主推品牌进行调整。

品类管理的目标就是将最好、最完整的品类展示在货架上,货架陈列就是将客户最需要的产品展示在客户的面前,好的货架陈列可以达到三赢的效果,对于客户来说,可以很快地找到自己喜欢的产品,从而提高客户的购买体验。对于运营方来说,可以减少过期陈列或者减少报损的数量,简化陈列的工序,在库存以及物流方面也可以提高效率。对于企业来说,利用数据分析进行品类管理,从而进行货架陈列,可以有效地提高货架的使用效率,对于门店的发展策略也是有益的,可以不断地提高盈利。

3)提升产品购买能力

提升产品的购买能力可以从战略、策略、执行三个方面去实现。

(1)确定产品战略方向。

确定品类:锁定产品的品类,目前的品类,未来要上线的品类。

明确方向:产品的发展规划清晰明确。

发展战略:3～5年的产品规划战略,以及产品的愿景和使命。

营销目标:目标计划及分解计划、利润指标等。

核心战略:产品品质的把控,流程优化等核心战略。

(2)制订有效的产品策略方法。明确目标用户及用户分析:消费场景分析、挖掘市场需求、挖掘产品价值、形成有竞争力的产品优势、打造层级的产品结构、有冲击力的产品创意。

(3)通过产品经理负责制提高执行力度。产品经理负责制主要包括产品推广计划表、新品开发计划表、爆款打造计划表、产品营销工具、产品体系工作推进表。

4. 渠道运营

建立精细化的渠道追踪体系是做好渠道运营的基础保障。能追踪才能衡量,我们需要用一套 UTM 配置参数来追踪用户的来源,告别拍脑袋的主观判断渠道质量好坏的状态。如表 6-1 所示,UTM 提供了 5 个可以自由配置的参数。

表 6-1　UTM 配置参数

中文名	英文名	含义	示例
广告系列来源	utm_source	标记网站、邮箱、应用等来源	utm_source＝baidu
广告系列媒介	utm_medium	标记 Banner、CPC、EDM 等广告形式	utm_medium＝cpc

续表

中文名	英文名	含义	示例
广告系列字词	utm_term	付费搜索,标明此广告的关键字	utm_term＝shoes
广告系列内容	utm_content	主要用于 A/B 测试和按内容定位的广告。用于区分指向同一网址的广告或链接	utm_content＝logolink;utm_content＝textlink
广告系列名称	utm_campaign	标记特定的产品推广活动或战略性广告系列	utm_campaign＝spring

在参数定义之后,就可以进行各种场景的跟踪,例如,新浪首页顶部 Banner 位和右侧 Banner 位分别投放了不同广告创意的运营内容。这里面包含了对运营来说以下几点关键信息。

(1) 不同广告创意的追踪。创意是否和用户需求相关,在很大程度上会影响用户是否会点击推广结果。

(2) 不同推广落地页的追踪。如果用户点击某条创意比较好的广告来到落地页后,发现不是自己最关心的内容,那么用户体验会很糟糕,用户很可能就跳出了,没有发生我们期望他完成的行为,这对推广运营的好坏影响很大。

(3) 不同广告系列的追踪。可以对付费推广活动打上以 pay 开头的标签,用于区分是付费推广还是免费推广。这就实现了在同一个渠道不同位置投放的不同广告创意的付费活动的追踪。当然,你可以充分利用这 5 个参数的组合来实现各种场景的渠道追踪。

5. 活动运营

(1) 数据分析前提条件。无论我们是分析搜索,还是场景数据,当数据量达不到一定程度的时候,都没有任何意义。也就是只有数据达到一定量时,才具备分析参考价值。

比如图片 5 个展现,1 个点击,点击率是 20%,那你就能说这张图很好吗? 并不能,但是当它有 100 个点击,点击率仍有 20%,你再说这张图好就会要有底气了。

(2) ocpx 计划数据分析。ocpx 有两个阶段,第一个阶段是数据积累期;第二个阶段是智能投放期。在第一个阶段我们需要重点关注数据的曝光量,没有曝光我们一般采用两种应对措施。一是提高出价;二是新建同个链接 ocpx 计划。第二个阶段,重点就不是关注曝光,而是转化和投资回报率(ROI)。调整数据思路就是根据转化流量进行一个浮动出价。比如流量转化好时,我们可以降低出价,因为第二天会根据我们前一天数据进行曝光展现。如果流量转化不好,可以适当提高出价,避免第二天流量供应不足。其次我们还可以根据成交、询单、收藏、关注数据进行浮动出价,因为有些类目会更注重询单和关注。比如定制类目询单量就会比较重要,女装等非标品,关注也是需要考虑的因素。

(3) 自定义计划数据分析。自定义可以优化调整的地方会比智能更多,因此需要关注的数据也会增加。比如曝光量、点击量、点击率、平均点击花费、点击转化率、投入产出比、分时折扣等。

自定义计划优化数据可以有以下几个措施。

一是持续拖价。因为在计划初期,无论计划权重还是链接权重,都是比较低的,为了日限额能跑出去,一般采用高出低溢的形式,所以当计划权重养起来之后,先就是要去降低 PPC。

二是优化分时折扣。看数据的时候,不要紧盯着投产,还要关注流量的波动情况,因为不是所有访客都是即时成交的,从而避免数据误差。可以通过报表把每天分时详情数据下载下来,导入到 Excel,进行数据汇总,根据得到的数据规律进行调整我们的计划,比如好的时间段提高溢价,当然也可以采用很极端的操作,就是只开这些好的时间段,其他溢价为 0。

三是配合 ocpx 放大流量基数。无论是智能计划还是自定义计划,点击率都是核心关键因素,没有做好点击率就去推广往往会折戟沉沙,一败涂地。只有把握数据的精准分析,才能把每一分钱都花在刀刃上。

6.2 大数据运营综合案例解析

现有一份某网贷平台的用户数据,可使用 Python 对此数据中的逾期用户进行分析,总结出逾期用户的特点(逾期用户画像),在平台运营过程中对具有逾期特点的用户采取适当的风险管控措施。

6.2.1 数据基本信息

现有数据集"LCIS.csv"文件,是某网贷平台 2015 年 1 月 1 日至 2017 年 1 月 30 日所有的交易数据,首先我们需要导入数据,了解数据集的基本情况。

1. 数据信息操作

1) 导入数据

使用 Pandas 中的 read_csv()方法导入数据(此数据已上传到 Jupyter Notebook 中,也可从本地磁盘导入),如图 6-1 所示。

```
# 1-导入数据
import pandas as pd
import numpy as np
df = pd.read_csv('LCIS.csv')
```

图 6-1 导入数据

2) 查看数据集形状

使用 shape 属性查看数据集的形状,如图 6-2 所示。

```
df.shape
```

(292539, 37)

图 6-2 查看数据集形状

从图 6-2 可看出此数据集共有 292 539 条数据,37 个属性。接下来需要查看这 37 个属性分别代表什么。

2. 数据信息查看

1）查看数据集的基本信息

使用 info() 方法查看数据集基本信息，如图 6-3 所示。

```
df.info()
```

```
<class 'pandas.core.frame.DataFrame'>
RangeIndex: 292539 entries, 0 to 292538
Data columns (total 37 columns):
ListingId        292539 non-null int64
借款金额           292539 non-null int64
借款期限           292539 non-null int64
借款利率           292539 non-null float64
借款成功日期         292539 non-null object
初始评级           292539 non-null object
借款类型           292539 non-null object
是否首标           292539 non-null object
年龄             292539 non-null int64
性别             292539 non-null object
手机认证           292539 non-null object
户口认证           292539 non-null object
视频认证           292539 non-null object
学历认证           292539 non-null object
征信认证           292539 non-null object
淘宝认证           292539 non-null object
历史成功借款次数       291336 non-null float64
历史成功借款金额       291336 non-null float64
总待还本金          292539 non-null float64
历史正常还款期数       292539 non-null int64
历史逾期还款期数       292539 non-null int64
我的投资金额         292539 non-null int64
当前到期期数         292539 non-null int64
当前还款期数         292539 non-null int64
已还本金           292539 non-null float64
已还利息           292539 non-null float64
待还本金           292539 non-null float64
待还利息           292539 non-null float64
标当前逾期天数        292539 non-null int64
标当前状态          292539 non-null object
上次还款日期         271490 non-null object
上次还款本金         270290 non-null float64
上次还款利息         270290 non-null float64
下次计划还款日期       182563 non-null object
下次计划还款本金       182563 non-null float64
下次计划还款利息       181494 non-null float64
recorddate     292130 non-null object
dtypes: float64(12), int64(10), object(15)
memory usage: 82.6+ MB
```

图 6-3　查看数据集基本信息

2）将英文字段重命名为中文

用英文字段重命名为中文，代码如下。

```
# 保留原始的 df
# 新建一个 DataFrame(data) 存放数据
data = pd.DataFrame(df)
# 将英文字段改为中文
# inplace = True, 不创建新的对象，直接对原始对象进行修改
data.rename(columns = {'ListingId':'序号','recorddate':'记录日期'}, inplace =
True)
```

使用 head() 方法查看前 5 条数据，如图 6-4 所示。

	序号	借款金额	借款期限	借款利率	借款成功日期	初始评级	借款类型	是否首标	年龄	性别	...	待还利息	标当前逾期天数	标当前状态	上次还款日期	上次还款本金	上次还款利息	下次计划还款日期	下次计划还款本金	下次计划还款利息	记录日期
0	1693100	3629	6	12.0	2015/1/28	AA	普通	否	31	男	...	0.00	0	已还清	2015/7/28	34.20	0.30	NaN	NaN	NaN	2016/12/31
1	1713229	3000	12	12.0	2015/1/30	AA	普通	是	24	男	...	0.00	0	已还清	2015/10/19	173.39	1.05	NaN	NaN	NaN	2016/12/31
2	1904026	3629	12	12.0	2015/3/7	AA	普通	否	27	男	...	0.00	0	已还清	2016/3/6	44.04	0.38	NaN	NaN	NaN	2016/12/31
3	2158281	3919	12	18.0	2015/4/14	C	普通	否	28	男	...	0.00	0	已还清	2015/5/19	92.34	0.22	NaN	NaN	NaN	2016/12/31
4	2257194	14000	12	18.0	2015/4/23	C	普通	否	46	男	...	9.92	589	逾期中	NaN	NaN	NaN	2015/5/23	7.66	1.5	2016/12/31

5 rows × 37 columns

图 6-4　查看前 5 条数据

3）总结 37 个属性信息

结合上面查看基本信息的运行结果，可将 37 个属性信息总结成如表 6-2 所示。

表 6-2　37 个属性信息

编号	属性名	非空记录条数	数据类型
1	序号	292 539	int64
2	借款金额	292 539	int64
3	借款期限	292 539	int64
4	借款利率	292 539	float64
5	借款成功日期	292 539	object

编号	属性名	非空记录条数	数据类型
6	初始评级	292 539	object
7	借款类型	292 539	object
8	是否首标	292 539	object
9	年龄	292 539	int64
10	性别	292 539	object
11	手机认证	292 539	object
12	户口认证	292 539	object
13	视频认证	292 539	object
14	学历认证	292 539	object
15	征信认证	292 539	object
16	淘宝认证	292 539	object
17	历史成功借款次数	291 336	float64
18	历史成功借款金额	291 336	float64
19	总待还本金	292 539	float64
20	历史正常还款期数	292 539	int64
21	历史逾期还款期数	292 539	int64
22	我的投资金额	292 539	int64
23	当前到期期数	292 539	int64
24	当前还款期数	292 539	int64
25	已还本金	292 539	float64
26	已还利息	292 539	float64
27	待还本金	292 539	float64
28	待还利息	292 539	float64
29	标当前逾期天数	292 539	int64
30	标当前状态	292 539	object
31	上次还款日期	271 490	object
32	上次还款本金	270 290	float64
33	上次还款利息	270 290	float64
34	下次计划还款日期	182 563	object
35	下次计划还款本金	182 563	float64
36	下次计划还款利息	181 494	float64
37	记录日期	292 130	object

从表格可看出，有部分属性存在空值，后续数据清洗的时候需要对缺失值进行处理。

3. 数据信息统计

1) 查看数据集统计信息

使用 Pandas 的 describe() 方法查看基本统计信息，如图 6-5 所示。

其中历史成功借款金额、总待还本金、历史正常还款期数等是科学计数法显示的，我们也可使用如下方式查看，如图 6-6 所示。

2) 了解定量数据的统计信息

结合上面的统计信息，可了解定量数据的统计信息（去除序号属性，共有 21 个定量数

data.describe()

	序号	借款金额	借款期限	借款利率	年龄	历史成功借款次数	历史成功借款金额	总待还本金	历史正常还款期数	历史逾期还款期数
count	2.925390e+05	292539.000000	292539.000000	292539.000000	292539.000000	291336.000000	2.913360e+05	2.925390e+05	2.925390e+05	292539.000000
mean	1.365921e+07	8516.123713	10.191974	17.783796	29.353949	2.583769	1.513134e+04	4.499622e+03	7.664124e+01	18.366290
std	7.645477e+06	27584.913864	3.148704	3.375216	6.165157	5.081881	7.026413e+04	1.698939e+04	4.672302e+02	1256.978087
min	1.064520e+05	100.000000	1.000000	7.000000	18.000000	0.000000	0.000000e+00	0.000000e+00	0.000000e+00	0.000000
25%	8.062345e+06	3000.000000	6.000000	16.000000	25.000000	1.000000	1.000000e+03	0.000000e+00	0.000000e+00	0.000000
50%	1.335642e+07	4107.000000	12.000000	18.000000	28.000000	2.000000	6.500000e+03	2.883070e+03	7.000000e+00	0.000000
75%	1.965662e+07	7000.000000	12.000000	20.000000	32.000000	4.000000	1.369200e+04	5.890600e+03	1.500000e+01	0.000000
max	3.261883e+07	500000.000000	24.000000	24.000000	65.000000	487.000000	3.856476e+06	1.697706e+06	1.625000e+06	524034.000000

8 rows × 22 columns

图 6-5　查看数据统计信息

data['历史成功借款金额'].mean()

15131.341027198836

data['历史成功借款金额'].min()

0.0

data['历史成功借款金额'].max()

3856476.0

data['历史成功借款金额'].std()

70264.1334168187

图 6-6　分别查看均值、最小值等统计信息

据),总结如表 6-3 所示。

表 6-3　定量数据统计信息

编号	属性名	非空记录条数	数据类型	平均值（2 位小数）	最小值	最大值	标准差（2 位小数）
1	借款金额	292 539	int64	8 516.12	100	500 000	27 584.91
2	借款期限	292 539	int64	10.19	1	24	3.15
3	借款利率	292 539	float64	17.78	7	24	3.38
4	年龄	292 539	int64	29.35	18	65	6.17
5	历史成功借款次数	291 336	float64	2.58	0	487	5.08

编号	属性名	非空记录条数	数据类型	平均值 （2位小数）	最小值	最大值	标准差 （2位小数）
6	历史成功借款金额	291 336	float64	15 131.34	0	3 856 476	70 264.13
7	总待还本金	292 539	float64	4 499.62	0	1 697 706	16 989.39
8	历史正常还款期数	292 539	int64	76.64	0	1 625 000	4 672.3
9	历史逾期还款期数	292 539	int64	18.37	0	524 034	1 256.98
10	我的投资金额	292 539	int64	96.35	0	2 190	117.75
11	当前到期期数	292 539	int64	5.56	0	24	3.88
12	当前还款期数	292 539	int64	5.65	0	1 100	11.15
13	已还本金	292 539	float64	72.09	0	2 190	122.3
14	已还利息	292 539	float64	4.8	0	269.6	6.48
15	待还本金	292 539	float64	24.48	0	1 100	30.99
16	待还利息	292 539	float64	1.67	0	87.74	2.31
17	标当前逾期天数	292 539	int64	3.19	0	681	27.91
18	上次还款本金	270 290	float64	21.28	0	1 413	48.78
19	上次还款利息	270 290	float64	0.48	0	11.77	0.42
20	下次计划还款本金	182 563	float64	6.04	0	96.9	4.37
21	下次计划还款利息	181 494	float64	0.58	0	8.92	0.33

从表6-3所示，可得出如下信息。

（1）此网贷平台的用户年龄在18到65岁之间，平均值是29.35，说明年轻用户比较多。

（2）此网贷平台业务，最小贷款金额是100元，最大贷款金额是50万元。

（3）借款金额、历史成功借款金额、总待还本金这几个属性的最小值和最大值相差很大，标准差较高，说明数据较离散。

4. 数据信息定性

数据集中共有37个属性，其中定量数据22个，定性数据15个，根据定性数据的特点，可将其分为日期数据、认证数据和其他数据三类，如表6-4所示。

表6-4 定性数据信息

编号	分类	属性名	非空记录条数
1	日期数据	借款成功日期	292 539
2		上次还款日期	271 490
3		下次计划还款日期	182 563
4		记录日期	292 130
5	认证数据	手机认证	292 539
6		户口认证	292 539
7		视频认证	292 539
8		学历认证	292 539
9		征信认证	292 539
10		淘宝认证	292 539

续表

编号	分类	属性名	非空记录条数
11	其他数据	初始评级	292 539
12		借款类型	292 539
13		标当前状态	292 539
14		是否首标	292 539
15		性别	292 539

在日期数据中空值比较多,后续需要进行缺失值填充;认证数据主要为用户的认证方式,只要采用其中一种方式认证过,就证明是已认证的状态,后续可用 1 个字段替换这 6 个字段;在其他数据中,我们需要查看"初始评级""借款类型""标当前状态"的取值范围。

1) 查看"初始评级"数据

使用 value_counts()方法查看数据的值及每个值的统计信息,如图 6-7 所示。

```
data['初始评级'].value_counts()
B      101487
C       90140
AA      45663
A       27913
D       22591
E        3157
AAA      1322
F         266
Name: 初始评级, dtype: int64
```

图 6-7　查看"初始评级"数据

从"初始评级"的结果中可看出,共分为 AAA、AA、A、B、C、D、E、F 八个等级,AAA 为最优等级,F 为最差等级。从上图结果可得出 B、C 级别客户很多,占比约 66%,AAA 和 F 级别的客户很少,占比约为 0.5%,基本符合正态分布特点,"一般般的很多,极端的很少"。

2) 查看"借款类型"数据

通过 value_counts()方法查看"借款类型"数据,如图 6-8 所示。

```
data['借款类型'].value_counts()
普通      118966
其他       95261
APP闪电    73553
电商        4060
应收安全标     699
Name: 借款类型, dtype: int64
```

图 6-8　查看"借款类型"数据

从结果中可看出此网贷平台的借款类型共分为 5 种,分别是"普通""其他""App 闪电""电商"和"应收安全标",其中,"普通"类型占比最高,约为 41%。

3）查看"标当前状态"数据

从结果中可看出,处于"正常还款中"状态的最多,达到 172 569 条,占比约为 59%,还有 1 203 条数据异常,后续数据清洗的时候需要对异常值进行处理。

```
data['标当前状态'].value_counts()
```

正常还款中	172569
已还清	109168
逾期中	9599
0	409
5	26
3.56	26
5.76	25
0.7	25
4.25	24
2.35	24
2.92	21
0.77	20
1.07	18
4.83	18
0.38	18
0.4	16
2.65	16
4.39	14
1.9	13
6.47	12
1.78	12

图 6-9　查看"标当前状态"数据

6.2.2　数据清洗

在对数据集有了基本了解之后,为了让数据更规范,需要对数据进行清洗。数据清洗工作虽烦琐,但很重要,这里主要对重复值、缺失值和异常值进行处理。

1. 重复值处理

1）查看是否有重复值

使用 duplicated()方法查看数据是否存在重复值,如图 6-10 所示。

由于数据量太多,不方便查看,此时可以将 duplicated()方法和 sum()方法联合使用,返回重复值的数量,如图 6-11 所示。

从运行结果中可看出,数据集中共有 106 条重复值。

```
data.duplicated()
```

```
0       False
1       False
2       False
3       False
4       False
5       False
6       False
7       False
8       False
9       False
10      False
11      False
12      False
13      False
14      False
15      False
16      False
17      False
18      False
19      False
```

图 6-10　查看是否有重复值

```
data.duplicated().sum()
```

```
106
```

图 6-11　查看重复值数量

2）去除重复数据

Pandas 中去除重复值非常简单，使用 drop_duplicates()方法可一键去除，注意需要加上 inplace=True，直接在原始对象上进行修改，如图 6-12 所示。

```
data.drop_duplicates(inplace=True)
```

```
data.shape
```

```
(292433, 37)
```

图 6-12　去除重复值

去除重复值后,使用shape属性查看数据集形状,发现数据从原来的292 539条减少为292 433条,正好减少了106条。

2. 缺失值处理

1) 查看数据集中的缺失值

isnull()方法和sum()方法联合使用,返回缺失值数量,如图6-13所示。

```
data.isnull().sum()
序号                    0
借款金额                  0
借款期限                  0
借款利率                  0
借款成功日期               0
初始评级                  0
借款类型                  0
是否首标                  0
年龄                    0
性别                    0
手机认证                  0
户口认证                  0
视频认证                  0
学历认证                  0
征信认证                  0
淘宝认证                  0
历史成功借款次数          1203
历史成功借款金额          1203
总待还本金                0
历史正常还款期数            0
历史逾期还款期数            0
我的投资金额              0
当前到期期数              0
当前还款期数              0
已还本金                0
已还利息                0
待还本金                0
待还利息                0
标当前逾期天数             0
标当前状态               0
上次还款日期          21040
上次还款本金          22240
上次还款利息          22240
下次计划还款日期       109936
下次计划还款本金       109936
下次计划还款利息       111005
记录日期             409
dtype: int64
```

图6-13 查看缺失值数量

可将缺失值分为日期类型和非日期类型两类。

(1) 日期类型:"上次还款日期"缺失21 040条数据;"下次计划还款日期"缺失109 936条数据,"记录日期"缺失409条数据。

(2) 非日期类型:"历史成功借款次数"缺失1 203条数据;"历史成功借款金额"缺失1 203条数据;"上次还款本金"缺失22 240条数据;"上次还款利息"缺失22 240条数据;"下次计划还款本金"缺失109 936条数据;"下次计划还款利息"缺失111 005条数据。

2) 日期类型数据缺失值处理

针对"上次还款日期"和"记录日期"这两个属性,采用众数填充缺失值,"下次计划还款日期"统一采用"2025 - 12 - 31"来填充。

使用mode()方法查看众数,如图6 - 14所示。

```
print(data['上次还款日期'].mode())
print(data['记录日期'].mode())
```

```
0      2017/2/28
dtype: object
0      2017/2/28
dtype: object
```

图6 - 14 查看众数

日期类型数据缺失值填充的代码如下。

```
# 使用众数填充缺失值
data['上次还款日期'].fillna('2017/2/28', inplace = True)
data['记录日期'].fillna('2017/2/28', inplace = True)
# 使用"2025 - 12 - 31"填充缺失值
data['下次计划还款日期'].fillna('2025/12/31', inplace = True)
```

运行代码后,查看缺失值数量,发现这三个日期数据的缺失值都已变为0,说明填充成功,如图6 - 15所示。

3) 定量数据缺失值处理

定量数据的缺失值可采用均值、中位数、众数等方式填充,这里采用中位数或均值来填充,代码如下。

```
# 使用众数填充缺失值
data['历史成功借款次数'].fillna(data['历史成功借款次数'].median(),inplace
= True)
# 使用均值填充
data['历史成功借款金额'].fillna(
    np.floor(data['历史成功借款金额'].mean()),inplace = True)
data['上次还款本金'].fillna(
    np.round(data['上次还款本金'].mean(),2),inplace = True)
data['上次还款利息'].fillna(
    np.round(data['上次还款利息'].mean(),2),inplace = True)
data['下次计划还款本金'].fillna(
    np.round(data['下次计划还款本金'].mean(),2),inplace = True)
data['下次计划还款利息'].fillna(
    np.round(data['下次计划还款利息'].mean(),2),inplace = True)
```

```
历史成功借款次数        1203
历史成功借款金额        1203
总待还本金            0
历史正常还款期数         0
历史逾期还款期数         0
我的投资金额           0
当前到期期数           0
当前还款期数           0
已还本金             0
已还利息             0
待还本金             0
待还利息             0
标当前逾期天数          0
标当前状态            0
上次还款日期           0
上次还款本金        22240
上次还款利息        22240
下次计划还款日期         0
下次计划还款本金     109936
下次计划还款利息     111005
记录日期            0
dtype: int64
```

图 6-15   查看缺失值数量

3. 异常值处理

有时,我们需要对异常值进行处理,如图 6-16 所示。

```
data['标当前状态'].value_counts()

正常还款中      172505
已还清        109129
逾期中          9596
0             409
3.56           26
5              26
5.76           25
0.7            25
4.25           24
2.35           24
2.92           21
0.77           20
1.07           18
0.38           18
4.83           18
0.4            16
2.65           16
4.39           14
1.9            13
6.47           12
```

图 6-16　查看"标当前状态"数据

通过查看数据集的 37 个属性,发现"标当前状态"的取值可以通过"标当前逾期天数"的值来进行判断,如图 6-17 所示。

"标当前逾期天数"的值大于 0 的"标当前状态"即为"逾期中"。

```
data.loc[data['标当前逾期天数']>0,'标当前状态'] = '逾期中'
```

运行之后,再查看"标当前状态"的取值,发现只剩 2 个异常值,如图 6-18 所示。
对剩下 2 个异常值进行处理的代码如下。

```
data.loc[:,['标当前逾期天数','标当前状态']]
```

	标当前逾期天数	标当前状态
0	0	已还清
1	0	已还清
2	0	已还清
3	0	已还清
4	589	逾期中
5	0	已还清
6	0	已还清
7	0	已还清
8	0	已还清
9	0	已还清
10	0	已还清

图 6-17　查看"标当前状态"与"标当前逾期天数"属性值

```
data['标当前状态'].value_counts()
```

```
正常还款中      172505
已还清        109129
逾期中         10389
0            409
0.49           1
Name: 标当前状态, dtype: int64
```

图 6-18　查看"标当前状态"数据(2)

```
data.loc[data['标当前状态']=='0','标当前状态'] = '正常还款中'
data.loc[data['标当前状态']=='0.49','标当前状态'] = '逾期中'
```

运行之后,再查看"标当前状态"的取值,发现已经没有异常值了,如图 6-19 所示。

```
data['标当前状态'].value_counts()
```

```
正常还款中       172914
已还清         109129
逾期中          10390
Name: 标当前状态, dtype: int64
```

图 6-19　查看"标当前状态"数据(3)

从中可看出,"逾期中"的数据占比约为 3.55%。

6.2.3　数据分析与可视化

在数据清洗之后,数据分析之前需要建立数据指标体系,本案例中的数据指标包括用户认证率、逾期率、逾期用户性别比例、不良资产率等。如果把数据分析比喻成做饭,那么对数据基本的了解和数据清洗就相当于准备食材环节,建立数据统计指标相当于是查找菜谱,数据分析和可视化相当于烧菜和摆盘,每一个环节都很重要,都直接影响一盘菜的质量。

接下来我们就从性别、年龄、认证等维度来分析这些因素与是否逾期的关系,进而建立逾期用户画像。首先可以将"标当前状态"分为"逾期中"和"未逾期"两种,代码如下:

```
data.loc[data['标当前状态']=='逾期中','是否逾期'] = '逾期中'
data.loc[data['标当前状态']!='逾期中','是否逾期'] = '未逾期'
```

运行之后,数据中新增一列"是否逾期"属性,如图 6-20 所示。

	序号	借款金额	借款期限	借款利率	借款成功日期	初始评级	借款类型	是否首标	年龄	性别	…	标当前逾期天数	标当前状态	上次还款日期	上次还款本金	上次还款利息	下次计划还款日期	下次计划还款本金	下次计划还款利息	记录日期	是否逾期
0	1693100	3629	6	12.0	2015/1/28	AA	普通	否	31	男	…	0	已还清	2015/7/28	34.20	0.30	2025/12/31	6.04	0.58	2016/12/31	未逾期
1	1713229	3000	12	12.0	2015/1/30	AA	普通	是	24	男	…	0	已还清	2015/10/19	173.39	1.05	2025/12/31	6.04	0.58	2016/12/31	未逾期
2	1904026	3629	12	12.0	2015/3/7	AA	普通	否	27	男	…	0	已还清	2016/3/6	44.04	0.38	2025/12/31	6.04	0.58	2016/12/31	未逾期
3	2158281	3919	12	18.0	2015/4/14	C	普通	否	28	男	…	0	已还清	2015/5/19	92.34	0.22	2025/12/31	6.04	0.58	2016/12/31	未逾期
4	2257194	14000	12	18.0	2015/4/23	C	普通	否	46	男	…	589	逾期中	2017/2/28	21.28	0.48	2015/5/23	7.66	1.50	2016/12/31	逾期中

5 rows × 38 columns

图 6-20　查看前 5 条数据

查看"是否逾期"属性数据,发现逾期用户占比约为 3.55%,如图 6-21 所示。

```
data['是否逾期'].value_counts()
```

```
未逾期        282043
逾期中         10390
Name: 是否逾期, dtype: int64
```

图 6-21　查看"是否逾期"属性值

1. 性别维度

1) 准备数据

使用 groupby() 和 value_counts() 方法分别对"逾期中"和"未逾期"用户进行统计并按照性别排序,如图 6-22 所示。

```
data_sex = data.groupby('性别')['是否逾期'].value_counts()
data_sex
```

```
性别   是否逾期
女    未逾期        98951
     逾期中         3181
男    未逾期       183092
     逾期中         7209
Name: 是否逾期, dtype: int64
```

图 6-22　按性别维度统计逾期用户

使用 unstack() 方法将数据的行索引变为列索引,如图 6-23 所示。

```
data_sex = pd.DataFrame(data_sex.unstack(level=1))
```

```
data_sex
```

是否逾期	未逾期	逾期中
性别		
女	98951	3181
男	183092	7209

图 6-23　改变索引

2) 数据可视化

使用饼图呈现所有用户男女比例和逾期用户男女比例,代码如下。

```
import matplotlib.pyplot as plt
# 设置中文标签显示正常
plt.rcParams['font.sans-serif'] = ['SimHei']
plt.rcParams['axes.unicode_minus'] = False
# 设置画布
plt.figure(figsize = (10,10),dpi = 100)
data_sex['总人数'] = data_sex['逾期中'] + data_sex['未逾期']
plt.subplot(221)
plt.pie(data_sex['总人数'],labels = ['女','男'],autopct = '%.2f%%')
plt.title('所有用户中男女比例')
plt.subplot(222)
plt.pie(data_sex['逾期中'],labels = ['女','男'],autopct = '%.2f%%')
plt.title('逾期用户中男女比例')
plt.show()
```

运行结果如图 6-24 所示。

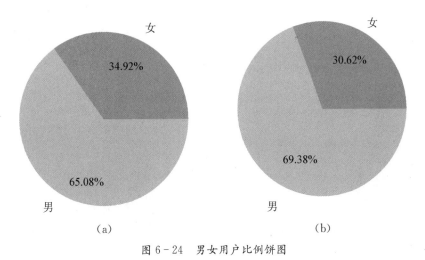

图 6-24 男女用户比例饼图

(a)所有用户中男女占比;(b)逾期用户中男女占比

从图 6-24 中可看出,此网贷平台男性用户较多,占比约为 65%,逾期用户中男性占比约为 70%。

2. 年龄维度

1) 查看年龄分布情况

使用 seaborn 的 distplot()方法查看年龄分布情况。

```
import seaborn as sns
plt.figure(figsize = (10,10),dpi = 100)
plt.subplot(221)
sns.distplot(data['年龄'],label = '整体年龄分布')
plt.legend()
plt.subplot(222)
sns.distplot(data['年龄'],label = '整体年龄分布',color = '#ADD8E6')
sns.distplot(data[data['性别'] == '男']['年龄'],label = '男性年龄分布',
color = '6495ED')
sns.distplot(data[data['性别'] == '女']['年龄'],label = '女性年龄分布',
color = '#BA55D3')
plt.legend()
plt.show()
```

运行结果如图 6-25 所示。

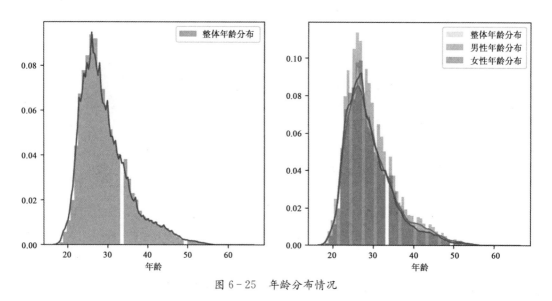

图 6-25　年龄分布情况

从图 6-25 中可看出,此网贷平台的用户年龄大多集中在 20～40 岁,结合上文中对男女比例的分析,可得出,此网贷平台的大部分用户为 20～40 岁的男性。

【知识拓展】

Seaborn 中的 displot()方法集合了 matplotlib 的 hist()与核函数估计 kdeplot 的功能,可以在画出直方图的基础上绘制出拟合曲线。

2) 探索各年龄借款金额与累计金额占比

使用柱形图(bar 方法)、折线图(plot 方法)、竖线(axvline 方法)显示借款金额和年龄的关系,代码如下。

```
# 各年龄借款金额与累计金额占比
sum_age = data[['借款金额','年龄']].groupby(by = '年龄').sum()
sum_age['累计金额占比'] = sum_age.cumsum()/sum_age.sum()
age1 = sum_age[sum_age['累计金额占比']>0.01].index[0]
age2 = sum_age[sum_age['累计金额占比']>0.85].index[0]
plt.figure(figsize = (12,10),dpi = 100)
x = sum_age.index
# 年龄与借款金额柱形图
plt.bar(x,sum_age['借款金额'].values,label = '借款金额')
plt.legend(loc = 'upper left')
plt.xticks(x)
plt.xlabel('年龄')
plt.ylabel('借款金额:亿元')
# twinx()设置共享 x 轴,twiny()表示共享 y 轴
plt.twinx()
# 累计金额占比 折线图
plt.plot(x,sum_age['累计金额占比'].values,linestyle = '--',color = 'r',
label = '累计金额占比')
plt.legend(loc = 'upper right')
# 画出竖线
plt.axvline(age1,linestyle = '--',color = 'gold')
plt.axvline(age2,linestyle = '--',color = 'gold')
plt.text(age1,sum_age['累计金额占比'][age1],format(sum_age['累计金额占
比'][age1],'.2%'),ha = 'left',va = 'top')
```

```
plt.text(age2,sum_age['累计金额占比'][age2],format(sum_age['累计金额占
比'][age2],'.2%'))
plt.title('各年龄借款金额与累计金额占比')
plt.show()
```

运行结果如图6-26所示。

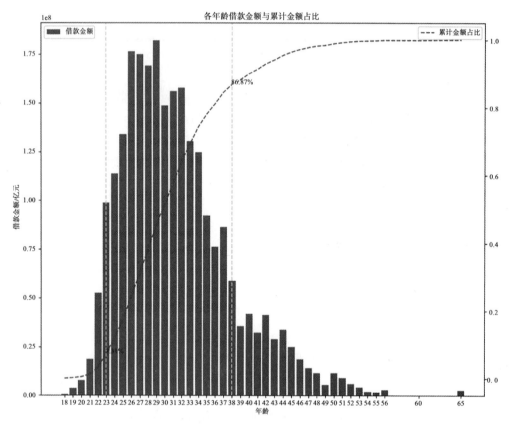

图6-26　各年龄借款金额与累计金额关系图

从图6-26中可看出约85%的借款被22~38岁的人借走了,接下来可以结合年龄分布图对年龄进行分箱。

3) 按照年龄分箱

按照年龄进行分箱,5年为间隔,共分为8个年龄段,代码如下。

```
labels = ['18-23','24-29','30-35','36-41','42-47','48-53','54-59',
```

```
'60 - 65']
    bin_age = [18,24,30,36,42,48,54,60,66]
    data['年龄段'] = pd.cut(data['年龄'],bins = bin_age,labels = labels,
right = False)
    data_age = data.groupby(['年龄段'])['是否逾期'].value_counts()
    data_age = data_age.unstack(level = 1)
    data_age['逾期率'] = data_age['逾期中']/(data_age['逾期中'] + data_age
['未逾期'])
    x = range(len(data_age.index))
```

运行代码后,查看 data_age,发现有空值,如图 6 - 27 所示。

是否逾期	未逾期	逾期中	逾期率
年龄段			
18~23	39329.0	1567.0	0.038317
24~29	131209.0	4440.0	0.032732
30~35	70929.0	2658.0	0.036121
36~41	24670.0	1043.0	0.040563
42~47	12062.0	527.0	0.041862
48~53	3416.0	129.0	0.036389
54~59	418.0	26.0	0.058559
60~65	10.0	NaN	NaN

图 6 - 27　查看 data_age 数据

为确保后续能正常添加文本标签,使用 fillna()方法进行缺失值填充,如图 6 - 28
所示。

```
data_age.fillna(0, inplace=True)
```

```
data_age
```

是否逾期	未逾期	逾期中	逾期率
年龄段			
18~23	39329.0	1567.0	0.038317
24~29	131209.0	4440.0	0.032732
30~35	70929.0	2658.0	0.036121
36~41	24670.0	1043.0	0.040563
42~47	12062.0	527.0	0.041862
48~53	3416.0	129.0	0.036389
54~59	418.0	26.0	0.058559
60~65	10.0	0.0	0.000000

图 6-28　缺失值填充

4）绘制各年龄区间逾期率的柱形图

使用 bar()方法绘制柱形图，代码如下。

```
x = range(len(data_age.index))
plt.figure(figsize = (10,8),dpi = 100)
plt.bar(x,data_age['逾期率'].values,width = 0.5,color = 'b',alpha = 0.6)
plt.xticks(x,data_age.index)
plt.title('各年龄区间逾期率')
plt.xlabel('年龄区间')
plt.ylabel('逾期率')
for i in x:
    plt.text(i-0.2,data_age['逾期率'].values[i],format(data_age['逾期率'].values[i],'.2%'))
plt.show()
```

运行结果如图 6-29 所示。

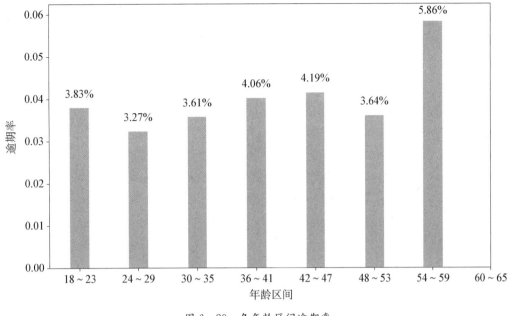

图 6-29 各年龄区间逾期率

从图 6-29 中可看出,54~59 岁这个年龄段的用户逾期率最高,其次是 42~47 岁这个年龄段。

5) 探索性别、年龄与逾期率的关系

接下来可以进一步探索性别和年龄两个因素一起对逾期率的影响,代码如下。

```
data_age_sex = data.groupby(['年龄段','性别'])['是否逾期'].value_counts()
data_age_sex = data_age_sex.unstack(level = 2)
data_age_sex['逾期率'] = np.round(data_age_sex['逾期中']/(data_age_sex['逾期中'] + data_age_sex['未逾期']) * 100,2)
plt.figure(figsize = (14,10),dpi = 100)
data_age_sex['逾期率'].plot(kind = 'bar',rot = 1,alpha = 0.6)
plt.title('年龄、性别维度逾期比例')
plt.show()
```

运行结果如图 6-30 所示。

从图 6-30 可以看出,54~59 岁年龄段的男性逾期率最高,以后平台再放贷的时候可以对这部分男性的个人信息和贷款资格进行重点审核。

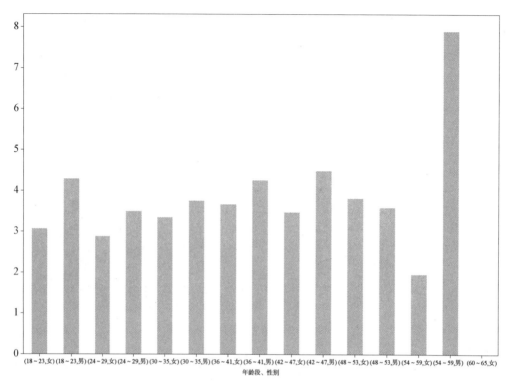

图 6-30 性别、年龄与逾期率关系

【练一练】

可以参考上面针对性别、年龄与逾期率关系的分析,自行分析初始评级、借款类型、认证方式等属性和逾期率之间的关系,进一步丰富逾期用户画像。

不良资产率简称不良率,是指不良资产占全部资产的比率,感兴趣的同学可以分析一下本案例中不良率与性别、年龄、借款类型、认证方式等属性之间的关系。

【知识拓展】

数据分析一般流程包括数据采集、数据清洗、数据分析、数据可视化、编写分析报告等。数据分析报告目的在于将分析结果、可行性建议以及其他有价值的信息传递给观看人员,报告中需要对数据进行适当的包装,可视化要遵循5大特性,能够让阅读者清晰地查看分析结果及决策建议。数据分析报告大体可分为展示分析结果、验证分析质量、提供决策参考三大部分。

习 题

1. 如何建立数据指标体系?

2. 如何进行用户画像分析?

3. 以下方法可以用于数据清洗的是(　　)。

A. concat()　　　　B. groupby()　　　　C. drop_duplicates()　　　　D. mean()

4. 以下不属于数据统计方法的是(　　)。

A. replace()　　　　B. std()　　　　C. mode()　　　　D. median()

5. 列举不少于 5 个用户运营中的相关指标。

6. 请从初始评级、借款类型、认证方式等方面对逾期用户画像进行进一步分析并编写一份数据分析报告。

References

参考文献

［1］ 阮红伟. 统计学基础［M］. 4 版. 北京:电子工业出版社,2016.

［2］ 曹正凤. 从零进阶! 数据分析的统计基础［M］. 北京:电子工业出版社,2015.

［3］ 贾俊平. 统计学［M］. 7 版. 北京:中国人民大学出版社,2018.

［4］ 明日科技,高春艳,刘志铭. Python 数据分析从入门到实践［M］. 长春:吉林大学出版社,2020.

［5］ 张明明. 数据运营之路:掘金数据化时代［M］. 北京:电子工业出版社,2020.

［6］ 赵宏田,江丽萍,李宁. 数据化运营:系统方法与实践案例［M］. 北京:机械工业出版社,2018.

［7］ 刘振华. 电商数据分析与数据化运营［M］. 北京:机械工业出版社,2018.

［8］ 梁栋,张兆静,彭木根. 大数据、数据挖掘与智慧运营［M］. 北京:清华大学出版社,2017.

［9］ 杨楠楠,李凯乐,陈新涛,等. 数据产品经理:实战进阶［M］. 北京:机械工业出版社,2021.

［10］ 温柏坚,高伟,彭泽武,等. 大数据运营与管理:数据中心数字化转型之路［M］. 北京:机械工业出版社,2021.

［11］ 卢辉. 数据挖掘与数据化运营实战:思路、方法、技巧与应用［M］. 北京:机械工业出版社,2013.

［12］ 宋天龙. Python 数据分析与数据化运营［M］. 北京:机械工业出版社,2017.

［13］ 阿里云计算有限公司. 大数据分析与应用:初级［M］. 北京:高等教育出版社,2016.

［14］ 邹庆士. 大数据分析与应用实战:统计机器学习之数据导向编程［M］. 北京:清华大学出版社,2021.

［15］ 陆化普,胡庆勇,李瑞敏,等. 交通大数据分析与应用教程［M］. 北京:人民交通出版社,2020.

［16］ 牛温佳,刘吉强,石川. 用户网络行为画像［M］. 北京:电子工业出版社,2016.

［17］ 吴军. 浪潮之巅［M］. 4 版. 北京:人民邮电出版社,2019.

［18］ 王凤肆. 教育大数据:考核评价数据分析、挖掘与应用［M］. 北京:科学出版社,2020.

［19］ 马化腾,孟昭莉,闫德利,等. 数字经济:中国创新增长新动能［M］. 北京:中信出版社,2017.

［20］ 何伟,孙克,胡燕妮,等. 中国数字经济政策全景图［M］. 北京:人民邮电出版社,2022.